Der Kinderbibliothek
Suhl gewidmet

Ein Spielbuch
in Sachen Sprache

Ein Sprachbuch
voll Spielsachen

Ein Sachbuch der Sprachspiele

Mit Bildern von
Egbert Herfurth

Hinstorff

Franz Fühmann

Die dampfenden Hälse der Pferde im Turm von Babel

„Die dampfenden Hälse der Pferde im Turm von Babel" erschien erstmals 1978 im Kinderbuchverlag Berlin. Für die typografische Gestaltung zeichnete Walter Schiller verantwortlich, Manfred Bierwisch stand Autor und Verlag beratend zur Seite.
Die Neuauflage folgt weitgehend der Erstausgabe. Der Text wurde jedoch – abgesehen von den zitierten älteren Texten – behutsam in die neue Rechtschreibung übertragen und durch einen Anhang ergänzt, in dem die mit * gekennzeichneten Begriffe kurz erklärt werden (ab Seite 353).

Die Deutsche Nationalbibliothek verzeichnet diese Publikation in der Deutschen Nationalbibliografie; detaillierte bibliografische Daten sind im Internet über http://dnb.ddb.de abrufbar.

Lagerstraße 7
18055 Rostock
Tel. 0381 / 4969-0
www.hinstorff.de

5. Auflage der Neuausgabe 2010, insgesamt 11. Auflage

Herstellung: Hinstorff Verlag GmbH
Projektbetreuung: Thomas Gallien
Umschlaggestaltung: Renate Herfurth unter
Verwendung von Bildern Egbert Hertfurths
Druck und Bindung: Neumann & Nürnberger, Leipzig
Printed in Germany
ISBN 978-3-356-01098-5

Es regnete und regnete.

Die Kinder hockten ums Bett von Jens, dem Ortsansässigen, dessen Mutter tagsüber nie anwesend war. Sie hockten und dösten. Alle Bücher waren ausgelesen, alle Spiele waren ausgespielt, alle Träume vom Ferienspaß in den Bergen waren ausgeträumt.

Die Wälder lagen vom Regen verschnürt wie ihre Hoffnungen von der Langeweile.

»Spieln wir Rommé?«, fragte Monica.

»Och«, murrte Jens, einen Gummielefanten im Mund, »immer nur Damen und Könige!«

Auch die anderen mochten die Karten nicht mehr.

Gabi durchforschte das Radio — nichts als Gequassel. Nicht einmal ein Säuseln von Beat.

»Ekliges Regenwetter«, seufzte Caroline, »und die Bibliothek hat auch morgen noch zu!«

Da verklärte sich Emmanuels Gesicht.

»Regenwetter – regelrecht ekelerregend«, sagte er, und damit fing's an.

Regen

Regenwetter

regelrecht

ekelerregend

1

Emmanuel hatte die vier e in dem Wort Regenwetter entdeckt und mit ihnen die Möglichkeit eines neuen Spiels.

»Wir fangen ganz am Anfang an«, erklärte er, »genau da, wo's anfängt. Zuerst sagt jeder ein Wort mit einem a, aber es darf nur ein einziges drin sein, und auch sonst kein anderer Selbstlaut. Wenn wir diese Einsilber durch sind, sagt jeder ein Wort mit zwei a, aber nur mit zweien, und weder ein e noch ein i noch ein o noch ein u darf dazwischen schmulen, natürlich auch kein ei oder eu. Dann jeder ein Wort mit drei a, dann mit vier a –«

»– hahahaha!«, maunzte Gabi, »und dann eins mit fünf a: hahahahaha, und mit sechs a, und mit sieben a, und mit acht a, und mit neun a, hahahahahahahahaha – das ist doch entsetzlich albern, Leute!«

»Es müssen natürlich Wörter mit Sinn sein!«, verteidigte Emmanuel seinen Einfall.

Auch das fand Gabi immer noch albern, doch da Monica und Caroline erklärten, sie machten mit, machte auch Jens mit, und da Jens mitmachte, machte auch Gabi mit.

»Es geht immer rund im Kreis herum«, sagte Monica, »und wer nicht weiterkann, muss ein Pfand geben, doch wer noch ein Wort weiß, wenn alle gepasst haben, bekommt einen Punkt und darf bestimmen, wie man die Pfänder auslösen muss.«

Dann losten sie, wer anfangen sollte.

Das Los fiel auf Jens: Ein Wort mit a.

»Apfel«, warf Jens ganz lässig hin.

»Ein Pfand, ein Pfand!«, rief Gabi, »ein Pfand! Das Wort darf ja nur ein a und sonst nichts mehr drin haben, und im ›Apfel‹ steckt ja auch noch ein e!«

»Das ist sein Kern«, sagte Caroline.

Jens knurrte, das habe er nicht gewusst, und man einigte sich, neu anzufangen, doch ab jetzt koste es unerbittlich ein Pfand.

Jens überlegte lange, dann sagte er: »Pfand.«

»Schatz«, sagte Gabi.

»Ball«, sagte Monica.

»Schwan«, sagte Emmanuel.

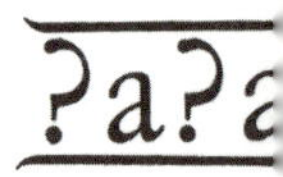

»Kahn«, sagte Caroline.

»Zahn«, sagte Jens, aber nun war das Richtige wieder das Falsche, denn jetzt waren die Wörter mit zwei a dran. Beim Nachdenken aß Jens einen Gummischakal. Doch sosehr er auch kaute, er wusste keines, und nun galt es das erste Pfand.

Erst wollte er sein Saftglas geben, aber dann gab er seinen Atlas.

Die anderen wussten diese Wörter:

»Nachbar« – das hatte Gabi gewusst.

»Anfang« – das wusste Monica.

»Adam« – das wusste Emmanuel.

»Marktkram« – das wusste Caroline.

Nun hätte auch Jens eins gewusst, nämlich »Jahrmarkt«, aber nun waren die Wörter mit drei a dran, und da wurde es abenteuerlich.

Jens wusste keines, aber Monica und Gabi auch nicht.

Jahrmarktstag fiel keinem ein.

Caroline wusste »Ataman«, der kam in Geschichten vom russischen Bürgerkrieg vor. Wie ihr seht, ist es vorteilhaft, viel zu lesen – man braucht dann keine Pfänder zu geben und weiß, wer vor fünfzig Jahren am Ararat oder in Kasachstan war.

Emmanuel wusste: »Ananas«.

Jens knurrte, das hätte er auch gewusst.

»Hast aber nicht!«, ätschte Monica, »und nun die Wörter mit vier a, Leute!«

Da dachten sie fast bis zum Schlaganfall nach, doch sogar Caroline stöhnte, sie kenne zwar eines mit fünf a, aber keines mit vieren.

»Aber ich weiß eines mit vier a«, sagte Monica stolz, und dann sprach sie feierlich: »Staatsapparat.«

Keinem fiel auf, dass sich in den vier Silben eigentlich fünf a zusammendrängten, doch Monica hätte auch Staatsanwalt sagen gekonnt, denn ihr Vater war einer.

a?a?a?

Für die Wörter mit vier a gab Emmanuel ein Pfand und nach ihm auch Caroline, doch dann sagte sie als Einzige ein Wort mit fünf a und auch fünf Silben, das stammte aus Mittelamerika, und als sie das gesagt hatte, schrien die anderen Mädchen, das sei *zu* einfach gewesen, da hätten sie gar nicht draufkommen können.

Emmanuel aber dachte ein wenig nach, dann redete er ein neunsilbiges Ungetüm hin, in dem jenes fünf-a-ige Wort enthalten war, und wenn es auch ein bisschen zusammen-
[1] gestückt wirkte, es war ein Wort mit neun a und hatte Sinn.

Die Ziffern am Rand weisen auf die Lösungen im Anhang hin.

Dann kamen die Wörter mit einem e.

Jens: »Keks.«

Gabi: »Jens.«

Monica: »Brett.«

Emmanuel: »Lehm.«

Caroline: »Herz.«

Die nächste Runde forderte zwei e.

Jens: »Kekse«, und danach ein langer Streit, ob man das dürfe oder nicht, denn er hatte ja schon bei den Einsilbern »Keks« gesagt. Schließlich wurde es abgelehnt, aber Jens fand etwas später: »Brezel.«

lesen

Gabi fand: »Geben.«

Monica: »Besen.«

Emmanuel: »Segel.«

Caroline: »Lesen.«

Nun Drei-e-Wörter, und Jens, siehe da, hatte ein wirklich wunderschönes: »Federbett.«

Gabi gab ihr drittes Pfand.

Monica hatte: »Regelrecht.«

»Geklaut!«, sagte Emmanuel wütend, der, wie wir wissen, dieses Wort schon als Start zu dem Spiel gefunden hatte und es nun wieder verwenden wollte. Vor Ärger konnte er schlecht denken, und so fand er nur: »Kegelbrett.«

PERLE

»Was soll denn das sein?«, fragte Caroline.

»Na, ein Kegelbrett ist ein Kegelbrett«, erwiderte Emmanuel. »Kennst du kein Kegelbrett?«

»Nein«, entgegnete Caroline.

»Ein Kegelbrett ist ein Brett, wo Kegel draufstehn«, erklärte Emmanuel, »das weiß doch wirklich jedes Kind!«

Monica sprang Caroline bei.

»Da könntest du ja auch sagen –«, sagte sie und suchte verzweifelt nach passenden Wörtern. Schließlich fiel ihr »Besenhemd« ein.

»Oder Schneckenbett«, rief Gabi, »oder Kletterkrebs«, und nun purzelten die Wörter durcheinander: Spechtschere; Leberherz; Lesehecht; Pfefferberg; Kesselkern; Mehlzwerge; Kerkerstern; Kremkette; Sesselrest; Steppengeld; Nebelwerk.

Am lustigsten klang: Pferdeschreck, aber auch Blechwette oder Redefest waren nicht schlecht.

Als man sich ausgelacht hatte, sagte Emmanuel: »Weberknecht.«

»Was soll denn das wieder sein?«, fragte Monica.

»Eine Spinne«, erklärte Emmanuel, und diesmal stimmte ihm Caroline zu.

»Der steht im Biologiebuch, auf acht haardünnen Beinen, ich kann ihn euch zeigen«, bestätigte sie. Wenn Caroline das erklärte, dann war es wahr, und so ließ man denn den Weberknecht gelten.

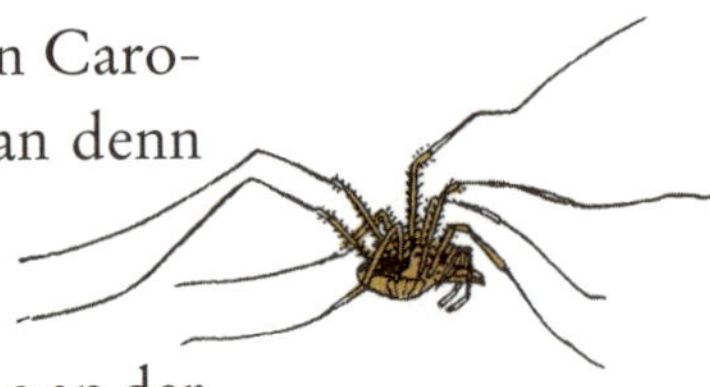

Weberknecht

Nun war Caroline mit drei e dran.

»Erdbeben«, sagte sie, und dann, da ja nun die vier e an der

ETTE

Reihe waren und Jens nichts wusste, riefen alle: »Regenwetter!« Auch Gabi hatte es gerufen, und da sie eigentlich drankommen musste, wurde es ihr angerechnet.

»Besenecke«, sagte Monica.

Emmanuel ärgerte sich, dass man ihm wieder das Regenwetter entwendet hatte, und das Wort »ekelerregend«, auf das er insgeheim ebenfalls Anspruch erhob, hätte erst unter den Fünfsilbern Platz gefunden.

Seepferdchen

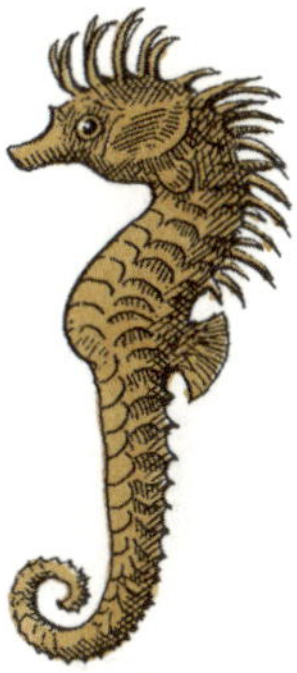

Schließlich kam er auf »Lebensretter«, und Caroline wusste: »Seelenleben«, aber diesmal zählte Emmanuel nach, und der Fünf-e-er wurde hier abgelehnt, aber für die nächste Runde gutgeschrieben.

Caroline gab ihr zweites Pfand.

Von den Wörtern mit fünf e konnte Emmanuel endlich sein »ekelerregend« wieder hervorholen, und Carolines »Seelenleben« war ja von der vorigen Runde her noch da.

Ein Wort mit sechs e wusste niemand mehr.

»Solche Wörter gibt's gar nicht!«, erklärte Monica, und da war es den Kindern, als töne durch das Redegeschmetter ein helles, merkwürdig schellendes Lachen. Verdutzt schauten sie hoch, doch sie sahen niemand.

Wer sollte auch hereingehuscht sein?

Spitze Ohren: Stille. – Und nun die i.

»Spitz«, sagte Jens.

»Blitz«, sagte Gabi.

»Witz«, sagte Monica.

»Sitz«, sagte Emmanuel.

»Kitz«, sagte Caroline, »und nun zwei i, Leute!«

»Mimi«, sagte Jens.

»Pipi«, sagte Gabi – warum nicht?

»Iris«, sagte Monica, denn sie hatte eine Freundin, die so hieß.

»Witzig«, sagte Emmanuel gelassen.

»Billig«, sagte Caroline.

Mit drei i wusste nur Gabi etwas: »Bikini«, und sie bekam dafür einen Punkt, und auch mit vier i wusste sie als Einzige

i i i i

eines, und da schlugen sich alle vor den Kopf, dass sie selber nicht draufgekommen waren – *den* Fluss kannten doch [2]
wirklich alle.

So hatte Gabi zwei Sonderpunkte und Monica einen, und dann kamen, bei Jens beginnend, die u.

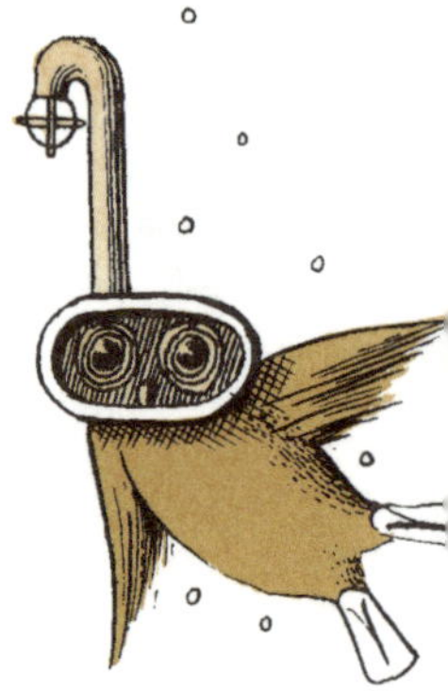

»Mund.«

»Kuss. – Lach nicht so dumm«, sagte Gabi, die »Kuss« gesagt hatte.

u.

»Dumm«, sagte Monica.

»Punkt.«

»Gruft.«

»Uhu!«, rief Jens, und alle ärgerten sich, denn jeder hatte dies herrliche Wort mit den beiden u auch gefunden.

»Und Kuckuck«, sagte Jens stolz hinterher, und Gabi rief schnell, genau das hätte sie jetzt gesagt, denn sie sei ja nun dran. Sie wäre zwar nie draufgekommen, so aber wurde es ihr angerechnet.

Monica wusste keines – ihr viertes Pfand.

»Burnus«, rief Emmanuel.

»Blutdurst«, sagte Caroline dumpf und dunkel.

»Uhuruf«, schmetterte Jens, und da staunten alle, und Gabi sagte natürlich jetzt »Kuckucksruf« und war abermals eine Runde weiter.

Monica musste wieder passen.

Emmanuel fiel nur »Kunstgenuss« ein, aber das war ja ungenau, weil das e zwischen den beiden u lag wie ein Sonnenfleck auf dem Grund einer Schlucht.

So gab er, bisher Bester, sein drittes Pfand und stand jetzt gleich mit Caroline. *Die* aber wusste einen Drei-u-er, nämlich: »Purpurglut«, und dies Wort war so schön, dass sie vor Stolz selbst purpurn glühte. Aber auch den andern gefiel es.

Mit vier u wusste niemand eins mehr, und man war sich einig, dass es keins gebe.

Da ertönte wieder das schellende Lachen, und diesmal sahen die Kinder ein spanngroßes Männlein auf dem Radio sitzen. Es trug grasgrüne Pluderhosen und einen farngrünen Turban, an seinen Füßen schaukelten kleegrüne Pantoffeln, vom moosgrünen Gurt hing funkelnd ein Krummschwert mit meergrünem Griff und seegrünen Troddeln, und sogar der Rauch aus der langen, gebogenen Pfeife war grünes Gekräusel.

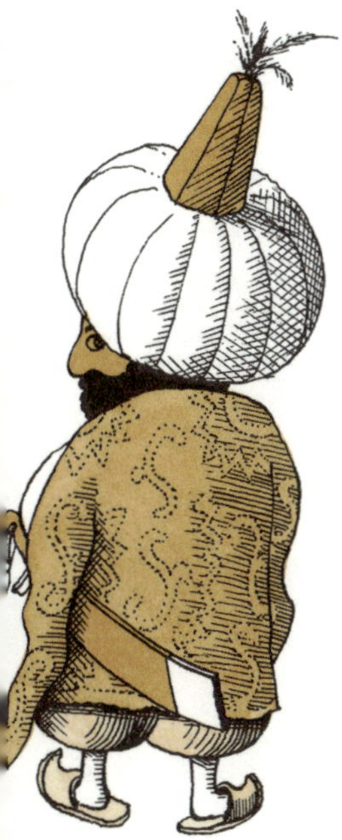

Wieder lachte es, und sein Lachen klang wie ein Schellenbäumchen, und natürlich klang auch das Lachen grün.

Das war so lustig, dass keines der Kinder erschrak. Ja Gabi wagte zu fragen: »Wer bist du?«

»Ich bin einer der Geister, die in den Sprachen zu Hause sind«, erwiderte der Grüne, »und ich höre euch schon die ganze Zeit zu. Euer Spiel gefällt mir. Es ist harmonisch.«

»Warst du das, der schon vorhin gelacht hat?«

»Ja. Ich musste so lachen, weil ihr sagtet, es gebe im Deutschen kein Wort mit sechs e – ich könnte euch eines mit sechzehn e zeigen, aber das ist eine ganze Geschichte. Wollt ihr sie hören?«

»O ja!«, riefen die Kinder, und das Grünchen erzählte:

Am Schneesee

Es war einmal ein See, der war immer voll Schnee, darum nannten ihn alle Leute nur Schneesee. Um diesen Schneesee wuchs Klee, der Schneeseeklee, der wuchs rot und grün, und darin äste ein Reh, das Schneeseekleereh, und dieses Schneeseekleereh wurde von einer Fee geliebt, die fast so schön war wie Scheherezade, der überaus anmutigen Schneeseekleerehfee.

Diese Fee hatte, wie alle Feen dieser Gegend, sechsundsechzig Zehen, fünfundsechzig zum Gehen und einen zum Drehen, und dieser sechsundsechzigste Zeh war natürlich der Schneeseekleerehfeedrehzeh.

Zehendrehen macht schrecklich Spaß, doch einmal drehte die Fee im Übermut ihren Zeh zu sehr, und da tat der Drehzeh schrecklich weh.

Zum Glück wohnte am Schneesee eine weise Frau.

Die weise Frau, eine Heckenhexe mit zwei schrecklichen Hackenhaxen, hockte grade vor einer Hucke Kräutern, als die kleine Fee gehumpelt kam.

»Guten Tag, beste Heckenhexe mit den Hackenhaxen!«

»Guten Tag, nette Schneeseekleerehfee mit den sechsundsechzig Zehen! Doch was seh ich: Du humpelst? Was hast du denn?«

Da antwortete die Schneeseekleerehfee: »Schneeseekleerehfeezehweh!«

»Gehzehweh oder Drehzehweh?«

»Drehzehweh!«

»Dann ist es nicht schlimm: Gehzehweh ist zäh und hält sich, doch Drehzehweh kommt und vergeht jäh – und wodurch vergeht es? Natürlich durch der Heckenhexe herrlichsten Tee, den hellgelben Schneeseekleerehfeedrehzehwehtee! Und einen solchen hellgelben Schneeseekleerehfeedrehzehwehtee werde ich dir jetzt brauen.«

Die Heckenhexe mit den Hackenhaxen nahm Blätter von sieben mal sieben Bäumen und Blüten aus sieben mal sieben

Träumen und brachte sie mit Milch aus sieben Eutern und Wurzeln von sieben Kräutern zum Schäumen, und als der Sud sich abgeklärt hatte, wallte im Kessel der hellgelbe Tee.

Na, wenn *der* nicht bitter schmeckte!

»Trink das aus, nette Schneeseekleerehfee!«

»Auf einen Zug, beste Heckenhexe?«

»Auf einen Zug, nette Schneeseekleerehfee!«

Da trank die Schneeseekleerehfee auf einen Zug den Schneeseekleerehfeedrehzehwehteekessel aus, und als der Schneeseekleerehfeedrehzehwehteekessel ausgetrunken war, hatte der hellgelbe Schneeseekleerehfeedrehzehwehtee das Schneeseekleerehfeedrehzehweh aus dem Schneeseekleerehfeedrehzeh der Schneeseekleerehfee weggehext, und da stieß die glückliche Fee ein lautes Juchhe aus, das rings durch alle Wälder schallte.

»Ich danke dir, beste Heckenhexe!«

»Ist schon gut, du nette Schneeseekleerehfee. Nun dreh aber nicht mehr so toll deinen kleinen Drehzeh!«

»Werd's bedenken, beste Heckenhexe.«

»Lerne, lerne, nette Rehfee!«

Und die Schneeseekleerehfee lief auf ihren fünfundsechzig Schneeseekleerehfeegehzehen von der Heckenhexe mit den Hackenhaxen in der Hocke vor der Hucke in den Wald zurück und freute sich ganz toll, dass das brennende Schneeseekleerehfeedrehzehweh durch den hellgelben Schneeseekleerehfeedrehzehwehtee aus dem Schneeseekleerehfeedrehzeh weggehext war, und sie lachte und klatschte in die Hände und freute sich und streichelte sacht mit ihrem sechsundsechzigsten Zeh, dem Drehzeh, das Schneeseekleereh im Schneeseeklee am See voll Schnee.

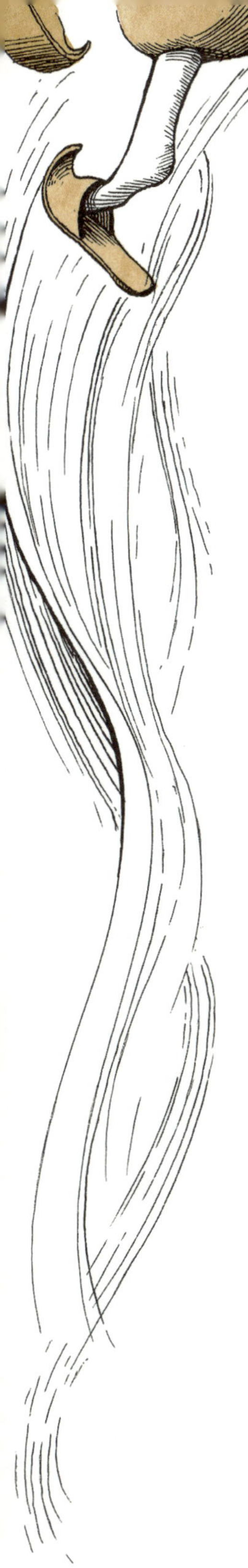

Da strahlten die Kinder, und da knarrte die Treppe.

Die Mutter von Jens kam mit Abendbrot.

»Süßer Grüntürkfürst«, flüsterte Caroline, »weißt du kein Wort mit vier u oder fünf oder sechsen?«

Das Männlein stieß lachend eine Wolke Rauch aus, die sommergrün wie eine Baumkrone war.

»Gübürkül!«, sagte es, »›lebt wohl!‹ Ich will jetzt verschwinden. Die Erwachsenen mögen unsereins nicht so gern wie ihr. Doch wenn ihr mich wieder rufen wollt – ihr wisst ja, wie ihr mich hervorlocken könnt.«

Da das Männlein dies sprach, wurde es so wolkig wie der Rauch aus seiner grünen Pfeife; sein scharfes Krummschwert zerflatterte um seine Pluderhose, durch die schon das Radioauge wie ein grüner Mond zu schimmern begann, doch ehe es völlig zerkräuselt war, flüsterte es mit beschwörender Stimme: »Ihr müsst schweigen, Kinder, sonst komme ich nie wieder!«

»Das werden wir!«, versprachen die Kinder, und da war das Türklein dahingeschwunden, und vom Radio wehte ein grüner Schleier.

Die Tür ging auf, Jensens Mutter trat ein.

»Uff«, stöhnte sie, »übermorgen wird's wieder schwer. Da muss ich auf eine Kulturbundschulung*! – Was habt ihr nur?«, fragte sie erstaunt, da alle wild im Zimmer herumsprangen.

»Ein Wort mit fünf u, Frau Habermilch!«, sagte Monica, und Frau Habermilch stutzte.

»Auf was ihr nicht alles kommt!«, sprach sie tadelnd, »ihr habt wirklich nur Flausen im Kopf.«

Dann gingen die Kinder.

»Kulturbundschulungskursunlust!«, sagte Emmanuel, da sie hinunterstiegen, und Caroline, um das letzte Wort in dieser Sache zu haben, sagte mit rundem Mund: »Dus ust kulussul.«

Dann empfing sie der Regen, und sie rannten.

Aus der Sprachwundertruhe Rüslübürtüns, des grünen Geistleins:

1.

Vier harte Dinge auf

a

Stahl
Nachtmarsch
Gammastrahl
Handballmannschaft

Vier Dinge auf

e

die man besser nicht anfasst

Pech
Egel
Brennnessel
Hexenkessel

Vier ungute Eigenschaften auf

i

wild
kindisch
hirnrissig
nihilistisch

Vier technische Dinge auf

o

Rohr
Foto
Protokoll
Ottomotor

Vier unerfreuliche Dinge auf

u

Gruft
Zugluft
Zumutung
Zukunftsstruktur

2.

Vierzehn Kinder spielten Teufelsküche.
Sie hießen Hans, Hanna, Fred, Lene, Grit, Gitti, Bob, Otto, Ruth, Lulu, Paul, Maud, Veit und Hein, und man hörte diese Zwischenrufe:

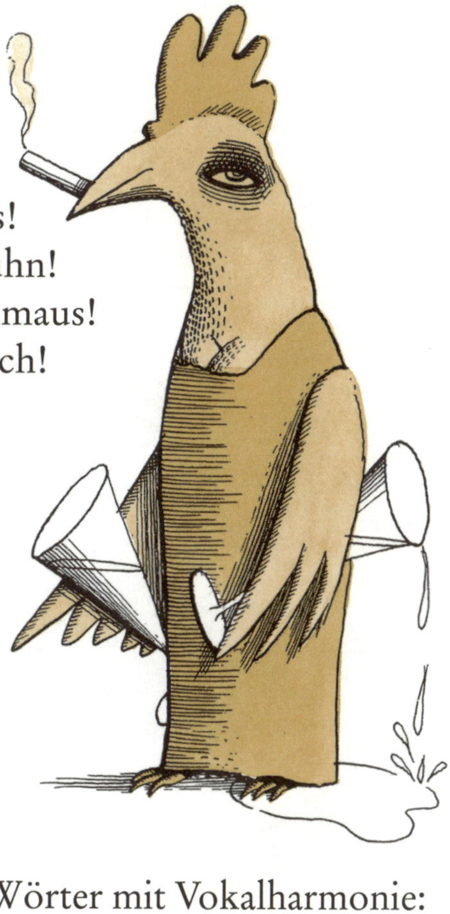

Ha, Hans backt Hannas Waran!
He, Fred pellt Lenes Ferkel!
Hi, Grit grillt Gittis Ibis!
Ho, Bob schmort Ottos Rollmops!
Hu, Ruth schuppt Lulus Sumpfhuhn!
Schaut: Paul klaut Mauds Gaulschmaus!
Hei, Hein teilt Veits Schweinsfleisch!
Jagt den Fisch vom Stuhl!
Hat Fred die Tollwut?
Schlachtet mit Schonung!
Dackelhirn schmort gut!
Nach der Milch kocht Blut!
Sagt es mit Kochkunst!

3.

Schöne Wörter mit Vokalharmonie:

Staatsanwalttalar
Werderscher Erdbeerenerntehelfer
disziplinwidrig
Boskoopkompott
Klumpfußdurchblutung

22222 2 22222222222222

Am nächsten Tag rannten die Kinder schon am Vormittag zu Jens. Keiner, nicht einmal Gabi, hatte daheim von dem Türkchen mit der ü-reichen Sprache und dem grünen Pfeifenrauch erzählt, und wenn ihr Abenteuer ihnen auch auf der Zunge turnte –: Sie dachten an ihr Versprechen und bezwangen sich. Nur manchmal schmunzelten oder lachten sie unvermittelt, aber da achtete keiner darauf.

Beim Frühstück jedoch hatten alle Eltern schimpfen gemusst: Monica stopfte, um schnell wegzukommen, ihre Brötchen noch vor der Zeit hinunter, die der Tee zum Ziehen brauchte; Gabi hatte vor Zappelei fast den Tisch umgerissen; Caroline war so zerstreut, dass sie erst Salz und dann Paprika in den Kaffee tat, und Emmanuel saß am Tisch, ohne etwas andres zu sagen als: »Ei fein, ein Ei!«, und dazu aß er so langsam, dass er den Löffel voll Dotter im offenen Mund hielt, denn er dachte darüber nach, warum es so
[3] schwer sei, einen vernünftigen Satz auf ei zu bilden.

»Machst gelegentlich den Mund wieder zu«, sagte seine Mutter.

Emmanuel nickte und machte den Mund mit dem Löffel drin zu, und er tat auch den Löffel schließlich heraus, doch dann aß er vor Nachdenken nicht mehr weiter.

Jens aber futterte daheim eine Wurstsemmel, eine Käsesemmel, eine Buttersemmel, eine Honigsemmel, und hinterher einen Pfannkuchen mit Pflaumen-, einen mit Himbeer-

und einen mit Quittenmarmeladefüllung, und als er grade überlegte, ob er noch im Kühlschrank nach etwas Roter Grütze nachschaue, kamen die Kinder.

Natürlich stürzten sie sofort zum Radio, um ihren Spielgefährten zu rufen.

Aber o weh – sie hatten vergessen, ihn nach seinem Namen zu fragen.

»Männeken!«, rief Monica. Niemand kam.

»Süßer Grüntürkenfürst!«, schmeichelte Gabi, doch auch das half nichts.

Caroline schaltete das Radio an und suchte – vergebens.

»Türke, erscheine!«, rief Monica, und dann riefen sie alle im Chor: »Sesam, Sesam, öffne dich!«

Aus dem Radio scholl ein Lied auf den Sonnenschein.

»Aber es hat doch gesagt, wir brauchten es nur zu rufen«, entsann sich Caroline, den Tränen nah.

»Hervorlocken hat es gesagt«, berichtigte Emmanuel.

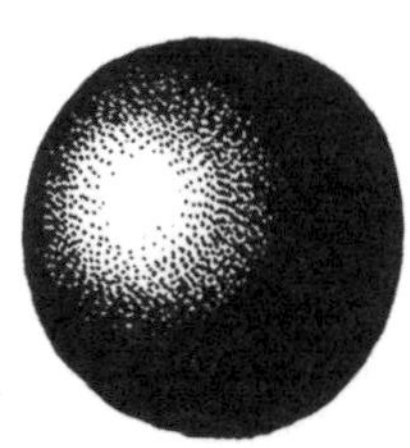

»Wir locken es doch die ganze Zeit«, meinte Gabi, und dann spitzte sie ihr Mäulchen und flötete, so innig sie's konnte: »Süßer, Süßer, lass dich locken, bleib nicht mehr im Radio hocken!«

So gut war Gabi noch nie gewesen, aber nichts geschah.

»Wir müssen es anders locken«, meinte Emmanuel, »wir müssen wieder ein Spiel spielen, wo es mitspielen möchte, etwas mit der Sprache, dann kommt es bestimmt!« Da riefen alle, das sei goldrichtig, doch keiner wusste, was man spielen sollte.

Monica schlug vor, wieder Wörter wie gestern zu suchen, und diesmal auf eu oder au oder ei (da wusste sie zwei tolle, nämlich Zweibein und Freiheit), aber dazu hatte keiner so richtig Lust.

Da kam Emmanuel eine Idee.

»Caroline hat sich doch gestern so ein komisches Wort mit zwei a ausgedacht«, erinnerte er, »nämlich MARKTKRAM. Das ist ein ganz ulkiges Wort – das kann man rumdrehn. Schaut's euch mal an!«

Er schrieb MARKTKRAM auf ein Stück Papier und zeigte es.

»Tatsächlich«, rief Monica, »das kann man rumdrehn.«

»Und was kommt raus dabei?«, fragte Jens.

»Natürlich ›Marktkram‹«, sagte Gabi.

»Das ist ja von vorn«, meinte Jens, »aber wenn man's rumdreht?«

Da alle vor Lachen schrien, begriff er schließlich.

»Marktkram, aha, von hinten auch. Das ist aber ein Zufall! Und wenn man nun das Rumgedrehte noch einmal rumdreht?«

»Versuch's doch!«

Jens nahm das Papier und schrieb noch einmal:

MARKTKRAM,

dann schrieb er das Wort von hinten nach vorn, und da stand wieder: MARKTKRAM,

und nun drehte er dies umgedrehte Wort abermals um, und da stand ein drittes Mal: MARKTKRAM.

»Das nimmt ja kein Ende!«, sagte er.

»Ein Kugelwort«, rief Emmanuel.

Tönte da wieder unsichtbares Lachen?

Alle Augen flogen zum Radio, doch überm magischen Auge, es war ein alter Apparat, baumelten keine grünen Pantoffeln, und das Geräusch war auch eher ein Knurren gewesen.

»Hast du Hunger, Jens?«, fragte Gabi, und Jens sagte: »Ein bisschen«, doch dann sagte er, sein Magen habe jetzt nicht geknurrt.

Emmanuel begann etwas zu ahnen.

»Wir haben das neue Spiel, Leute!«, rief er begeistert. »Wir spielen wieder reihum wie gestern, aber heute muss jeder ein Wort sagen, das man von vorn nach hinten ebenso wie von hinten nach vorn lesen kann. Jens beginnt!«

»Marktkram«, sagte Jens, und da schrien alle, solch eine Frechheit sei noch nicht dagewesen und sie übertreffe noch Jensens Gefräßigkeit.

Doch da man Jens nicht bewegen konnte, ein anderes Wort oder ein Pfand zu geben, und da »Marktkram« der Regel ja entsprach, ging die Runde schließlich bei Gabi weiter.

»Anna«, sagte Gabi.

»Umdrehn!«, schrie Jens und schrieb ANNA nieder, und dann quietschte er: »Einwandfrei, Leute, die Anna ist von hinten genau wie von vorn!«

Da prusteten alle drei Mädchen los, und nun hätten die Kinder schwören mögen, dass wieder das seltsame Lachen erklang, und diesmal wirklich knurrend und schellend.

»Los, weiter«, mahnte Emmanuel, »Monica sagt was!«

Monica starrte durchs Fenster; ihr fiel nichts ein. Schließlich sagte sie zögernd: »Regen.«

»Ein Pfand, ein Pfand!«, rief Caroline aufgeregt, »da ist vorn ein r und hinten ein n, das kann nicht gleich sein.« Sie schrieb REGEN auf das Papier, und nun riefen Gabi und Monica gleichzeitig: »Neger* – ein Neger!«

»Wieso?«, fragte Jens, und als er's begriff, trommelte er auf den Tisch und jauchzte: »Da draußen fallen lauter umgekehrte Neger vom Himmel.«

»Leute, das ist ja noch viel schöner!«, jubelte Caroline. »Wir sagen Wörter, wo was ganz andres rauskommt, wenn man sie umdreht.«

»Und dann muss man eine Geschichte dazu erzählen«, ergänzte Emmanuel:

Wie entsteht ein Neger aus einem Regen? Vielleicht war es einmal in Afrika ganz schrecklich heiß und trocken und dürr, viel heißer und trockner und dürrer als anderswann, und die Tiere und Menschen drohten zu verdursten. Da sagte ein Zauberer: »Ich werde in den Himmel steigen und Wolken herunterholen. Die haben sich so hoch im Himmel versteckt, dass man sie nicht mehr sehen kann.«

Da baute sich der Zauberer eine Treppe aus Luft und stieg in den Himmel. Er stieg ganz hoch hinauf, aber die Treppe war ein wenig zu klein, und er konnte die Wolken nicht erreichen. Ganz oben aber war keine Luft mehr, sodass er nichts anstückeln konnte. Also musste er springen. Er stieß sich von der Treppe ab, die Wolken zu packen, doch dabei verlor er das Gleichgewicht und stürzte mit der Wolke in der Hand zur Erde hinunter, den Kopf nach unten, die Beine nach oben, und so fiel der Neger als Regen nieder.

»Tatsächlich«, rief Gabi, »so ist's gewesen!«

Die Kinder waren so eifrig bei der Sache, dass keines von ihnen aufs Radio schaute, wo nun zwei Männlein saßen und zuhörten.

Das eine war das grüne Türklein, das andre ein Greislein mit Altväterrock mit büschligem Weißhaar und strahlenden blaugrauen Augen unter einer fast kugelig gewölbten Stirn. Das Türklein lachte schellend, das Greislein knurrend, doch die Kinder waren viel zu vertieft, etwas anderes zu sehen oder zu hören als Wörter ihres Spieles.

Caroline war an der Reihe.

»Ich weiß zwei«, sagte sie, »ein rundes und ein verwandelbares.« Und dann sagte sie beide: »Tat« und »Ton«.

Und in der Tat: Die TAT blieb TAT, wie man sie auch drehte und wendete, doch der TON wurde NOT und die

NOT wieder TON. Zwei Wörter, das war eine große Leistung, doch nun verlangte Emmanuel auch noch eine Geschichte.

»Das ist doch ganz einfach«, sagte Caroline:

Es war einmal ein friedliches Tal, in dessen Mitte ein hoher Berg mit einem Glockenturm stand. Im Turm wohnten Wächter, und wenn Feinde nahten, wurde die Glocke geläutet, und alles flüchtete in die Wälder. Der Ton der Glocke aber hallte den Flüchtenden voran, bis ringsum an die steilen Höhen, dort wurde er zurückgeworfen, und auf dem Rückweg zum Turm heulte es nun über das Tal hin: Not Not Not Not!

TON TON

TON TON TON TON TON

NOT NOT

NOT

NOT NOT NOT

NOT

Die Kinder waren sich einig, dass es nur so und nicht anders gewesen sein könne, und auf Antrag Monicas erhielt Caroline für ihre zwei Wörter einen Sonderpunkt.

Ein Pfand hatte bislang noch keiner zu geben gebraucht. Nun war Emmanuel an der Reihe.

»Auch ich weiß ein kugeliges und ein verwandelbares«, sagte er. »Das kugelige heißt einfach: Otto.«

OTTO

»Otto dick und kugelrund!«, lachte Jens.

»– und das andre heißt: Leben.«

Schon war es aufgeschrieben: LEBEN, und umgedreht: NEBEL.

»Und die Geschichte«, sagte Emmanuel, »ist die:

Es war einmal ein alter Mann, der wusste, dass er bald sterben musste. Er hatte unheimlich viel erlebt und wollte sich noch einmal an alles erinnern. So legte er sich ins Bett und schloss die Augen, um sich sein Leben Tag um Tag und Monat um Monat und Jahr um Jahr noch einmal vor Augen zu führen, doch als er vom Heute ins Gestern und von dort aus ins Vorgestern zurückzublicken begann, sah er nichts als Nebel, und die Erinnerung zerfloss.«

Das Greislein nickte wild mit dem Kopf.

»Das versteh ich nicht«, sagte Jens.

»Das ist philosophisch«, meinte Caroline.

»Es ist so traurig«, sagte Monica.

»Ich find's toll!«, sagte Gabi. »Er wollte noch einmal zurückschauen, aber er sah nichts mehr, nur Nebel, und darüber starb er.«

»Nein, darüber nicht«, sagte Caroline.

»Kann man ›Sterben‹ umdrehn?«, fragte Monica, und dann sahn sie, dass es nicht möglich war.

NEBRETS – das war nichts.

»Also wenn ›Nebel‹ das umgekehrte ›Leben‹ ist, dann ist ›Nebrets‹ einfach das umgedrehte ›Sterben‹ – und das muss dann etwas ungeheuer Fröhliches sein, so wie ›Nebel‹ etwas ungeheuer Trauriges ist.«

»Aber ›Nebrets‹ gibt's nicht!«

»Aber da steht's doch – warum soll nicht zuerst ein Wort

STERBEN

STERBEN

da sein und dann das Ding? Und wenn's ein Wort für etwas gibt, muss es doch auch das Ding dazu geben.«

»Du bist ein fpokhcstauq«, sagte Monica und brach sich an diesem Ungetüm fast die Zunge.

»Ein was?«

»Na ein fpokhcstauq, ein umgedrehter Quatschkopf.«

»O ja, dann ist das was ungeheuer Kluges.«

»Weiter!«, verlangte Gabi und wies darauf hin, dass Jens nun dran sei, und siehe da, Jens wusste ein Kugelwort, nämlich: »tot«.

Von vorne wie hinten: TOT blieb TOT.

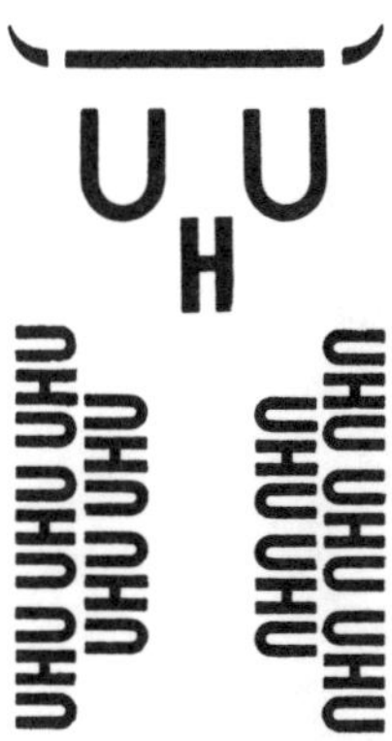

Auch Gabi wusste ein Kugelwort: »Uhu«, doch als dann Monica »Kuckuck« sagte und KUCKUCK aufschrieb, behauptete Caroline, das gelte nicht, denn umgedreht würde der KUCKUCK ein KCUKCUK, und das sei doch nichts.

»Ist auch nichts«, knurrte eine Stimme.

Die Kinder schraken auf und erblickten die Geistlein.

»Da seid ihr ja«, freute sich Monica, »und gleich zwei!«

»Das ist mein Freund«, sagte der Grüne, »dem hab ich von euch erzählt, und da ist er neugierig mitgekommen. Ihr seid doch nicht etwa böse darüber?«

»Im Gegenteil«, versicherte Gabi, »wir haben schon *solche* Sehnsucht nach euch gehabt.«

Das Türklein lachte; das Greislein knurrte.

»Wie heißt ihr eigentlich, ihr zwei?«, fragte Monica.

»Falls wir uns einmal verlieren sollten«, fügte Caroline rasch hinzu.

»Mit den Namen ist das so eine Sache«, sagte der Grüne. »Ich pflege mich Küslübürtün zu nennen, doch ihr könnt mich in eurer Sprache kurz und einfach ›Großer und erhabener Geist des Wohlgefallen erregenden Sprachklangs, insbesondere der Vokalharmonie‹ anreden. Und dieser da ist der Philosoph Schopenhauer, und weil ihr seine Bücher noch nicht lesen könnt, dürft ihr einfach ›Arthur‹ zu ihm sagen.«

Arthur Schopenhauer knurrte.

»Tag, Atze!«, sagte Monica, und Arthur Schopenhauer knurrte wieder.

Sehr gesellig schien der nicht zu sein.

Der Grüne lachte und rauchte.

»Den Atze nennen wir einfach Schoppi«, schlug Monica vor, »und dich werden wir am besten Voki rufen, gefällt dir das, erhabener Geist?«

»Bei Allah, nein!«, entsetzte sich Küslübürtün, »o und i zusammen in einem Wort, dumpf und schrill, dunkel und hell, hinten und vorne, das verrenkt einem ja beim Sprechen die Kiefer und zermürbt beim Hören das Trommelfell. Nennt mich entweder Voko oder Viki, wenn ihr schon durchaus abkürzen müsst.«

»Aber o und i ist mehr Abwechslung«, maunzte Monica.

»Habt ihr keine richtigen Namen wie Maik oder Tschakelin oder Kliff oder so?«, fragte Gabi. »Was soll denn das heißen: Küslübürtün?«

»Und was heißt ›Maik‹?«

»Na einfach Maik.«

»Und ›Küslübürtün‹ heißt auch einfach Küslübürtün«, sagte Küslübürtün, »aber es bedeutet dazu noch etwas.«

»Und was bedeutet es, lieber Küslübürtün?«

»Ich sagte es ja bereits«, sagte Küslübürtün, »›Küslübürtün‹ bedeutet: ›Großer und erhabener Geist des Wohlgefallen erregenden Sprachklangs, insbesondere der Vokalharmonie‹.«

»Kurz und einleuchtend«, nickte Emmanuel.

»Ist das Türkisch?«, fragte Gabi.

»Ein Geistertürkisch«, sagte Küslübürtün, »es wird im Alltag nicht gesprochen. Doch der Geist der Sprache ist darin lebendig, und wir Geister verständigen uns damit.«

»Und was heißt ›Vokalharmonie‹?«

»Das ist ein Gesetz unserer Sprache«, erklärte Küslübürtün, »und es besagt, dass in einem Wort nur dunkle oder nur helle Vokale vorkommen dürfen, oder genauer gesagt: nur solche, die vorne, oder nur solche, die hinten im Sprechraum der Mundhöhle gebildet werden, wobei ich einmal davon absehen will, dass es Mittelvokale gibt, die man überall verwenden darf. Vordere wären i, e und ä, meist auch ö und ü; hintere dann u, o und a.«

»So kompliziert geht das zu, wenn ihr redet? Verwechselt ihr da nicht manchmal Vokale?«

»Bei euch ist's auch knifflig, ihr wisst es nur nicht.«

»Aber wir haben doch keine so schwierigen Regeln«, widersprach Caroline.

»Oho! Oho!«, knurrte der Alte.

»Die Schwierigkeit«, sagte Küslübürtün, »liegt bei Jedes Muttersprache nicht so sehr darin, ihre Regeln einzuhalten, als vielmehr, sie aufzudecken. Im Deutschen zum Beispiel – ein simples Beispiel – kann kein Wort mit der Konsonantengruppe ›fb‹ enden oder beginnen, und an diese Regel haltet ihr euch, wiewohl ihr sie sicherlich bis jetzt nie gehört habt.«

Ein kleines Weilchen völlige Stille, und Küslübürtün wusste genau, dass die Kinder jetzt ein Wort mit entsprechendem Schluss oder Anfang suchten und jedes sich ärgerte, dass Wörter wie »Kraft« oder »Kampf« oder »fremd« eben *doch* nicht passten.

Das Denken knackte.

»Und im Türkischen gibt's solche Wörter?«, fragte Caroline.

»Auch im Türkischen nicht«, antwortete Küslübürtün, »aber in manchen afrikanischen Sprachen.«

»Sag doch was auf türkisch«, bat Emmanuel, und der Türke hielt Kopf und Pfeifenstiel schräg in die Stille und sagte, Gabi anblickend, feierlich:

»Merhametin çoktur benden farima
Beni görüp gül yüzünü bürüme –«

Gesprochen hörte sich's so an:

»Merhametin tschoktur benden faryma
Beni görüp gül jüsünü bürüme –«

»Das klingt toll«, sagte Emmanuel.

»Und was heißt das auf deutsch?«, fragte Caroline.

»Es sind zwei Zeilen eines alten Liebesgedichts. Sie heißen wörtlich:

Du bist doch barmherzig, werde meiner nicht überdrüssig.
Verhüll nicht dein Rosengesicht bei meinem Anblick.

Doch um den Zauber dieser Verse in eurer Sprache wiederzugeben, müsste man ein Dichter sein, und das bin weder ich noch ist's mein Freund Arthur, wiewohl der ein wunderbares Deutsch schreibt, das klarste und anschaulichste vielleicht, in dem je philosophiert worden ist.«

Gabi strahlte.

»Was ist eigentlich schöner, Deutsch oder Türkisch?«, erkundigte sich Monica.

»Na Deutsch doch«, platzte Jens heraus.

Emmanuel und Caroline protestierten.

»Da versteht man jedes Wort«, sagte Jens.

»Eine jede Sprache ist schön«, meinte Caroline, und Emmanuel ergänzte: »Und die Muttersprache ist Jedem die liebste.« – »Doch man muss sie dann auch richtig sprechen und nicht so erbärmlich radebrechen, wie das all diese Sudler und Hudler heut noch so schlecht wie eh und je tun!«, warf das Greislein heftig ein. Es war das erste Mal, dass es sich geäußert, und sein Haarsilber sträubte sich wild. Er sah nun überaus kampfgierig drein, und seine Stimme klang recht knorrig und knauzig, doch trotz aller Bärbeißigkeit schien er nicht böse.

Ein jedes der Kinder beschloss, ihn zu leiden.

»Arthur Schopenhauer ist ein Meister des Deutschen«, erklärte Küslübürtün, »darum bin ich so gerne mit ihm zusammen. Bei ihm kann man die große Kunst lernen, komplizierte Gedanken einfach zu sagen. Ich will euch zwei Sätze aus seinem Werk ›Über Schriftstellerei und Stil‹ mitteilen. Ich habe sie auswendig gelernt:

Über Schriftstellerei und Stil

›Den deutschen Schriftstellern würde durchgängig die Einsicht zu statten kommen, daß man zwar, wo möglich, denken soll wie ein großer Geist, hingegen dieselbe Sprache reden wie jeder andere. Man brauche gewöhnliche Worte und sage ungewöhnliche Dinge: Aber sie machen es umgekehrt.‹«

»Da hat er Recht!«, rief Emmanuel.

»Das herrlichste Deutsch spricht er, wenn er schimpft«, so stellte der Türke den Freund weiter vor, »da blitzen die Worte wie unsere Klingen im Heiligen Krieg. Seine Philosophie ist zwar traurig und düster und lässt einem nicht gerade viel Hoffnung, doch sein Stil ist so bildhaft, sein Ton so kräftig und sein Witz sogar in der Wut noch so funkelnd, dass jedes seiner Werke den Leser erfrischt. Er hat viel über Sprache nachgedacht, und was er über sie geschrieben, wiegt trotz des geringen Umfangs schwer. Zudem beherrscht er sechs Sprachen vollkommen. – So viele Sprachen einer kann, so viele Male ist er Mensch, pflegt er gern mit Kaiser Karl zu sagen, und also ist er in seiner Person Lateiner, Grieche, Franzose, Engländer und Italiener, ja ich könnte ihn auch noch als Inder und Hebräer bezeichnen, lehnte seine Bescheidenheit das nicht ab.«

Emmanuel und die Mädchen staunten.

»Das sind ja erst fünf«, sagte da Jens, der an den Fingern mitgezählt hatte.

»Und natürlich Deutsch«, ergänzte der Türke, »das ist keine Selbstverständlichkeit. Nicht jeder Deutsche beherrscht das Deutsche; seine Muttersprache bleibt manchem fremd.«

Monica musste an ihren Sportlehrer denken und Emmanuel an den Polit-Unterricht; Caroline fiel die Fachzeitschrift ein, die ihre Eltern abonnierten, und Jens dachte an eine Speisekarte, die seine Mutter von einem Ausflug einmal mitgebracht hatte, um sie ihrem Chef, Herrn Leipzig, zu zeigen. Sie sah so aus:

SPEISEN UND GEDRÄNGE

Schildgrätensuppe
Rolladen mit Restkartoffeln
Thüringer Rostbrettl mit Packobst
Eispein mit mehr Rettich
Gedienstete Sehzunge
Wählfleisch mit Sau ergraut
Frühkasse vom Fass an
Lahmbraten mit Rammsoße
Mordateller
Kesse Stangen
Liebdauer
Kannenbert

Zum Nachttisch

Klassierte Früchte
Ruhmkugeln
Nusseggen
Pissquitten
Erdbären frisch aus dem Wald
Diverse Schokolatten

Vier Kinder

Grüßbrei
Reißbrei
Puhding
Höfekuchen

Schopenhauer aber sprach zu des Türken Worten: »Wie wahr, wie wahr, mein trefflicher Freund! Seht sie an, wie sie schwelgen in der Sprachverhunzung, diese edlen Söhne der ›Jetztzeit‹! Da schmieren sie, wie bezahlte Lohnlakaien, hastig hin, was sie zu sagen haben, in den Ausdrücken, die ihnen eben ins ungewaschene Maul kommen, ohne Stil, ja ohne Grammatik und Logik ...«

Sein Schläfenhaar stieg schräg in die Höhe, als wüchsen Büffelhörner aus seiner Stirn; sein Backenbart flatterte im Sturm seiner Worte, und er schien sich in eine längere Rede hineinwüten zu wollen, doch Küslübürtün fiel ihm ins Wort.

»Die Kinder können das, teuerster Arthur, doch später einmal selbst bei dir nachlesen. Jetzt überstiege manches ihr Fassungsvermögen; bedenke doch ihre Unmündigkeit! Doch ich muss euch –«, damit wandte er sich an die Kinder, »doch ich muss euch endlich erklären, warum Schopenhauer gerade jetzt erschien. Er spielt nämlich Sprachspiele wie ihr, damit habe ich ihn neugierig gemacht, und als ihr die Kugelwörter fandet, war er einfach nicht mehr zu halten, denn mit denen hat er sich besonders beschäftigt. Im Vertrauen gesagt, er ist schrecklich drauf stolz, das bisher längste deutsche Wort gefunden zu haben, das sich gleichermaßen von vorn wie auch von hinten lesen lässt.«

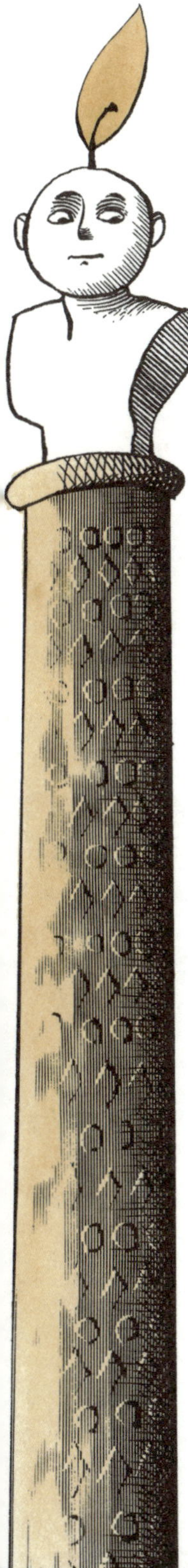

»›Kugelwort‹ finde ich übrigens trefflich«, sagte Schopenhauer, »viel besser als ›Palindrom‹ oder ›Rückwärtsläufer‹, wie man diese Wortart bislang benannt hat.«

»Und wie heißt dein Kugelwort?«, forschte Gabi.

Schopenhauer setzte sich erst würdig zurecht, bevor er es zum Besten gab. »Reliefpfeiler«, sprach er andächtig, und Küslübürtüns Rauch umfloss ihn wie ein Heiligenschein.

»Was für ein Ding?«

Der Greis schrieb's auf, und der Türke erklärte, doch die Kinder hörten nicht recht zu, die sahen entzückt, wie der Alte schrieb. Er brauchte nämlich die Finger nur ein wenig über dem Papier zu kräuseln, und sofort stand das Wort wie gestochen da, und wenn er es mit den Fingern zurücknahm, verschwand die Schrift wie der grüne Rauch.

So bekamen die Kinder nur mit, dass ein Reliefpfeiler ein Pfeiler mit eingepressten Darstellungen rundherum sei, aber da es nur ein Wort aus dem Spiel war, kam's auf die Wirklichkeit gar nicht so an. Ein solches Ungetüm rückwärts zu lesen war äußerst mühsam.

»Ich weiß was!«, rief Gabi und holte einen Spiegel. Doch dann war sie enttäuscht. Statt RELIEFPFEILER von hinten stand nun etwas ganz anderes im geschliffenen Glas, nämlich:

»Schrift umdrehn und Klang umdrehn ist nicht dasselbe«, sagte der Alte, »und eigentlich«, so fuhr er fort, »und eigentlich ist es auch ungenau, wenn ich sage: den Klang umdrehn. Habt ihr einmal ein Tonband verkehrtrum laufen gehört?«

»O ja«, sagte Gabi, deren große Schwester ein Tonband besaß, und auch Monika und Caroline kannten diese Geräusche.

»Wenn man den Klang tatsächlich umdreht«, meinte Monica, »ist das nicht mehr zum Wiedererkennen. Da kommt wirklich was ganz andres raus – keine Wörter mehr, eigentlich gar keine Sprache.«

»Ja zum Teufel, was wird denn da nun umgedreht?«, fragte Caroline, »das Buchstabenbild nicht, der Buchstabenklang nicht – also was?«

»Das, was der Buchstabe eigentlich will – sein Wesen«, sagte Schopenhauer, »und wenn man ganz genau sein wollte, dann wird auch nicht dies Wesen umgedreht, sondern die Reihenfolge dieser Buchstabenwesen.« Die Kinder staunten.

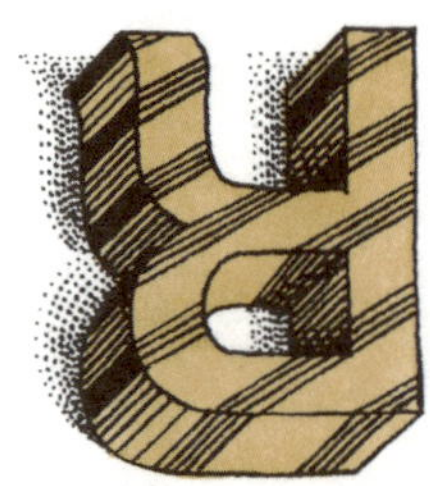

»Das versteh ich nicht ganz«, sagte Emmanuel, »aber es klingt prächtig.«

»Das ist auch eine schwierige Frage«, sagte Küslübürtün, »und viele kluge Leute, die Sprachphilosophen, haben sich mit solchen Problemen abgeplagt. Vielleicht kommt einer von ihnen einmal mit mir hierher, der Humboldt etwa oder der Herder –«

»Kluge Burschen!«, räumte Schoppi ein.

»– dann werden sie euch das besser erklären können«, fuhr der Türke fort. »Wir wollen bis dahin einfach sagen: ›Die Wörter umdrehn‹, auch wenn's ungenau ist.«

Die Kinder nickten.

»Dann aber«, meinte Emmanuel, »müsste man eigentlich ein Wort wie Kuckuck *doch* rumdrehen dürfen – wenn der Klang ohnehin verändert wird, dürfte man es doch mit dem Schriftbild ebenso halten.«

»Das kommt auf die Spielregeln an, die man sich selber gibt«, erwiderte Schopenhauer, »und ein Spiel macht doch

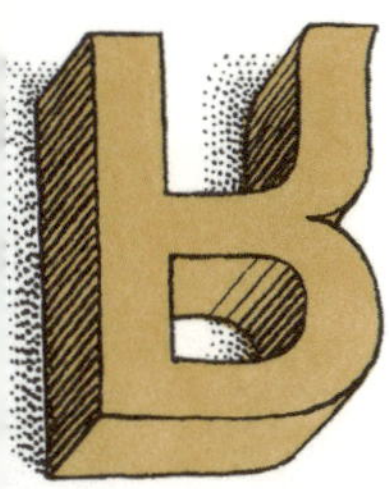

erst richtig Spaß, wenn die Regeln ein bisschen streng sind und man sich anstrengen muss. Wenn alles erlaubt ist, ist's doch nicht schön! Ich würde das Umdrehen nur gelten lassen, wenn die Gleichheit der Buchstabenfolge gewahrt bleibt, und das heißt, dass man ein ck eben nicht in ein kc verwandeln kann. Nun drücken die verschiedenen Sprachen ihre Laute nicht immer mit denselben Buchstaben aus. Wir Deutschen können ein Wort mit einem sch darin niemals umdrehn, weil wir sch nun einmal mit drei Buchstaben schreiben. Ein Ungar hingegen könnte es wohl, denn sein sch wird einfach s geschrieben, und auch der Tscheche könnte es, denn er schreibt's als ein s mit einem Häkchen drauf: š. Der Russe hat darüber hinaus sogar für schtsch ein eigenes Zeichen, er könnte also Wörter mit solchen Klangfolgen durchaus umdrehn.«

»Dann kann es im Deutschen gar nicht viel Kugelwörter geben«, sagte Caroline enttäuscht.

»Es gibt ihrer wirklich nur wenig«, bestätigte Schopenhauer, und dann kramte er aus, was er so wusste: NUN, EHE, ELLE, EGGE, EBBE, ESSE, NEBEN, STETS, RENNER, NENNEN, RETTER, REITTIER, RENTNER und schließlich LAGERREGAL standen auf dem Papier.

»ROTOR«, ergänzte Küslübürtün, »und RADAR.«

»Abscheuliche Neuwörter!«, knurrte der Alte.

»Ob man einen Kugelsatz bilden könnte?«, meinte Emmanuel, »einen Satz, der von vorn wie von hinten ganz gleich ist?«

»Na klar!«, behauptete Monica.

»Das ist sehr schwer«, sagte Schopenhauer, »da gibt's nämlich im Deutschen wie in allen Sprachen bestimmte Wörter, die sehr oft vorkommen und den meisten Sätzen unentbehrlich sind, etwa die Wörter ›ist‹ und ›sind‹ und ›und‹ und ›hat‹ und ›wird‹ und Ähnliches, bei uns auch die Artikel ›der‹, ›die‹, ›das‹. Von all diesen Wörtern gibt nur eines umgedreht einen Sinn –«

»– nämlich ›die‹«, rief Caroline, »das gibt umgedreht: ›Eid‹.«

»Ja, und wenn dann der Satz mit ›die‹ beginnt, muss er mit ›Eid‹ notwendig aufhören, und da ist es höllisch schwer, eine sinnvolle oder wenigstens eine grammatikalisch richtige Folge zusammenzubasteln.«

»Ich hab was Besseres«, sagte Caroline. »Man könnte so einen Satz mit ›ein‹ anfangen, dann müsste er mit ›nie‹ aufhören, das wäre doch leichter.«

»Ebendiese Zusammenstellung wirst du in solchen Sätzen fast immer finden«, bestätigte Schopenhauer. »Ich will euch so ein Gebilde hinschreiben!«

Und er schrieb:

EIN NEGER MIT GAZELLE ZAGT IM REGEN NIE.

»Wieso mit Gazelle?«, fragte Monica, »warum sollte er denn gerade mit einer Gazelle im Regen nicht zagen?«

Jens hatte sich mit dem Kühlschrank beschäftigt und begann nun Rote Grütze zu löffeln.

»Weil's mit einem anderen Tier sich nicht rumdrehen lässt«, sagte der Greis. »Mit Gazelle aber lässt sich's rumdrehn – lest doch mal von hinten!«

»Ein neger mi tgaz ellezag tim regen nie«, buchstabierte Monica, und dann las sie nochmals, und nun mit der richtigen Betonung: »Ein Neger mit Gazelle zagt im Regen nie.«

»Na, und nun wollen wir statt »Gazelle« was setzen?«, fragte Küslübürtün.

»Elefant!«, rief Gabi, und gleichzeitig brüllte Jens mit vollem Mund: »Heupferd!«

»Machen wir beides«, sagte der Alte, und dann lasen sie, da er schrieb, zuerst von vorn:

EIN NEGER MIT ELEFANT ZAGT IM REGEN NIE

und

EIN NEGER MIT HEUPFERD ZAGT IM REGEN NIE

und dann drehte der Alte die Hand herum, und dieser Bewegung folgten die Buchstaben, sodass nun dies dastand:

EIN NEGER MIT GAZTNA FELET IM REGEN NIE

und

EIN NEGER MIT GAZDREFPU EHT IM REGEN NIE.

»Na«, lachte Küslübürtün triumphierend, »könnt ihr euch unter einem Gazdrefpu was vorstellen?«

»O ja!«, sagte Emmanuel.

»Unter einem Gaztna auch«, sagte Caroline.

»Wie schaut denn so ein Gazdrefpu aus?«

»Na, wie eine Mischung von Gazelle und Dreckfink und Uhu, zu dem man pfui! sagt, also groß und mit Streifen im Fell und flinken Beinen, aber schmuddlig und mit ganz kleinen Flügeln und großen runden Augen, und wenn's Hunger hat, dann piepst's und frisst's Mäuse und Kokoslaub – eben ein Gazdrefpu!«

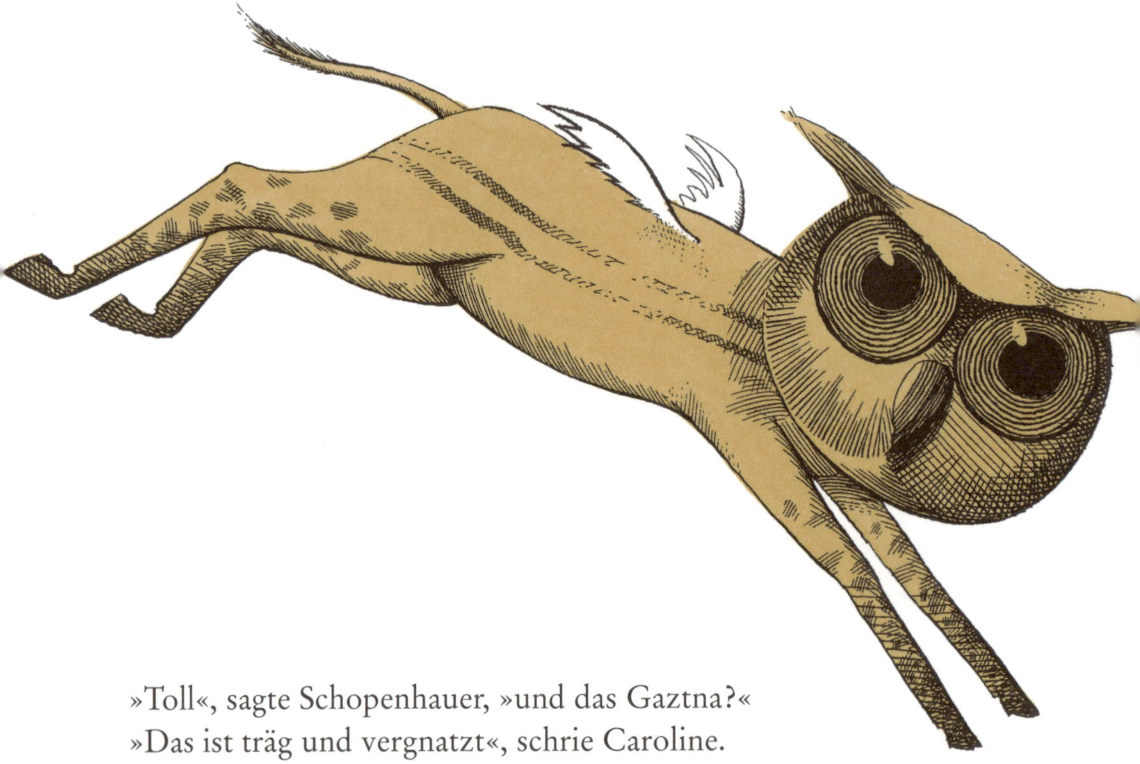

»Toll«, sagte Schopenhauer, »und das Gaztna?«

»Das ist träg und vergnatzt«, schrie Caroline.

Nun jubelten alle.

»Aber ›felet‹ und ›eht‹, das ist nichts«, meinte Emmanuel ehrlich bekümmert.

Caroline erwiderte, »felet« komme von »fehlen«: Ein Neger mit einem Gaztna fehle im Regen nie, denn das Gaztna sei so träge, dass es auch im Regen nicht fortlaufe, darum sei es eben ein Gaztna.

»Aber in ›felet‹ fehlt dann ein ›h‹«, warf Küslübürtün ein.

»Das fehlt bei einem Gaztna ja immer, weil es so ein träges Tier ist«, verteidigte sich Caroline, aber das ließ keiner mehr gelten.

»Auch Gaztnas unterstehen dem Duden«, meinte Monica, da bimmelte die Glocke zum Mittagessen.

»Müssen Geister eigentlich auch was essen?«, erkundigte sich Gabi.

»Geistige Nahrung«, sagte Schopenhauer, »ein bisschen Grammatiksalat mit Wortwurzeln etwa –«

»– mit Gänsefüßchen garniert«, ergänzte der Türke.

»Oder zerlassenes Zeitwort mit Beistrichbeilage!«

»Aufgewärmte Artikel!«

»Hauptwortragout!«

»Klare Rufzeichensuppe!«

»Genitivklößchen!«

»Saure Fragezeichen!«

»Punkte, genudelt und kalt abgeschreckt!«

»Weiche Konsonanten nach Leipziger Hausmacherart!«

»Schlagzeileneintopf!«

»Kommentare, mit Käse überbacken!«

»Gesülzte Sportreportagen!«

»Verlorene Eigenschaftswörter!«

»Satzzeichenpudding!«

Sie waren, da sie dies riefen, dünner und dünner geworden, und nun hörten die Kinder aus dem grünen Rauch nur noch: »Kalter Kaffee«, und aus dem schlohweißen Dunst: »Zerrührtes Hirn!«, und dann waren die Kinder allein.

Auf dem Papier aber stand:

EGALE LAGE
ER HABE NIE EINE BAHRE
EINE TREUE FAMILIE BEI LIMA FEUERTE NIE
SPART RAPS
BEI LEID LIEH STETS HEIL DIE LIEB
ELLA RÜFFELTE DETLEF FÜR ALLE
BEI LIESE SEI LIEB
REGAL MIT SIRUP PUR IST IM LAGER
SAGT GAS
NEUER DIENST MAG AMTSNEID REUEN
TUNK NIE ANNA EIN KNUT
GNUDUNG

Und auf dem zweiten Bogen Papier stand:

AUFGABEN

Erzählt zu dreien dieser Wörterpaare Umdrehgeschichten:

ESEL – LESE
MAIS – SIAM
RETTIG – GITTER
GRAS – SARG
TRAB – BART
GRUB – BURG
EUER – REUE
REIZGURT – TRUGZIER

Wer findet Kugelwörter, die auch im Spiegelbild ihre Gestalt nicht verändern? [4]

Wer bildet einen Kugelsatz, der mit »der«, und wer einen, der mit »die« anfängt? [5]

(Hinweis: Solche Sätze müssen grammatikalisch richtig gebaut sein, die Interpunktion jedoch darf beim Rückwärtslesen vernachlässigt werden. Zu Sätzen, die für sich alleinstehend nicht sinnvoll sind, müsst ihr eine kleine Geschichte dazuerfinden, bei der dann der Kugelsatz als Abschluss erscheint.)

Überlegt, warum die Interpunktion vernachlässigt werden *muss.*

In den Rätselecken der Zeitungen findet ihr manchmal so genannte Spiral- oder Schneckenrätsel, gelegentlich auch eine Form, die »Wortleiste«, »Leistenrätsel«, »Wortband« und ähnlich benannt wird. Überlegt, was sie mit unsern Kugelwörtern zu tun haben, und baut selbst solche Gebilde zusammen.

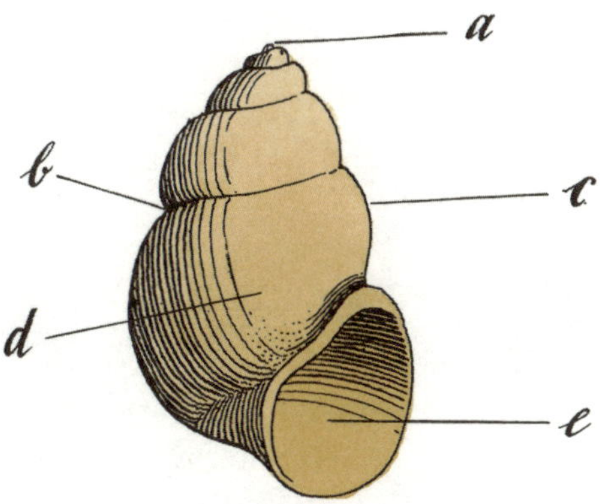

Legt euch eine Sammlung lustiger Rechtschreibfehler und Grammatikschnitzer aus Speisekarten, Hinweisschildern, Plakaten, Annoncen und Ähnlichem an. Vergesst nie, Fundort und Datum genau anzugeben.

Ende der Aufgaben

3

Nach dem Mittagessen ließ der Regen nach, da gingen alle Familien spazieren, eine jede auf ein anderes der vier Berglein, zu denen nun alle Familien des Urlaubsorts strömten, und es war so schön, wie es immer ist, wenn man als Zwölfjähriger in den Ferien bei leichtem Regen mit seiner Familie auf ein überlaufenes Berglein steigt.

Nachmittags regnete es wieder stärker, und alle Familien stellten dies fest.

Der Vater von Gabi, der Klempnermeister Müller, sagte: »Das ist ja der reinste Himmelsrohrbruch!«

Staatsanwalt Meier, der Vater Monicas, sagte: »So ein Wetter müsste verboten werden!«

»So ein Regen war gar nicht einplanbar!«, sagte Carolines Vater, Herr Lehmann, der jüngst vom Planer in einer Leitungsabteilung zum Leiter einer Planungsabteilung aufgerückt war und es wissen musste.

Seine Frau, Frau Lehmann, nickte stumm, und auch Frau Habermilch sagte nichts, denn sie arbeitete im Kulturbund und stellte gerade eine Broschüre »Frohe Ferien in unserer schönen sozialistischen* Heimat« aus passenden Dichterworten von Johannes R. Becher bis zur Jungpionierin* Kerstin zusammen.

Doch auch ohne dieses Werk war das Wetter schon allgemeiner Gesprächsstoff.

»Das regnet Schusterjungen«, sagte ein Hundezüchter.

»Das regnet junge Hunde«, sagte ein Gärtner.
»Das regnet wie aus Gießkannen«, sagte ein Dachdecker.
»Das regnet wie aus Traufen«, sagte eine Telefonistin.
»Das regnet Strippen«, sagte ein Geschichtswissenschaftler.
»Die Zeit einer neuen Sintflut ist angebrochen«, sagte ein Clown.
»Das regnet, wie's lustig ist«, sagte ein Gastwirt.
»Das regnet wie aus Fässern«, sagte eine Verkäuferin.
»Das regnet Bindfäden«, sagte ein Kesselschmied.
»Das regnet Kesselflicker«, sagte ein Pastor.
»Es regnet, Gott segnet«, sagte ein Nervenarzt.
»Petrus ist verrückt geworden«, sagte ein Schweinezüchter.
»Ein Schweinewetter!«, sagte ein Wettervorhersager.
»Das ist gar kein Wetter mehr«, sagte ein Schuster, und die Mutter Emmanuels, Frau Schmidt, sagte seufzend: »Junge, das regnet«, und dann nahm sie sich vor, die Schuhe heute abend mit Zeitungspapier auszustopfen und morgen gründlich mit Fett durchzuwalken.

Es regnete und regnete, und aus allen vier Fenstern aller vier Ausflugsstätten auf allen vier Bergen, der SCHÖNEN AUSSICHT im Süden, der GOLDENEN AUSSICHT im Westen, des FERNBLICKS im Norden und der FRÖHLICHEN EINKEHR im Osten sah man rinnendes Grau.

Zum Glück aber gab es in allen vier Gaststätten einen Fernseher, sonst hätten sich alle Frauen, Männer und Kinder gelangweilt, und zum Glück war ein Fußballspiel im Nachmittagsprogramm, sonst hätten sich alle Männer und Frauen gelangweilt. So aber langweilten sich nur die Kinder, doch das störte die Männer und Frauen nicht lange, denn schon nach den ersten zornigen Worten saßen alle Kinder still.

Der Fußballverein LOKOMOTIVE einer Stadt im Süden spielte gegen den Fußballverein HANSA einer Stadt im Norden, und die meisten Feriengäste hielten zu HANSA, so wie die meisten Feriengäste am Meer, wo es ebenfalls regnete, jetzt zu LOKOMOTIVE hielten.

Kaum waren fünfzehn Minuten vorbei, da war das dritte Tor für LOKOMOTIVE gefallen.

Die Männer und mehr noch die Frauen in allen vier Ausflugslokalen ärgerten sich, und das war auch nicht viel besser als Langeweile. Unsere Kinder hätten allerlei Pfänder dafür gegeben, jetzt bei Jens zusammenzuhocken und mit Küssü und Schoppi quatschen zu können. Sie seufzten, das war nach dem dritten Tor, gleichzeitig aus allertiefstem Herzen und dachten zugleich des Grünen Namen, da war es ihnen, als schaukelten statt des Balls zwei Pantoffelbeine im Netz hinterm Tor von HANSA, und da sie nun genauer hinsahen, zwinkerte ihnen das Türklein zu. Es schwenkte grüßend seine Pfeife, da plötzlich stand die Pfeife im Tor, das Mundstück die Füße, das Rohr Leib und Beine, und die Troddeln wie Arme schützend um den dünner und dünner werdenden Leib geschlagen, indes dem Kopf dicker Qualm entquoll.

»Da steht ja eine Pfeife im Tor!«, schrie Herr Lehmann.

»Der Trottel soll sich nur dünnemachen!«, schimpfte Gabis Vater.

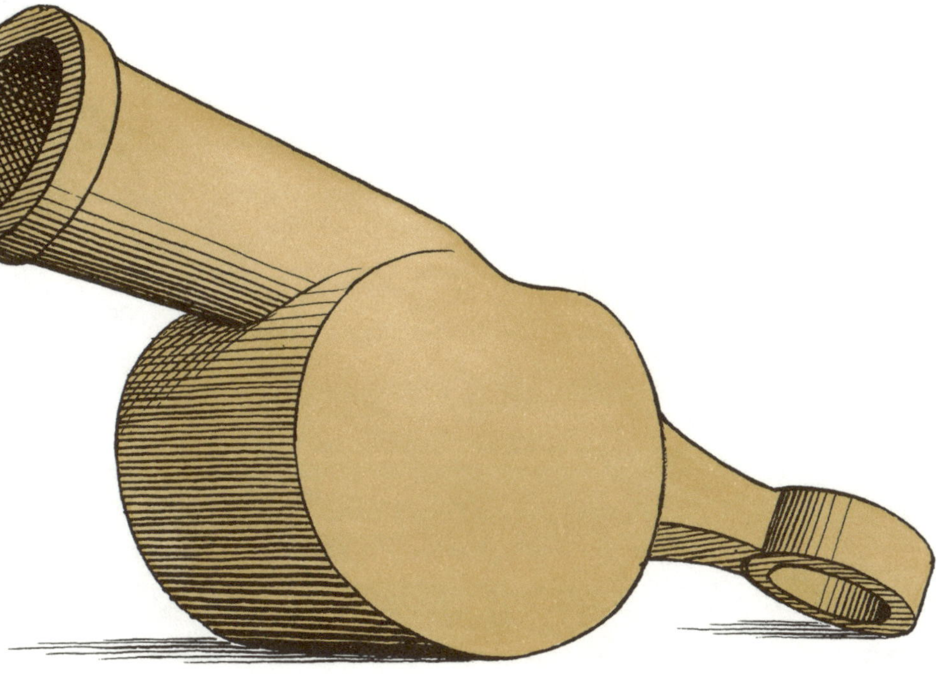

»Dem wird jetzt schön der Kopf rauchen«, sagte Frau Meier, und Emmanuels Mutter sagte: »Der hat einen Vogel!« Und da hüpfte ein Spätzlein der sich dünnemachenden Pfeife im Tor auf den rauchenden Kopf.

Die Erwachsenen und auch die Kinder, die Küslübürtün nicht kannten, sahen diese seltsamen Verwandlungen nicht, die sahen nur den Tormann im Tor stehen, doch unsere vier begriffen sofort.

»Küssü, lieber Küssü«, frohlockten sie.

»Bei diesem Spiel ist auch alles verkehrt«, sagte Carolines Vater zu Carolines Mutter, und da hob der Schiedsrichter das Schmauchrohr, um zum Weiterspielen zu pfeifen; Küslübürtün paffte am Torhüter, und im Tor hockte des Schiedsrichters Trillerpfeife und wimmerte leise vor sich hin.

Sie sah ganz klein und hässlich aus.

»Diese Pfeife soll bloß stille sein!«, sagte Frau Lehmann, denn die Erwachsenen sahen den Torhüter von HANSA heftig auf den Schiedsrichter einreden.

Die Trillerpfeife im Tor verstummte.

Der Fernsehansager gab noch einmal den Spielstand bekannt, und da er sagte, dass drei Tore für LOKOMOTIVE gefallen seien, sahen unsre vier (Jens sah nicht fern, der aß Sauerkraut), dass auf dem Rasen eine Reihe hoher

Haustore standen, von denen ihrer drei vornüber fielen und vom Schornstein einer vorüberschnaubenden Lokomotive aufgespießt wurden wie von eines Nashorns Horn. Zugleich schlappte ein Kübel mit Pech übers Spielfeld und beschwappte alle elf HANSA-Spieler, die plötzlich in alter Ratsherrentracht mit Talar und Halskrausen und Hellebarden in den Händen sich gegen die Lokomotive sammelten, die nun, vor Einsatzbereitschaft schnaubend, in der Mitte des Spielfelds stand.

»Hansa hat einfach Pech«, sagte Carolines Vater zu Carolines Mutter, »aber nun werden sie den Spieß umdrehn!« Und die würdigen Ratsherren mit dem Pech an den Hosen taten dies auch. Dann aber war es still, kein Wort aus der Röhre, und da pfiff der Schiedsrichter wieder auf der Trillerpfeife, und die Pfeife im Tor sprang auf die fleischernen Beine, und Küslübürtün sog am Elfenbeinrohr. Nun warteten die Kinder so begierig wie noch kein Fernsehpublikum zuvor auf die nächsten Worte des Sportreporters.

»Jürrimann«, sagte der Sportreporter,
und die Kamera zeigte den Fußballer Jürrimann;
»Kürrimann«, sagte der Sportreporter,
und auf dem Bildschirm lief der Fußballer Kürrimann;

»Lürrimann«, sagte der Sportreporter,
und der Fußballer Lürrimann erschien.

»Lürrimann«, wiederholte der Sportreporter,
und man sah noch immer den Fußballer Lürrimann;

»Lürrimann«, benannte der Sportreporter zum dritten Mal
den über den Rasen trippelnden Sportler Lürrimann,

»Lürrimann!«, schrie der Sportreporter,
»und nun geht der Ball nach hinten«,

und da hatte der Ball sechs Beine und ging.
Das heißt, er ging nur für unsre vier Kinder,
für alle übrigen rollte er.

»Mürrimann gibt das Leder an Nürrimann!«, sagte der Sportreporter,
und Mürrimann tat es mit beiden Händen, und der
Schiedsrichter pfiff dennoch nicht »Hand«, und da plötzlich
begann etwas auf dem Bildschirm zu leuchten,

»– glänzend, der Pürrimann!«, schrie der Sportreporter,
und ein glänzender Fußballspieler in Ratsherrentracht
rannte mit einer Muskete in beiden Händen hinter dem Ball
her und jagte ihn übers Feld und schoss auf die Lokomo

ein Treffer, es rauchte, ein gellendes Klingeln, und in allen vier Ausflugslokalen sprangen die Gäste von ihren Sitzen und rissen jubelnd die Arme hoch, und Gabis V ein Klempnermeister, bestellte eine Stubenrunde.

Nun waren die Erwachsenen fröhlich, und für unsere vier war es wie im Traum: Auf dem Rasen stand plötzlich ein Gebirge mit einem Steilpass darin; der Jäger mit der Muskete legte einen elf Meter langen Stab in einen Raum, darin Ruten und Prügel wie zur Bestrafung hingen, und verwandelte dann den Stab in ein prächtiges Tor. Dann marschierten die Ratsherren in Reih und Glied und boten also eine tolle

Parade; die Lokomotive warf all ihre Kräfte, das waren ihre Kohlen, in die Schale einer Waage, die plötzlich an einem seidenen Faden über dem Stadion hing, doch die Ratsherren machten Dampf dahinter, und da kochte das Stadion.

»*Das Stadion kocht!*«, schrie der Sportreporter, und das Stadion kochte, der Rasen dampfte, die Zuschauer brodelten, und die Lokomotive weichte in ihren Flanken auf, das war ein mitleiderregender Anblick, und dann brannte es im Tor der Lokomotive, da verwandelte sich Lokomotivführer Quürrimann in einen Feuerwehrhäuptling und wollte mit seiner Spritze klären, doch in all dem Tumult lag ein Tor in der Luft, und gleich fiel es, Rürrimanns Werk, und als der Pfiff zur Halbzeit ertönte, nahmen die Ratsherren wie die Lokomotive drei Tore in ihre Kabinen mit.

Dort wurde der Lokomotive eine Standpauke gehalten, die war sicher sehr gewichtig, aber das sahen nicht einmal die Kinder, weil der Reporter das nicht ansagte.

Dann wurde zur zweiten Halbzeit gepfiffen, und nun breiteten die Ratsherren Kissen und Lorbeerkränze auf den Rasen und begannen sich darauf auszuruhen, und die Lokomotive verfuhr sich, ohne das Tor zu finden, und schließlich schlief sie schnarchend ein.

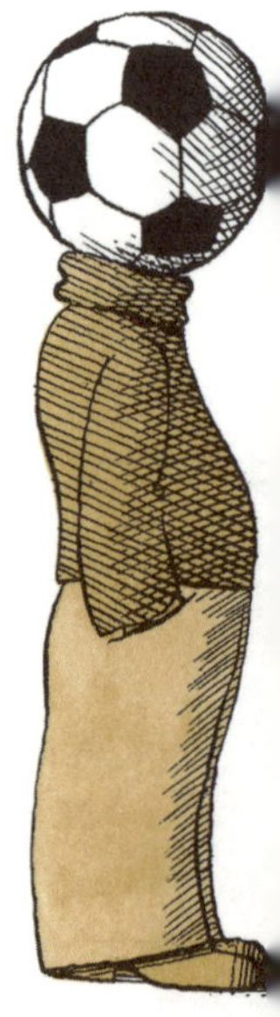

»Ein lahmer Fußball«, seufzte der Sportreporter, und fünf der sechs Beine des Fußballs schleiften lahm und müd auf dem Rasen daher.

Für die Männer und Frauen in den Lokalen kam zum Ärger nun doch noch die Langeweile, die fast alle Kinder sowieso schon plagte, und auch unsere vier amüsierten sich kaum. Der Reporter sagte immer dasselbe – was sollte Küslübürtün da zaubern!

Nur einmal wurde es noch lustig: Da standen dem Reporter die Haare zu Berge, dann wollte er diese Wände hochgehn, und da er dies offenbar nicht konnte, raufte er sich die Haare aus, und schließlich –

– »Lach nicht so dumm!«, fuhr Monicas Vater Monica an, und Monica wiedersprach nicht – wie hätte sie erklären sollen, dass der Reporter auf dem Boden hockte und Mäuse melkte. Selbst Küslübürtün lachte bei diesem Anblick, doch dann wurde er plötzlich ernst und machte eine bedauernde Geste, denn der Reporter schrie, das Spiel sei nun endgültig von allen guten Geistern verlassen, und da blieb dem Sprachgeistlein nur übrig zu gehn. Gleich darauf war das Spiel zu Ende.

Missmutig eilten die Ausflügler heim.

Trotz des Hastens besprachen sie ihr Erlebnis.

»Spiel ist Spiel«, sagte Frau Schmidt, Emmanuels Mutter, »das soll man nicht so wichtig nehmen!«

»Das war Pfuscharbeit von HANSA«, sagte Herr Müller, der Klempnermeister, »die haben die ganze Innung blamiert!«

»Gerechtigkeit muss sein«, sagte Herr Meier, der Staatsanwalt, »es war wenigstens keine Niederlage!«

»Richtig betrachtet, war es eigentlich ein Sieg für HANSA«, sagte Herr Lehmann, Carolines Vater, zu Frau Lehmann, Carolines Mutter, und die stimmte zu.

»Unter solch ungünstigen Umständen«, sagte sie.

»Bei diesem schlechten Wetter«, sagte Carolines Vater.

»Auf diesem schlechten Platz«, sagte Carolines Mutter.

»Und überhaupt«, sagten beide gleichzeitig und stellten übereinstimmend fest, dass es eigentlich ein großer Sieg für HANSA gewesen wäre und dass man die Dinge nur richtig betrachten müsse.

Und Frau Habermilch suchte für ihre Arbeit ein Sportgedicht und las gerade eines vom Dichter Joachim Ringelnatz, das »Fußball« hieß und so begann:

»Der Fußballwahn ist eine Krank-
heit, aber selten, Gott sei Dank.«

Sie nahm es nicht in die Sammlung auf, obwohl es ihr ganz gut gefiel.

Zum Glück hatte es aufgehört zu regnen, und es regnete auch am Abend nicht, sodass die Kinder noch auf die Straße durften. Ein jedes hatte dasselbe erlebt, und sogar Jens erinnerte sich, während seines Nachmittagsnickerchens von solch irren Dingen wie einem kochenden Stadion und einem rauchenden Tor geträumt zu haben.

Unsre fünf schwatzten fröhlich durchs Dämmerstädtchen, das nun müd seine Fensterläden schloss. Die Straßenlaternen begannen zu blinzeln; mit der Nacht stieg der Mond über die nassen Berge, und das erste Neonlicht rekelte sich wach. Die Kinder erzählten und erzählten, da plötzlich schrie Gabi entsetzt: »Leute! Da!«

»Was ist denn?«, fragte Monica.

»Da steht: ›Leichen‹«, heulte Gabi.

Tatsächlich: Über dem Schaufenster einer Kaufhalle zuckte grünviolett: LEI CH EN unterm milden Mond.

»Iiii, wie gräsig!« Gabi schüttelte sich.

»Das heißt natürlich: ›Fleischwaren‹«, erklärte Monica, »und das Neon ist teilkaputt, wie so manches so manchmal.«

»Iiiii«, sagte Gabi, »dort kauf ich keine Bockwurst mehr.«

»Hör auf!«, sagte Jens aufgebracht.

Caroline wollte dies Thema fortspinnen, aber Monica unterbrach.

»Bei uns ist auch oft das Neon kaputt«, sagte sie, »da stand neulich statt ›Kaufhaus‹ zu lesen: ›Kau hau‹.«

»Und bei uns«, sagte Gabi, »stand unlängst: ›Ich hau‹.«

»›Ich hau – ich hau‹ – was soll denn das geheißen haben, wie das noch heil war?«

»Na, ›Lichthaus‹ natürlich.«

»*Das* heißt bei uns ›Licht aus‹.«

»Bei uns einfach: ›Laus‹.«

»Und bei uns«, sagte Caroline dumpf, »stand auf der einen Straßenseite gelb: ›Henker‹, und auf der anderen blau: ›Hexe‹.«

»Gibt's nicht!«

»Doch: ›Geschenke–Reiseandenken‹, und ›Schuhhaus Exzellent‹!«

»In diesen Wörtern ist allerhand drin«, sagte Emmanuel nachdenklich.

»Bei uns«, berichtete Monica, »stand einmal eine ›Ost-Gemse‹, das war in dem Obst- und Gemüseladen, wo man dann später Hemden verkauft hat und heute Wurst, also der Laden, den man jetzt zu einem Elektrohaus umbaut, weil die Elektrowaren dort raus müssen, wo sie jetzt drin sind, weil dort nämlich die Wurst reinkommen wird, die jetzt raus muss, weil Elektro rein muss.«

»Das ist klar«, sagte Caroline, »das muss so sein!«

»Und wir«, sagte Emmanuel, »hatten einmal was ganz Besonderes, nämlich: ›Ein Ostdelikt‹ – ›Feinkost und Delikatessen‹.«

»Und bei uns«, sagte Gabi, »stand links am Marktplatz: ›Ich spiel Theater‹, und rechts: ›Sie darf‹.«

»Das ist gesponnen!«

»Denkste – ›Lichtspieltheater‹ und ›Siedlerbedarf‹.«

»Wir hatten mal ›Star‹ und ›stur‹«, sagte Monica, »›Absatzbar‹ und ›Restaurant‹.«

Da wurden Jensens Augen groß.

»Schaut mal, ein neuer Eisladen!«, strahlte er, »oder soll das vielleicht was zum Heizen sein?«

EIS GAS lasen die Kinder über der Tür der Speisegaststätte, und Caroline meinte, das sei ein Glück, das hätte auch ›Spei-Gas‹ lauten können.

»Oder ›Ei-Gas‹, oder ›Speise-Gas‹«, sagte Gabi, »das ist aber komisch!«

»In den Wörtern steckt viel«, sagte Emmanuel.

»›Komik‹ stand wirklich mal über der Straße«, erinnerte sich Caroline, »das sollte natürlich ›Kosmetik‹ heißen.«

»Und bei uns«, sagte Monica, »freuten sich einmal die Studenten, dass sie eine neue Mensa hätten, aber es war nur der ›Damensalon‹.«

»Bei uns wurde aus ›Plasterzeugnissen‹ ein ›Lastzug‹«, berichtete Emmanuel.

»Und wir«, trumpfte Gabi auf, »hatten dasselbe lange Wort, aber bei uns stand: ›Lasterzeugnis‹!«

Alle lachten, nur Jens verstand nicht.

»Wir hatten einmal ›Rundsehn‹«, rief Monica.

»Und wir ›Fernfunk‹«, meldete Caroline.

»Wir haben auch so einen Rundfunk-Fernsehen-Laden«, berichtete Gabi, »und bei uns stand dann: ›Unkensee‹.«

»Der heißt bei uns ›Fernsehen-Rundfunk‹«, sagte Emmanuel, »und da war es natürlich ein ›Fee-Hund‹.«

»O Leute«, jubelte Jens, »und dort!«

Das dritte Neon des Städtchens war angesprungen.

»Sardinen«, las Jens, »morgen nischt wie hin!« Aber es waren nur etwas durchlöcherte »Stores-Gardinen«, dafür hatten sich die grünvioletten Leichen in zuckende »Fischwaren« verwandelt. WEINE, sagte das vierte Neon, und es war auch danach.

»Bei uns hieß es: ›Lebe mit Spiritus‹ «, sagte Emmanuel, und wie dies Geschäft richtig hieß, könnt ihr euch wohl denken. [6]

Er hatte dies so trocken gesagt, dass die Kinder vor Lachen nicht mehr Luft schnappen konnten.

»O Leute«, ächzte Gabi, »wer soll denn das –«, und da sprach sie nicht weiter.

Das fünfte Neon nahm ihr das Wort aus dem Mund und kündete: AUSHALT   EN.

Es war ein Geschäft für Haushaltwaren.

In dieser Nacht schrieb Emmanuel diese Gedichte:

WAS ALLES IN DEN DINGEN STECKT

Im Traum ein Raum,
im Schmaus eine Maus,
im Messer der Esser,
in der Fahne der Ahne.

Im Gewicht ein Wicht,
in der Katze der Atze,
im Kaffee der Affe,
im Schein der Hein,
und der Heini in der Bescheinigung.

Im Dickicht ich,
im Kerker er,
im Sieger sie,
in der Wirrnis wir.

Im Gestopften ein Topf,
im Geflohnen ein Floh,
im Gekochten der Koch,
im Gebrauten die Braut.

Im Knie ein nie!
im Bauch ein au!
im Krach ein ach!
im Hohn ein oh!

Im Schlamm das Lamm,
im Schund der Hund,
im Schuft der Huf,
in der Gruft ein Ruf,
in der Rinde das Rind,
in der Winde der Wind,
im Graben der Rabe,
in der Schabe die Habe,
im Geheule die Eule,
in der Tunke die Unke,
im Gelben die Elbe,
im Schwarzen die Warzen,

im Blauen die Auen,
in den Broten die Roten,
in der Weise das Eis,
in den Greisen ein Reis,
im Schwall der Wal,
im Ball das All,

in den Kartoffelferien* eine Elfe,
im Pionierwinterlager* der Erwin,
in allen Oberschulklassen ein As,
in allen Marmorstandbildern ein Arm,
in allen Bohrmaschinen ein Ohr,

im Unterhilfssuppenkellenabwäscher der Enkel des Kochs,
in der Schmalzkuchenteigmischmaschine
eine Malzkuchenteigmischmaschine,
im Kölnischwasser Öl,
in den Kissenfedern Senf,

doch im ganzen Krautsalat keine Spur von Honig.

IN DER KUCHENFABRIK

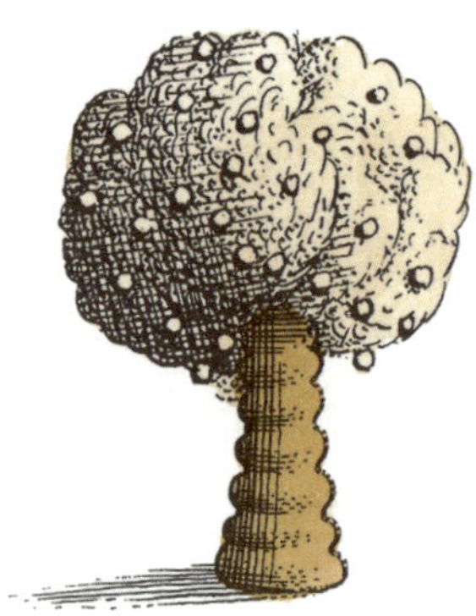

Im Streuselkuchen ist Streusel,
im Pflaumenkuchen sind Pflaum',
im Marzipankuchen ist Marzipan,
im Baumkuchen ist ein Baum.

Im Kirschkuchen sind Kirschen,
im Obstkuchen ist Obst,
im Reibekuchen eine Küchenreibe,
ich hoffe, dass du ihn lobst.

Im Käsekuchen ist Käse,
im Hundekuchen ein Hund,
und wenn der Jens so weiterfrisst,
wird er noch kugelrund.

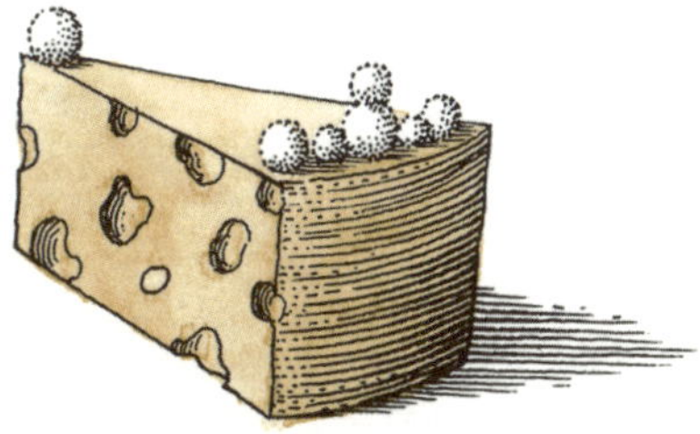

»Aller guten Dinge sind drei«, dachte Emmanuel und leckte sich die Lippen, aber es wollte ihm, trotz zähen Nachdenkens, nichts andres einfallen als dieses

LIEDCHEN

In ihr Maushaus
lief die Hausmaus,
doch sie hielt's nicht lang drin aus,
denn im Dreckeck
lag viel Eckdreck,
und das war ein großer Graus.

In dem Wurmturm
ächzt ein Turmwurm,
und er ächzt so schauerlich,
weil der Fuchsluchs
mit dem Luchsfuchs
gestern ums Gemäuer strich.

In dem Zwergberg
sitzt der Bergzwerg,
und er sehnt sich jedes Jahr
nach dem Strandsand
fern am Sandstrand,
wo er mal auf Urlaub war.

Und der Dachslachs
huscht zum Lachsdachs,
den er aus der Schule kennt,
und der Spechthecht
ruft zum Hechtspecht:
Endlich ist das Lied zu End'!

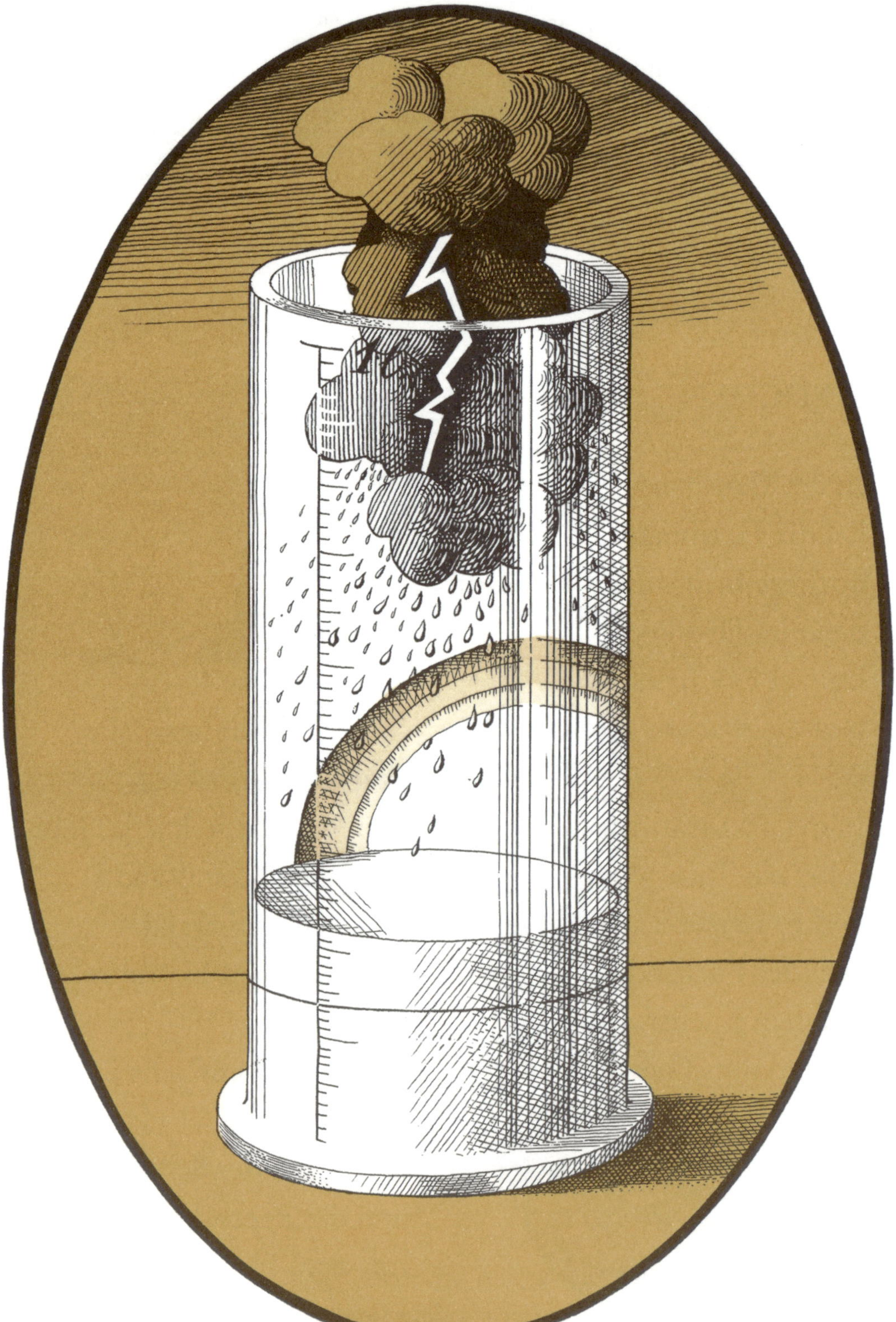

44444444 44444444444
4

Am nächsten Morgen regnete es erst in Massen, dann in Maßen. Als erster steckte Emmanuel seine Nase ins Nasse.

Da sah er Caroline.

Sie ging langsam, als wollte sie, obwohl sie stark nieste, das Nieseln genießen, und nun blieb sie gar vor einer Grünfläche stehen, darin Streifen dickhalmigen dunklen und dünnhalmigen hellen Grases mit Blumenbeeten wechselten.

»Reiß kein Reis aus«, warnte Emmanuel, »sonst nehm ich Reißaus.«

»Das tu ich nicht«, sagte Caroline, »ich überleg bloß, was das für Rasenrassen sind.«

Emmanuel zuckte die Schultern.

»Es ist scheußlich, wie wenig wir von den Wiesen wissen«, meinte Caroline.

»Wessen Wesen ist denn vollkommen?«, meinte Emmanuel, »so weis, dass er alles weiß, ist keiner.«

»Dass es so sein muss, ist gar nicht schön«, sagte Caroline traurig.

»Dies Muss ist so scheußlich wie Pflaumenmus«, sagte Emmanuel, der Marmelade nicht mochte.

Sie drohten tiefsinnig zu werden, da kam Monica.

»Leute, ich hab mir heute Nacht eine Geschichte ausgedacht«, rief sie schon von weitem.

»Ich auch«, sagte Caroline, die sich keine ausgedacht hatte und sich nun rasch eine auszudenken anfing.

»Ich auch«, sagte Emmanuel, »das heißt keine Geschichte, sondern Gedichte.«

»Ach«, sagte Caroline, »Geschichten sind besser.«

»Meinst du?«, fragte Emmanuel.

Sie liefen zu Jens, und dort war schon Gabi.

»Leute«, sagte Gabi, »ich hab mir heute Nacht eine Geschichte ausgedacht.«

»Ich auch«, sagte Caroline, die sich keine ausgedacht hatte.

»Ich auch«, sagte Monica, die sich eine ausgedacht hatte.

»Und ich Gedichte«, sagte Emmanuel.

»Oh«, sagte Gabi und sah Emmanuel mit großen Augen an, »Gedichte sind viel besser als Geschichten.«

»Meinst du?«, fragte Emmanuel.

»Erzählt, Leute, erzählt!«, verlangte Jens, »ich hab richtig Hunger auf Geschichten.«

»Und sonst keinen?«

»Nicht sehr.«

Da staunten die Kinder, und dann forderten sie, dass Gabi ihre Geschichte erzähle.

Gabi aber zierte sich, und da losten sie, wer anfangen sollte. Monica zog das kürzeste Hölzchen, und sie erzählte:

Die Geschichte vom Ball der ein BALL werden wollte

Es war einmal ein Ball, der wollte gar zu gern ein Ball werden.

Dazu aber musste er in ein Schloss ziehn, und der Weg dahin war weit.

Er rollte und rollte.

Nachdem er ein paar Stunden gerollt war, kam er zu einem Stämmchen, das war ganz mager und blass und hatte noch kein einziges Blatt, nicht einmal eine grüne Spitze, und es schluchzte und schluchzte.

»Guten Tag, kleines Ding!«

»Guten Tag, kleiner Ball!«

»Warum bist du so traurig, du kleines Stämmchen?«, fragte der Ball. »Was bist du denn überhaupt für ein Wesen? Man kann es dir noch gar nicht ansehn.«

»Drum bin ich ja so traurig«, schluchzte das Stämmchen, »ich weiß nicht, ob ich ein Junge oder ein Mädchen bin. Bin ich ein Junge, krieg ich Zähne, bin ich ein Mädchen, krieg ich Nadeln, aber ich will beide nicht. Und Wurzeln mag ich am wenigsten, doch die bleiben in jedem Falle.«

»Werden muss man was«, sagte der kleine Ball, »das bleibt keinem erspart. Und aussuchen kann man sich auch nicht alles. Ich bin ein Ball und will ein Ball werden, aber Nadeln wachsen werden mir nie.«

»Bist du ein Junge oder ein Mädchen, kleiner Ball?«, fragte das Stämmchen.

»Na, ein Junge«, sagte der kleine Ball und hätte nicht sagen können, warum er darauf stolz war.

»Und wenn du ein Ball wirst?«, fragte das Stämmchen, »wirst du da ein Mädchen, junger Ball?«

»Dumme Frage, da bleib ich ein Junge! Aber nun sag mir, du seltsames Ding, was für zwei Wesen du werden sollst?«

»Rate doch«, sagte das Stämmchen und hörte für einen
Augenblick auf zu weinen. [7]

»Hab's schon geraten!«, sagte der Ball und rollte weiter, und im Weiterrollen rief er noch: »Du solltest ein Stamm werden, statt ein Stamm zu bleiben, dann würdest du viele, und Frauen und Männer, und hättest solche Sorgen nicht mehr.«

Er rollte weiter, und das Stämmchen entschwand seinem Blick. Bislang war der Ball durch den Wald gerollt, und nun rollte er auf ein Stückchen Feld, da war der Weg plötzlich so kümmerlich, dass der Ball verwundert im Rollen einhielt.

»Was soll das heißen?«, sagte der Ball, »bist du ein Weg oder bist du weg?«

»Ich bin noch nichts, ich will erst was werden«, sagte das Kümmerliche, das nicht Weg noch Waldgrund noch Wiese noch Feld war, aber auch nicht Sumpf oder Teich oder einfach ein Loch. Es war wie ein Stückchen Dämmergrau, von dem man nicht weiß, ob es Tag oder Nacht ist.

»Und was willst du werden, du Dämmergraues?«, fragte der kleine Ball.

»So rate doch!«, sagte das Unentschiedne. »Werd ich eine Frau, dann bleib ich hier und trage ein grünes und buntes Kleid; werde ich aber ein Mann, dann komme ich in ein Haus, und dort kann ich vielerlei Kleider tragen.« [8]

»Hab's schon geraten!«, sagte der Ball, »doch nun muss ich weiter, sonst komme ich zu spät aufs Schloss, und dann ist ein andrer Ball Ball geworden.«

Und er sprang über das Kümmerliche hinweg.

»Über mich kannst du aber nicht springen«, sagte ein Ding, das hinterm Feld vor dem neuen Weg lag.

»Klar kann ich das«, sagte der Ball, »und wenn du mir auch noch so bös deine Zähne mit den Haaren drauf zeigst. Du bist ja ganz flach und passt in eine Kindertasche, wie soll ich da nicht über dich springen können!«

Er rollte ein Stückchen zurück, um Anlauf zu nehmen.

»Versuch's nur!«, sagte das Ding und wuchs im Nu bis unter die Wolken.

»Darüber kann ich wirklich nicht springen«, verzagte der Ball.

»Prahlhans!«, sagte das berghohe Ding, »nun sieh zu, wie du weiterkommst.«

»Wenn ich dich rate, machst du dich da wieder klein?«, fragte der Ball.

»Rate mich, rate mich!«, dröhnte das Ding aus den dichten Wolken. [9]

»Hab's schon geraten!«, sagte der Ball, und da er das Erratene sagte, wurde das Ding wieder klein wie zuvor, und der Ball konnte weiterrollen.

Er rollte und rollte, da rutschte er aus.

Auf dem Weg wuselte etwas Weißes und Feuchtes.

»Fiii!«, machte der Ball und schüttelte sich, »du bist aber widerlich, du Weißes! So glitschig und schmierig! Und du riechst auch so dumpf!«

»Sei froh«, sagte das Weiße, »dass du an mich geraten bist, da ich zum Pflanzenreich gehöre. Da bin ich nämlich ein Pilz, wenn mich auch die Pilzsammler verschmähen. Wäre ich aber ein Tier, hätte ich dich mit meinem Huf getreten, da wäre dir Hören und Sehen vergangen. So, und nun rate, wer ich bin!«

»Hab's schon geraten, du ulkige Pflanze!«, sagte der Ball und rollte weiter. [10]

Er rollte und rollte.

Schließlich kam er auch an das Schloss, doch da war es so klein, dass er nicht hineinrollen konnte, und außerdem hing es am Hals eines Mannes, der sich immer am Kopf kratzte und blöde lachte.

»Bist du das Schloss?«, fragte der Ball ganz enttäuscht.

»Klar«, sagte das Schloss, »klar bin ich das Schloss, und das ist ein Tor, daran ich hänge. Du brauchst einen Schlüssel, kleiner Ball.«

Da fing der Ball an, herzergreifend zu weinen.

»Nun komm ich vors Schloss, und da ist's nur ein Schloss«, weinte er, »wie werde ich armer Ball jemals ein reicher Ball? Ach, auch ein Schlüssel kann mir da nichts nützen.«

Er weinte und weinte.

»Du brauchst keinen Schlüssel aus Eisen«, sagte das Schloss. »Ich werde dir drei Rätsel aufgeben, und wenn du sie rätst, wachse ich vor lauter Freude über deine Klugheit. Denn dieser Kerl da, an dem ich hänge, der errät meine Rätsel nicht und nicht.«

»Warum jagst du ihn dann nicht weg?«, fragte der Ball.

»Weil ich an ihm hänge«, sagte das Schloss. »Aber nun rate, was ist das: Es ist rund und viereckig zugleich.« [11]

»Schon hab ich's geraten!«, rief der Ball und sagte den Namen.

»Du bist ja ein Ass!« staunte das Schloss, »aber nun rate, was ist das: Ist es männlich, ist's schlank, ist es weiblich, macht's dick.« [12]

»Und schon hab ich's geraten!«, rief der Ball und sagte den Namen.

»Aber nun rate, was ist das«, sagte das Schloss:

»Ist’s männlich, hat man’s auf dem Kopf, und ist’s weiblich, passt’s auf, dass man nichts auf den Kopf kriegt.« [13]

Da musste der Ball doch nachdenken.

Er dachte und dachte und strengte sich so an, dass er fast platzte.

Das Schloss begann schon zu verzagen, da rief der Ball: »Geraten!«, und sagte das Ding.

Da strahlte das Schloss und freute sich, und seine Freude wuchs über alle Maßen und riss das Schloss einfach mit sich. Im Nu war aus dem Schloss ein Schloss und aus dem Tor auch ein Tor geworden, und da nun der Ball übers Pflaster rollte, das kein Pflaster, sondern ein Pflaster war, da wurde auch er vom Ball zum Ball und rauschte gradweg in den Hof hinein, den die Herren den Damen machten. O war das ein rauschender Ball! Alle Bewohner des Waldes hatten sich eingefunden, der schlaue Fuchs und der brummige Bär und der freche Dachs und der hungrige Wolf und der balzende Hahn, und das Schmeichelkätzchen, das von Admiralen umflattert wurde, drehte sich ebenso zur Musik der Küchenschelle wie die Jungfer im Grünen und der ulkige Kauz. Ein Dompfaff suchte einen Gimpel; ein Wendehals sprach mit zwei Ausländern, einem feurigen Araber und einem wachsamen Neufundländer; Spinner und Schwärmer huschten an Bücherwürmern vorüber, ein Kaisermantel blitzte auf, und man sah Rittersporne ebenso wie Eisenhüte oder Frauenschuhe; der Gute Heinrich hatte in einem Arm ein Röschen und im andern eine Angelika, ein Waldmeister tanzte mit einem Tausendschön, und ein Ziegenbart mit einer Erika, und der Ball rauschte, bis die Nachtkerzen erloschen und Stiefmütterchen mit Hexenbesen zum Kehraus kamen, aber es ging nichts in die Binsen, denn alles war Jelänger-jelieber, und als dann die Königin der Nacht den Ehrenpreis für Männertreu verlieh, ging ein Goldregen auch über die Faultiere und Stockfische nieder, und alle Kiebitze sagten: »Dieser Ball war wirklich ein Ball!«

Das fanden auch unsere Kinder, und sie lobten und klatschten, und auch drei unsichtbare Männlein auf dem Radio klatschten mit.

Nun zog Gabi das kürzeste Hölzchen.

»Ich hab mir eine ganz andere Geschichte ausgedacht«, sagte sie, »Die Geschichte vom kleinen *und*.«

»So erzähl schon!« Und Gabi erzählte

Die Geschichte vom kleinen **und**

Es war einmal ein langer, langer Satz, darin kamen schrecklich viel »unds« vor, und weil der Satz so lang war, konnten die Wörter gar nicht richtig aufeinander aufpassen, und so lief ein *und* aus dem Satz heraus und legte sich in die Sonne und ließ sich bescheinen. In dem Satz nämlich stand es zwischen lauter finsteren Worten, drum hatte es Sehnsucht nach der Sonne, aber als es so dalag, schlief es ein, und als es wieder aufwachte, war der Satz längst weitergegangen, und das arme kleine *und* stand mutterseelenallein in der Welt.

Allein, das war noch schlimmer als zwischen Dunkel und Finsternis.

Das kleine *und* begann zu weinen.

»Was fang ich ganz allein auf der Welt an, ich kleines *und*!«, schluchzte es traurig.

Da kam ein einsames großes H auf seinen zwei Beinen einhergestelzt.

»Ich bin auch so allein wie du«, sagte das große H, »komm, gehn wir zusammen!«

»Nein, ich will nicht«, sagte das kleine *und*, »da müsste ich ja immerzu bellen.«

»Na dann eben nicht«, sagte das große H und wollte um die nächste Ecke biegen, aber die Ecke hielt es fest.

»Bleib bei mir«, sagte die Ecke, und das große H blieb.

Das kleine *und* ruhte sich im Schatten der neu entstandenen Hecke aus. Ein Weilchen lag es besänftigt im Blätterrauschen, dann begannen wieder die Tränen zu rinnen. »Ich bin so schrecklich allein!«, schluchzte es.

Da kam ein einsames großes M auf seinen zwei Beinen dahergewackelt.

»Ich bin auch allein wie du«, sagte das große M, »komm, gehn wir zusammen!«

»Ich will nicht«, sagte das kleine *und*, »da müsste ich ja immerzu quatschen.«

»Na dann eben nicht«, sagte das M und wollte durch das Eck der Hecke, doch die verleibte es sich ein, und da wurde das schönste Heckmeck draus.

Da musste das kleine *und* lachen, und solange es lachte, war es auch fröhlich. Doch als es zu lachen aufhörte, war es wieder traurig und mochte das Heckmeck gar nicht leiden.

Es lief davon.

»Ich bin so allein, so allein, so allein!«, schluchzte es den Weg entlang.

Da kam ein klitzekleines r auf seinem Einbein dahergesprungen.

»Ich bin auch so allein wie du, kleines *und*«, sagte das kleine r, »komm, gehn wir zusammen!«

»Nein«, sagte das kleine *und*, »da würde ich ja fortrollen, das passt mir nicht.«

»Na dann nicht«, sagte das kleine r und sprang auf seinem Einbein dem kleinen *und* den Weg voran.

Da hielt es die nächste Ecke fest.

»Bleib bei mir, kleines r, und stell dich an meine Spitze«, sagte die Ecke, »dann bist du nicht mehr allein und wirst auch groß und stattlich werden.«

»Das will ich!«, sagte das kleine r stolz, und da wurde es ein großes R und zog auf den zwei Füßen, die es nun hatte, mit der Ecke als Recke in die Welt, um Heldentaten zu vollbringen.

Und das kleine *und* war noch immer allein.

Es schluchzte und schluchzte.

Wer kam da die Straße herunter? Links ein Mann, rechts eine Maus, die waren auf dem Weg zum nächsten Hafen.

»Komm zu uns, kleines *und*«, piepste die Maus, »wir nehmen dich in unsre Mitte und fahren über den Ozean!«

»Ich will nicht«, sagte das kleine *und*, »dann geht doch das arme Schiff mit uns unter.«

»Dann eben nicht«, sagte der Mann, und die beiden verschwanden.

»Ich bin so allein«, heulte das kleine *und*.

Und wer kam da die Straße herunter? Links der kleine Herr Kurz, rechts der kurze Herr Klein, die gingen in einen Möbelladen.

»Komm zu uns, kleines *und*«, sagte der kleine Herr Kurz, »wir nehmen dich in unsre Mitte!«

»Ich will nicht«, sagte das kleine *und*, »wenn wir dann wütend wären, würden wir die ganze Welt zusammenschlagen.«

»Na dann eben nicht«, sagte der kurze Herr Klein, und sie gingen weiter.

Doch wer kam jetzt den Weg herunter? Links Frau Faul, rechts Herr Gefräßig.

Frau Faul wollte den Mund aufmachen, das kleine *und* einzuladen, war aber viel zu faul dazu, und Herr Gefräßig machte den Mund nur auf, um das kleine *und* mit Vokal und Konsonanten zu verschlingen.

»Nein, mit euch beiden gehe ich nie!«, rief das kleine *und* und lief schnell davon.

Frau Faul war viel zu faul, ihm nachzulaufen, und Herr Gefräßig war dazu viel zu dick.

So konnte das kleine *und* dem Verderben entrinnen.

»Ach, wer soll kommen, mir endlich zu helfen?«, schluchzte es. Da kam auch schon das Wer daher.

»Du hast mich gerufen, also muss ich kommen«, sagte das Wer, »wir wollen miteinander gehen!«

»O ja, liebes Wer!«, rief das kleine *und*, »aus uns beiden wird wirklich etwas Schönes!« Und da schloss das große Wer das kleine *und* in seine Arme, und da wurde ein Wunder aus den beiden, und wenn zwei sich umarmen, die sich mögen, wird das immer wieder ein Wunder sein.

Das ist die Geschichte vom kleinen *und*.

Da klatschten die Kinder alle begeistert, und die Geister klatschten voll kindlicher Freude.

»Ich bin richtig bekindert!«, sagte der Geist, den wir noch nicht kennen. Sein Scheitel blitzte unsichtbar.

»Kann jemand einen Satz sagen, in dem fünfmal ›und‹ vorkommt?«, fragte Caroline, die mit ihrer Geschichte noch nicht fertig war und Zeit gewinnen wollte.

»Klar«, sagte Jens, »zu Mittag ess ich Linsen und Kartoffeln und Blutwurst, das sind drei ›und‹, und abends ess ich Kartoffelpuffer und Zucker und Apfelmus!«

»Es sind sogar sechs ›und‹«, sagte Monica, »aber so bring ich auch einen Satz mit siebenhundertmal ›und‹ zustande.«

»Ich meine natürlich fünf ›und‹ hintereinander!«, berichtigte Caroline sich wütend.

»Erlaube mal«, sagte Emmanuel, »die sind bei Jens doch hintereinander, zuerst das erste, dann das zweite –«

»So mein ich das auch nicht«, fauchte Caroline. »Ich meine fünf ›und‹ unmittelbar hintereinander.«

»Dann sag's doch gleich«, sagte Monica.

Nun rieten die Kinder, doch keines kam drauf.

»In einer Schule«, so erzählte Caroline die kleine Geschichte, die sie von ihrem Vater kannte, »in einer Schule machten Pioniere* eine Wandzeitung* und legten gerade die ausgeschnittenen Buchstaben aufs Papier. Die Überschrift hieß:

WIR LEBEN FROH UND LUSTIG!

aber die Buchstaben standen bei einigen Wörtern zu eng beisammen, sodass man HUNDL lesen konnte. Da sagte der Lehrer: ›Macht doch den Abstand zwischen ‚froh' und ‚und' und ‚und' und ‚lustig' etwas größer!‹«

»Ich weiß was Ähnliches«, sagte Gabi, »einen Satz mit zweimal dreimal hintereinander ›Mariechen‹«, und da die Kinder es nicht wussten, sagte sie – sie hatte den Satz von ihrem Vater, der aus der Mark Brandenburg stammte –:

»Es war einmal ein Mädchen, das hieß Mariechen, und die hatte eine Freundin, die hieß auch Mariechen.

Einmal bekam das eine Mariechen Parfüm aus Afghanistan und das andere Mariechen keins.

Da sagte das Mariechen ohne Parfüm zu dem Mariechen mit Parfüm: ›Lass Mariechen ma riechen, Mariechen!‹, und da ließ Mariechen Mariechen ma riechen.«

Das Türklein und der Blitzende lachten, doch Schopenhauer verzog das Gesicht.

»Aber ich weiß einen Satz mit viermal hintereinander ›laden‹«, sagte Caroline, und da die Kinder ihn nicht kannten, sagte sie – auch sie hatte das Beispiel von ihrem Vater –: »Vor einem Schokoladenladen laden Ladenmädchen Schokolade ab.«

»Ich kann auch so was«, sagte Monica, »aber das ist ein bisschen so geschummelt wie bei ›Mariechen‹, da wird's anders gesprochen als geschrieben: Ein Satz mit sechsmal hintereinander ›Essig‹.«

Diesen Witz kannten alle bis auf Emmanuel, doch der
[14] erriet ihn.

Da sagte Jens: »Wer kann einen Satz sagen mit elfmal hintereinander ›Binz‹?«

»Was ist Binz?«, fragte Emmanuel.

»Na, eine Stadt an der Ostsee, eine große«, sagte Monica, die von da stammte, und dann rieten die Kinder und rieten und rieten.

Sie kamen nicht drauf.

Jens setzte sich in Positur.

»Ein Mann kam an den Fahrkartenschalter«, sagte er, »in Berlin, der wollte nach Binz fahren, der Mann, und da ging er an den Fahrkartenschalter. Der Mann. Da fragte die Fahrkartenverkäuferin am Fahrkartenschalter den Mann: ›Wohin wollen Sie denn fahren, Sie Mann?‹, denn sie wusste ja nicht, dass der nach Binz fahren wollte, der Mann. Da sagte der Mann am Fahrkartenschalter, der nach Binz fahren wollte, zur Fahrkartenverkäuferin am Fahrkartenschalter, die nicht wusste, dass der nach Binz fahren wollte: ›Nach Binz – Binz – Binz – Binz – Binz – Binz – Binz – Binz – Binz – Binz – Binz – bitte!‹«

Jens lehnte sich zurück und strahlte.

»Das versteh ich nicht«, sagte Caroline, »wo soll denn da der Witz sein?«

»Der Mann stotterte«, sagte Jens und lief schnell davon, weil die Kinder ihn verdreschen wollten.

Aber dann lachten sie, und als sie sich ausgelacht hatten, fragte Caroline, der alles andre einfiel, nur nicht der Schluss von ihrer Geschichte, wer einen Satz mit viermal hintereinander »trompeten« sagen könne.

»Die Trompeten trompeten«, begann Emmanuel, aber das war ja nur zweimal. Auch die andern fanden nichts.

»Wenn in einer Band nur Trompeten trompeten, trompeten Trompeten besonders schön!«, sagte Caroline.

»Das geht ja mit ›flöten‹ auch«, sagte Monica, die Blockflöte lernte.

»Aber Flöten trompeten doch gar nicht«, meinte Jens, und nun wusste keiner mehr, ob er so dumm war oder sich nur so dumm stellte.

»Und mit ›geigen‹ geht's auch !«, entdeckte Emmanuel; und Caroline fügte hinzu: »Es müssen überhaupt gar nicht nur Musikinstrumente sein, die solch einen Satz hervorbringen können. Fliegen oder Hexen tun's ebenso gut.«

»Ob man da ein Schema aufstellen kann?«, überlegte Emmanuel. [15]

»Weitererzählen!«, verlangte Jens.

»Sogar sechsmal hintereinander kann man's«, frohlockte Caroline, »hört zu: Wenn nach Trommeln Trommeln trommeln, trommeln Trommeln Trommeln nach.«

Sie überlegte noch immer verzweifelt an ihrer Geschichte.

»Es ist nur so dumm, dass die Wörter ganz gleich sein sollen«, sagte sie, »sonst wüsste ich noch einen guten Satz. Passt mal auf: Ein Bleistiftspitzer spitzt doch Bleistiftspitzen. Da fragte ein Mann die Verkäuferin: ›Kann dieser Spitzer Spitzen spitzer spitzen?‹ – ›Ja‹, sagte die Verkäuferin. – ›O‹, sagte der Mann, ›dann ist er ja Spitzenklasse, ein Spitzespitzenspitzer von der Spitzenspitzerspitze!‹ – ›O ja‹, sagte die Verkäuferin, ›und wenn die Spitze *auch* Superklasse ist, dann ist sie eine Spitzenspitze, und dann ist der Spitzenspitzer ein Spitzenspitzespitzenspitzer.‹«

Jens gähnte laut.

»O ja«, spann Emmanuel weiter, »aber dabei hast du ganz vergessen, dass er nicht einfach Spitzen spitzt, sondern Spitzen spitzer spitzt. Also ist eigentlich schon der einfache Spitzenspitzer ein Spitzenspitzerspitzer, und der von der Spitzeklasse, der Spitzenklasse spitzt, ist ein Spitzenspitzespitzenspitzerspitzer, und wenn dieser Spitzenspitzespitzenspitzerspitzer selbst wieder eine Spitze hätte, was ja möglich wäre, dann wäre das seine Spitzenspitzespitzenspitzerspitzerspitze!«

»Das ist nun wirklich die Höhe«, sagte Jens, »nun aber weitererzählen!«

»Das ist nicht die Höhe, das ist die Spitze!«, sagte Caroline.

»Die Spitzenspitzespitzenspitzerspitzerspitzenspitze«, sagte Emmanuel.

»Was hast du gesagt?«, fragte Caroline.

»Die Spitzenspitzespitzenspitzerspitzerspitzenspitze«, wiederholte Emmanuel.

»Müsste das nicht: Spitzespitzenspitzerspitzerspitzerspitzespitze heißen?«, fragte Caroline unschuldig. »Pass mal auf: Wenn der Spitzenspitzer der Spitzenklasse, also der Spitzenspitzenspitzer eine Spitze der Spitzeklasse, also eine Spitzenspitze spitzer spitzt, dann ist er doch eigentlich ein Spitzespitz –«

»Weitererzählen!«, brüllte Jens, und auch Gabi und Monica verlangten jetzt entschieden eine neue Geschichte.

»Bei Zahl erzählt Caroline, und bei Wappen Emmanuel«, entschied Gabi und warf eine Münze hoch.

Die Fünf zeigte nach oben.

Caroline war dran, und sie hatte ihre Geschichte noch immer nicht beisammen. Doch sie hoffte, dass ihr beim Erzählen ein passender Schluss schon noch einfallen werde, und so fing sie unverzagt an:

Die Geschichte von der Maus und dem Hund

Es war einmal ein Hund, und es war einmal eine Maus, und der Hund machte immer wauwau, und die Maus machte immer pieppiep. Das bekamen sie allmählich satt.

»Wir wollen auch mal was andres machen«, sagten sie.

Da hatte die Maus eine gute Idee.

»Wir wollen unsre Köpfe tauschen«, sagte sie, »und sehen, was aus uns wird.«

»Gut, aber wie machen wir das?«

»Lieber Hund, möchtest du gern der Hund vom Franz Joseph Strauß sein?«

Da schüttelte der Hund so entsetzt den Kopf, dass er ihm von den Schultern fiel, und die Maus hatte indes dasselbe gemacht. Schnell setzte Einer des Andern Kopf auf, und da war aus dem Hund ein Mund und aus der Maus ein Haus geworden.

Das Haus war klein und grau wie ein Mäuslein, die Wände waren mausgrau, und die Tür war mausgrau, und die Fenster waren mausgrau, und das Dach war mausgrau, und der Schornstein war mausgrau, und auch der Rauch aus dem Schornstein und der Schatten vom Haus waren grau wie die Maus.

Da sagten die Leute: Das ist aber ein wunderschönes mausgraues Haus, aber so klitzeklein, wer soll da drin wohnen? Wir wollen warten, bis ein Zwerg zu uns zieht!

Da stand das Haus leer und wartete.

Na, wenn das nicht noch langweiliger war, als immer nur pieppiep zu sagen!

Der Mund aber ging in die weite Welt, doch wo er auch hinkam, flohen alle Leute entsetzt. Es war ein gar zu schrecklicher Anblick – ein hundsgroßer Mund, und sonst nichts, kein Kinn und kein Hals und keine Beine, nur ein einsamer Mund, der quatschte und quatschte.

Na, wenn das nicht noch langweiliger war, als immer zu bellen! Denn bellen konnte man wenigstens mit anderen

Hunden, doch einen anderen Mund, der nichts als ein Mund war, den fand man nicht, und ein Mund, wo noch was drumherum war, der redete nicht mit einem Mund ohne was drumherum. Es war gewissermaßen ein ganz armer Mund mit überall ohne.

»Ich ziehe nach Mecklenburg«, sagte er sich, »dort wohnen die nettesten Leute der Welt, die werden sicher ein Herz für mich haben!«

Doch auch die Mecklenburger mochten ihn nicht.

Da sprang er voll Verzweiflung in einen tiefen Brunnen.

Er fiel, und er fiel, und er fiel, und er fiel, und schließlich kam er auf eine große Wiese. Da stand ein Bäumchen und rief: »O rüttel mich und schüttel mich! Meine Äpfel sind alle reif!«

Da freute sich der arme Mund und sagte: »Bist du nicht das Bäumchen auf dem Weg zur guten Frau Holle?«

»Ja«, sagte das Bäumchen, »das bin ich.«

»O das ist fein«, frohlockte der arme Mund, »da bin ich vielleicht gerettet!« Und er packte das Bäumchen mit seinen Zähnen und rüttelte und schüttelte es, dass die Äpfel wie die reifen Pflaumen auf die Erde fielen.

Dann zog er mit seinen Zähnen die Brote aus dem Backofen, ehe sie verbrannten, und schließlich kam er auch zur Frau Holle. Die stand am Fenster vor ihrem Haus und klopfte grad ihre Betten aus.

»Das hast du gut gemacht!«, sagte Frau Holle, »und nun hast du auch einen Wunsch frei, armer Mund.«

»Tauschen wir die Köpfe«, bat der arme Mund, und Frau Holle sagte: »Das hab ich mir beinah gedacht. Aber meinetwegen will ich's tun, doch nur deinetwegen – na schön, und meinetwegen auch. Zu mir kommt ja seit vielen Jahren keine Seele mehr, weil die Menschen jetzt keine Brunnen mehr kennen und nur noch Wasserleitungen bauen, und dahinein springt doch kein Kind. Dein Brunnen war der letzte Brunnen von Mecklenburg, und der wird jetzt auch motorisiert. Mir war es schon längst langweilig geworden, und den Äpfeln und den Broten erst recht.«

Doch dann wurde Frau Holle ernst.

»Du bist doch nur ein armer Mund ohne Kopf«, sagte sie, »wie wollen wir denn da unsre Köpfe tauschen?«

»Im Märchen geht alles«, sagte der arme Mund.

»Das denkst *du*!«, sagte Frau Holle, »auch das Märchen hat seine strengen Gesetze! Aber in der Sprache ist alles möglich. Wir müssen uns einfach aufschreiben, dann geht's!«

So tauschten der Mund und Frau Holle die Köpfe, und seitdem ist Frau Holle eine Molle, und der weiße Schaum drauf glänzt wie der Schnee ihrer einstigen Betten, wenn's eine richtige Molle ist.

Der arme Mund aber wurde wieder zu einem Hund und lief durchs goldene Tor in die Welt hinaus und bellte: »Nie wieder tausche ich meinen Kopf ein! Das war mir eine Lehre fürs Leben!«

Da kam er am mausgrauen Haus vorbei, das immer noch leer stand und in Regen, Wind und Einsamkeit noch kleiner geschrumpft war.

»Ich kenne dich doch«, sagte das mausgraue Haus, »bist du nicht der Hund, mit dem ich meinen Kopf getauscht habe? Ich kenn dich am schwarzen Fleck auf dem Rücken.«

»Der bin ich allerdings«, sagte der Hund.

»Ich denke, du bist ein Mund geworden?«, fragte das mausgraue Haus. Da erzählte der Hund seine Abenteuer.

»Ach«, seufzte das leere mausgraue Haus, das in Regen und Einsamkeit weiter geschrumpft war, »ich bin doch so klein, da will keiner einziehn, nicht mal ein junges Ehepaar, das bei den Schwiegereltern wohnt. Die Leute bleiben vor mir stehen und schütteln den Kopf und sagen: Du bist ja noch kleiner als eine Neubauwohnung, und die Kinder sagen: In dich geht ja unser Schulranzen nicht rein, wenn wir Russisch und Deutsch und Geschichte und Staatsbürgerkunde* haben, und sogar die Mücken klagen, dass sie ununterbrochen mit den Flügeln anstoßen. Was soll ich nur tun?«

»Es ist schon ein Jammer«, sagte der Hund, »aber ich kann dir wirklich nicht helfen.«

»Lass uns doch wieder die Köpfe tauschen!«

»Na meinetwegen, weil du es bist!«

Da tauschten sie wieder die Köpfe, doch da blieb das Haus ein Haus und der Hund ein Hund, und es war alles wie vordem.

»Leb wohl«, sagte der Hund, »du siehst ja selbst, dass ich nichts für dich tun kann.«

»Ach, wenn mir doch einer helfen könnte!«, schluchzte das leere mausgraue Haus.

Nun war neben dem Haus ein altes, hässliches Loch, da hatte man einmal nach Erdgas gebohrt und keines gefunden. Nun stak das Loch da und gähnte und gähnte.

Es langweilte sich eigentlich noch mehr als das mausgraue Haus, allein es spürte die Langeweile nicht so, weil es von Natur aus ein bisschen besenkt und verbohrt war.

Doch das Schluchzen des Hauses rührte es schließlich.

»Soll ich dir helfen, du leeres, mausgraues Haus?«, gähnte das Loch und versuchte zu lächeln.

Da hatte das Haus nun ziemliche Angst, dass es eine alte hässliche Laus werden könnte, aber dann dachte es, dass es als Laus doch wenigstens in die Welt hinaus könne und nicht immer auf einem Fleck stehen müsse, und so willigte es schließlich ein.

Da wurde das Loch ein kräftiges Hoch und schwebte in die Lüfte hinauf. Dort wimmelte es von Wolken, die wollten dem Hoch den Weg versperren. Da kamen sie aber an den Richtigen! »Macht Platz, ihr Wolken!«, schrie das kräftige Hoch, »ich habe lang genug in der Erde gesteckt! Jetzt will ich über den Himmel ziehen! Macht Platz, ihr Grauen, weg mit euch!«

So scheuchte es alle Wolken weg, und seitdem bringt ein Hoch immer gutes Wetter.

Doch wie wunderschön das Wetter auch war, die kleine Laus drunten auf der Erde freute sich nicht. Das Los einer Laus ist eben lausig, auch wenn man ein mausgraues Läuslein ist.

Das Laufen ging trotz der sechs Beine sehr langsam; sehr viel mehr als ein Haus, das fest am Fleck stand, sah man auf diese Weise auch nicht, und außerdem lästerten nun nicht nur die Wohnungsuchenden über das kleine mausgraue Ding.

»Iiiii, da kriecht eine Laus!«, ertönte es rings, und die Laus hatte Mühe, zu entwischen.

Aber was sollte sie nur werden?

Sie hatte nicht mehr viel Auswahl im Köpfetauschen.

Wenn sie ein Zwilling gewesen wäre, hätte sie bei passenden Partnern vielleicht noch einmal Saus und Braus werden können, doch ein Saus oder ein Braus allein war ja nichts.

Ein Strauß – natürlich einer aus Blumen oder Federn. Das wäre vielleicht noch zu schaffen gewesen, auch wenn's recht-schreibmäßig nicht richtig war. Sie hätte dann ja sagen können, ein Schulanfänger habe ihn zusammengestellt.

Doch wen sollte sie als Partner finden?

Sie bat einen Strohhalm, der im Rinnstein lag.

»Lieber Strohhalm, tauschen wir die Köpfe!«

»Das kann ich nicht«, krächzte der Strohhalm träge, »da wäre ich ja ein Lohhalm und müsste verbrennen, und so elend hier mein Leben auch ist, im Feuer aufgehen will ich doch nicht.«

Da kam der Stramme Max vorbei.

»Strammer Max! Strammer Max! Bist du wirklich so stramm, wie du aussiehst?«

»Natürlich bin ich das, elende Laus.«

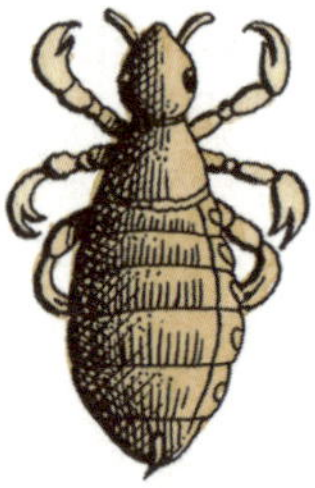

»Bist du nicht!«

»Bin ich doch!«

»Bist du nicht!«

»Bin ich doch!«

»Bist du nicht, denn ich weiß was, was du nicht kannst!«

»Hoho, dumme Laus, das gibt's ja gar nicht!«

»Ich wette, du kannst nicht einmal mit mir den Kopf tauschen.«

»Was?«, schrie der Stramme Max, »das sollte ich nicht können«, und er fasste schon nach seinem Kopf, ihn sich abzureißen, dass fiel ihm noch gerade rechtzeitig ein, auf was er sich einlassen sollte.

»Da wäre ich ja auf dem besten Weg, ein Lahmer Max zu werden!«, schnaubte er, »scher dich weg, sonst zertret ich dich, elende Laus!« Ach, war das ein Lauseleben!

»Wenn es doch Strippen regnen würde«, dachte die kleine Laus, »eine Strippe würde schon mit mir tauschen und eine Lippe werden wollen.« Doch das kräftige Hoch zog am Himmel umher und jagte die Wolken, und so regnete es schon seit Wochen nicht. Da dachte die kleine Laus: »Nun muss ich bis ans Meer wandern und ein Stückchen Strand bitten, ob es nicht in ein Stückchen Land verwandelt sein will, und das müsste doch wohl möglich sein!«

So machte sich die kleine Laus auf den Weg, doch der zog sich und zog sich.

Sie lief einen Tag und einen zweiten und dritten, dann taten ihr die Füße so weh, dass sie nicht mehr weiterlaufen wollte.

Müde setzte sie sich auf ein Blatt. Da kam ihr eine gute Idee.

»Ich muss ja nicht immer nur den Kopf tauschen wollen«, dachte sie, »ich könnte ja ebenso gut das Hinterteil tauschen: Wenn ich zum Beispiel ein b statt des s dahinten hätte, dann wäre ich keine Laus mehr, dann wär ich Laub, und die Menschen und Tiere hätten mich gerne, und die Äpfel und Birnen lachten mit mir, und die Sonnenstrahlen streichelten mich, und ich hätte die allerschönste Abwechslung, denn ich wäre bald grün, bald gelb, bald braunrot, und schließlich könnte ich im Wind tanzen und würde jedes Jahr wieder neu – ach, wäre das schön!«

Da dachte die kleine Laus, ob sie wohl jemand finden würde, mit dem sie ihren Po tauschen könne, aber ihr fiel niemand ein.

Bis dahin war Caroline mit ihrer Geschichte gekommen, und es war ihr kein Wort eingefallen, das mit einem s wie mit einem b als Schluss einen Sinn gab, und sie hatte schon dran gedacht, die Geschichte wie ein Märchen zu schließen und einfach zu sagen: »Und wenn die Laus nicht gestorben ist, dann sucht sie noch heut einen Hinterteiltauscher«, da fiel ihr plötzlich das passende Wort ein, und nun setzte sie strahlend fort:

Das kleine Läuslein dachte und dachte, aber es fiel ihm kein passendes Ding ein. Da war es todtraurig und ging auf den Friedhof und wollte sterben.

Es suchte sich ein einsames Grab aus und dachte: Hier kriech ich hinein!

Da das Läuslein dies dachte, weinte es wieder.

Da fragte das einsame Grab: »Warum schluchzt du so, kleines mausgraues Läuslein?«

Da erzählte die kleine Laus dem einsamen Grab ihre schlimme Geschichte.

»Das trifft sich ja bestens«, sagte das einsame Grab, das auch schon lange kein Grab mehr sein wollte, weil es so Angst vor Gespenstern hatte, »da können wir einander doch helfen! Ich hab hinten ein b und möchte gar zu gerne ein s haben, und du hast ein s und möchtest ein b – was könnte besser zusammenpassen als wir zwei, die so gar nicht zusammenpassen!«

Da jauchzte die Laus und lief schnell hinters Grab und drehte sich um, und da war schon ein Buschen Gras aufgeschossen, der leuchtete in der hellen Sonne, und im frischen Wind, den das Hoch vor sich herblies, tanzte glücklich das neue Laub.

So endet die Geschichte vom Hund und der Maus, die ihre Köpfe tauschten!

»Einwandfrei!«, sagte Jens. »Und jetzt erzähl ich eine Geschichte!«

Allgemeines Erstaunen.

»Du weißt auch eine Geschichte?«, fragte Monica.

»Warum denn nicht?«, verteidigte Gabi ihren Freund.

»Ich weiß schon, wie die anfangen wird«, sagte Monica: »Es war einmal eine Buttersemmel –«

»Nein«, sagte Jens, »so überhaupt nicht.«

»Dann aber so«, meinte Monica: »Es war einmal ein Riesenstück Kuchen.«

»So auch nicht«, sagte Jens. »Passt auf!«

Er setzte sich wieder in Positur und begann: »Es war einmal ein Kuchenwald –«

Da brüllte alles.

»So lasst mich doch«, sagte Jens und begann von neuem: »Es war einmal ein Kuchenwald –«

»Du meinst Buchenwald«, unterbrach ihn Monica.

»Nein, Kuchenwald, das ist ja gerade der Witz dran«, sagte Caroline.

»Es war einmal ein Kuchenwald«, erzählte Jens von neuem, und nun unterbrachen ihn die Kinder nicht mehr.

»Es war einmal ein Kuchenwald«, erzählte Jens, »dort wuchsen nur Kuchen, große und kleine Kuchen, dicke und dünne Kuchen, junge und alte Kuchen –«

»die reinsten Baumkuchen –«, sagte Monica.

»Du bist hässlich!«, rief Gabi, »lass Jens doch erzählen!«

»Es war einmal ein Kuchenwald«, begann Jens unerschütterlich, »dort wuchsen nur Kuchen, große und kleine Kuchen, junge und alte Kuchen, dicke und dünne Kuchen, altbackene und neubackene Kuchen –«

Jens steckte den Finger in den Mund und dachte nach.

»– und am Rande des Kuchenwaldes stand ein Streifen Wespen«, half Caroline.

»Nein«, sagte Jens, »Wespenbäume nicht, aber Lebereschen, und dann war dort ein Suppenübungsplatz, und da kamen Soldaten mit einer Sahne, die waren im Milchanzug, die Soldaten, und hatten statt Helme Nudelmützen auf dem Topf und sagten immer: ›Tortenunten im Flussfett liegt ein Brot vertäut‹ – aber weiter weiß ich das jetzt nicht, das hat der viel zu schnell erzählt –«

»Wer hat was erzählt?«, fragte Monica. »Spinnst du?«

»Ich nicht«, sagte Jens, »das hat der Morgenstern zusammengesponnen.«

»Welcher Morgenstern denn?«

»Na, der mir die Geschichte erzählt hat, die ich jetzt nicht mehr zusammenkriege, von der Stadt mit dem Brathaus und dem Quarkplatz und so –«

Und Jens berichtete, dass er sich in der Nacht auch eine Geschichte habe ausdenken wollen, doch es sei ihm keine eingefallen, und so habe er sich bis zum Morgen im Bett gewälzt, da sei plötzlich, als es schon dämmerte, der erste Stern durchs Fenster gestiegen und habe gesagt: »Ich bin der Morgenstern, und ich will dir helfen, denn ich mag Kinder, denen lustige Geschichten Spaß machen.« Und da habe er sich zu ihm ans Bett gesetzt, und der Stern sei eigentlich nur das alte Gesicht eines jungen Manns mit einem dünnen Kinn- und Schnurrbart und sehr hoher Stirn und sehr gütigen blauen Augen gewesen, und dann habe der Herr Christian Morgenstern eine schrecklich lustige Geschichte erzählt, eben die mit dem Kuchenwald voller Lebereschen zwischen den Felsrippchen und einem Suppenübungsplatz mit einer Grießscheibe auf der Schinkenseite, und Bonbonflieger wären drin vorgekommen, und ein Krautmann aus Kassler, und ein General, der hätte immer gerufen: »Vorwärts, wir dürfen uns kleine Klöße geben!« – aber jetzt bringe er sie eben nicht mehr zusammen, die Geschichte von diesem Herrn Christian Morgenstern, und Jens machte ein so trauriges Gesicht, dass sogar Monica ihm versicherte, seine Geschichte sei dennoch wunderschön gewesen.

Dann dachten die Kinder, dass sich nun die Geister wieder zeigen könnten, und sie lugten ganz vorsichtig zum Radio. Niemand saß dort, nur vorm magischen Auge ein grünes Flirren, als entschwebe ein letztes Kräuselchen Rauch, da rann plötzlich die Luft überm Apparat zu einem blauen Buch zusammen, und gleichzeitig entdeckte Monica, dass auf dem Notizblock in Schopenhauers großschnörkliger Handschrift folgende Nachricht geschrieben stand:

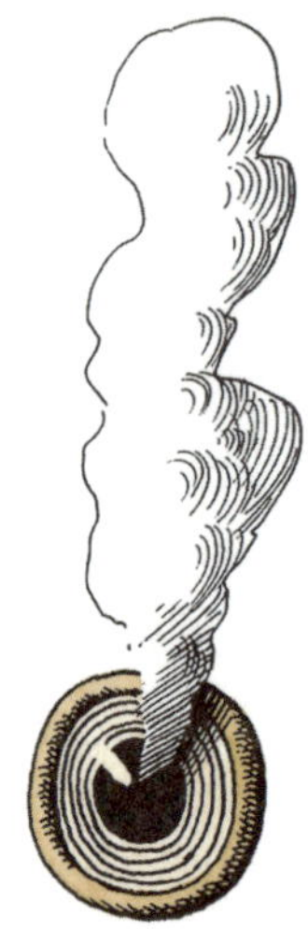

Liebe Kinder, wir haben Euch zugehört,
und Eure Geschichten haben uns wohlgetan.
Wir hätten Euch gern ein wenig gelobt, doch wir
müssen zur Jahresversammlung in den Turm von
Babel. Nehmt einstweilen zum Dank dieses Blaubuch
und seid umarmt bis morgen früh von Euren
Küslübürtün - Schopenhauer - Morgenstern.

Emmanuel schlug das blaue Buch auf. Der Einband fühlte sich an wie lebendige Seide: kühl, glatt und dennoch griffig und zum Streicheln verlockend; das Papier schien wie frischer Schnee zu duften, und obwohl es so dünn war, als sei ein Zeichenkarton zwölfmal gespalten, schlug der Druck der Rückseite nicht durch. Das erste Blatt war leer; auf der nächsten Seite stand:

und dann fanden die Kinder all ihre Gespräche und Geschichten wieder, und dazu noch die Schätze aus Küslübürtüns Truhe, die wir euch schon mitgeteilt haben, und ihnen angefügt war diese

BELEHRUNG

Die Doppelbedeutung von Wörtern, auf der Monica ihre Geschichte aufgebaut hat, ist oft von Spaßmachern und Dichtern für Rätsel und Scherzfragen ausgenützt worden, und auch die letzte Quizsendung hat mit ihnen gewitzt.

Solche Gebilde heißen HOMONYME,
das heißt Gleichnamer;

Rätsel oder Spiele, die auf Silben beruhen,
nennt man CHARADEN;

solche, die mit Buchstaben spielen, ANAGRAMME,

und jene, die unmittelbar nach der zu ratenden Sache selbst fragen, werden einfach Sachrätsel genannt.

ENDE DER BELEHRUNG

ANHANG ZUR BELEHRUNG

In eurer Bibliothek bei Herrn Leipzig gibt es ein treffliches Rätselbuch, darin findet ihr Knacknüsse aller Sorten, doch weil's heute schon zu spät für die Ausleihe ist, sollt ihr hier eine hartschalige Kostprobe finden:

1 ANAGRAMM

Mit einer Silb ist's abgetan;
Was ist es? Flügel hat's am Leib.
Mit einem a ist es ein Mann,
Mit einem u ist es ein Weib.

(Friedrich Rückert)

2 CHARADE

Mein Erstes ist nicht wenig,
Mein Zweites ist nicht schwer,
Mein Ganzes läßt dich hoffen,
doch hoffe nicht zu sehr.

(Friedrich Schleiermacher)

3 HOMONYM

Man läßt ihn sprechen,
Man läßt ihn stechen;
Es ist ein Vogel
Und ein Gebrechen

(Friedrich Rückert)

4 SACHRÄTSEL

Von Perlen baut sich eine Brücke
Hoch über einen grauen See,
Sie baut sich auf im Augenblicke,
Und schwindelnd steigt sie in die Höh'.

Der höchsten Schiffe höchste Masten
Ziehn unter ihrem Bogen hin,
Sie selber trug noch keine Lasten
Und scheint, wie du ihr nahst, zu fliehn.

Sie wird erst mit dem Strom – und schwindet,
Sowie des Wassers Flut versiegt.
So sprich, wo sich die Brücke findet,
Und wer sie künstlich hat gefügt? (Friedrich von Schiller)

5 CHARADE

Nimm mir ein Nu,
So bleib ich ein Nu!

(Friedrich Schleiermacher)

6

CHARADE

Es ist der Name einer Frucht,
Die zwar dem Gaumen wohlbehagt;
Doch wo sie sich dem Ohr vereint,
Da wird darüber nur geklagt;
Und wer sich die gefallen läßt,
Der ist das, was der Name sagt.

(Friedrich Rückert)

7 HOMONYM

Getrennt mir heilig,
Vereint abscheulich.

(Friedrich Schleiermacher)

HOMONYM

Welcher Vogel ist es, den, so laut er girrt,
Doch ein Gleichgenannter schwerlich hören wird?

(Friedrich Rückert) [16]

»Die deutschen Rätseldichter heißen alle Friedrich«, sagte Gabi, »das find ich ulkig.«

Sie schrieben sich die Rätsel ab.

»Den letzten Homo hab ich schon raus«, sagte Caroline.

»Ich auch«, sagte Emmanuel.

»Sag doch!«, bat Gabi.

»Nein«, sagte Monica, »selber draufkommen!«

Die Glocke rief zum Mittagessen.

»Blödes Gebimmel!«, schalt Gabi, »als ob wir taub wären!«

»Ha!«, lachte Monica, »jetzt hab ich dieses Rätsel!«

»Ich auch«, sagte Jens und warf sich in die Brust.

Gabi bettelte, sie sollten doch mit der Lösung herausrücken und sie nicht so lang auf die Folter spannen, doch da Monica vorschlug, Nachmittag alle Rätsel zu raten und dabei wieder Pfänder zu geben, blieb Gabis Bitten wirkungslos.

Caroline sah auf die Uhr.

»O Vaterland, wir müssen weg«, drängte sie, »wenn wir zum Essen zu spät kommen, werden unsre Süßen sauer.«

»Dann versalzen sie uns den Nachmittag«, sagte Emmanuel.

»Das wäre bitter«, stellte Monica fest.

»Sagt mir das Rätsel!«, bettelte Gabi, aber die Kinder blieben hart.

»Gib schon immer ein Pfand«, foppte Monica.

»Wo lassen wir denn das Buch?«, fragte Caroline, »das dürfen die Erwachsenen doch niemals sehen.«

»Ich tu's auf den Boden«, sagte Jens, »ich hab da Stellen, wo Mutti nie nachschaut.«

»Dann machen wir's gleich«, drängte Caroline.

Sie trugen das Buch auf den Boden und legten es dort in einen Winkel von alten Brettern, Ziegeln und Schindelschutt. Der Regen trommelte leise aufs Schieferdach, und wiewohl draußen der Himmel ein einziges Grau war, begann der dämmrige Boden zu blauen. Die Kinder verhüllten das Buch mit Brettern.

Die märchenhafte Bläue blieb.

Gabi begann wieder zu betteln.

»Sagt mir das Rätsel, ich platz sonst vor Neugier!«, flehte sie.

Emmanuel, Monica und Caroline blieben unerbittlich schweigsam, aber der Jens hatte Erbarmen.

»Es ist der Lämmergeier«, flüsterte er beim Hinuntersteigen seiner Freundin ins Ohr.

»Der Lämmergeier?«, fragte Gabi verblüfft.

»Leute, unsre Alten!«, rief Caroline, und die Kinder rannten.

Trotzdem war die Suppe schon aufgetragen, als unsre vier herangekeucht kamen, und zur Strafe durften sie nachmittags nicht fortgehn.

So dachten sie über die Rätsel nach, und mehr noch über Jensens Lämmergeier. Sie – außer Gabi natürlich – hatten »Die Taube – der Taube« herausgefunden, und es war ihnen unergründlich, wie Jens auf den Lämmergeier kam. Caroline kriegte außer jenem Homonym noch drei Rätsel heraus, Emmanuel und Monica ebenfalls, wenngleich nicht dieselben, Gabi zwei, aber nicht das mit den Tauben, und Jens schließlich die eine Charade, die alle anderen auch geraten hatten, nämlich die von dem Feigen, der sich die gar nicht süße Ohr-Feige gefallen lässt.

Ein Rätsel blieb von allen ungelöst, denn die Knobler unterbrachen ihr Mühn zugunsten des Krimis, den es abends im Fernsehen gab.

Aber da hatten sie alle den Täter schon nach den ersten sieben Minuten, nur Monicas Vater tippte falsch.

Auch Jens sah mit seiner Mutter im Kulturbundklub* fern.

»Der Mörder sieht aus wie der schwerhörige Herr Lämmergeier aus der Rennsteigstraße«, bemerkte er.

»So was sagt man nicht«, sagte seine Mutter.

»Das hat aber schon der Schiller gesagt.«

»Du sollst nicht auf jeden Fremden hören!«

Nach dem Krimi ging alles zu Bett.

Die Kinder nahmen sich vor, zeitig aufzuwachen, um auch dem Morgenstern zu begegnen, doch alle verschliefen, und außerdem war der Himmel nicht hell. Doch als sie sich am nächsten Tag bei Jens zusammenfanden, saß Küslübürtün auf dem Radio und baumelte mit den Pantoffeln.

Der Turmbau von Babel
Pieter Bruegel
1563

5

»Salam alaikum«, sagte Küslübürtün.

»Salam alaikum«, antworteten die Kinder.

Caroline stutzte. »Dieser Gruß ist ja nicht gleichvokalig – wo bleibt denn da die Harmonie?«

»Erstens«, erwiderte das Geistlein, »verlangt die Regel nicht gleiche, sondern verwandte Vokale, und zweitens ist dieser Gruß ja auch arabisch und nicht türkisch.«

»Warum grüßt du dann so?«, wollte Monica wissen.

»Ich bin Internationalist*«, sagte Küslübürtün.

»Prima«, freute sich Emmanuel.

Jens kaute noch an seiner Buttersemmel, aber er hielt's einfach nicht mehr aus. »Den Lämmergeier habe ich geraten«, rief er voll Stolz.

»Welchen Lämmergeier?«, fragte Küslübürtün.

»Der wie der Mörder aussieht«, meinte Jens, »aus der Rennsteigstraße, vom Schillerschleier –«

»– von wem?«

»Na oder vom Rückenmacher.«

»Er meint den Homo«, meinte Gabi.

»Den Tauben«, ergänzte Monica.

»Augenblick mal«, meinte Küslübürtün, »*war* ich im Turm von Babel oder *bin* ich noch dort?«

»Was ist denn das überhaupt?«, fragte Caroline, »dieser Turm von Babel?«

»Kennt ihr den nicht?«

Allgemeines »Nein!«

»Na so was«, meinte Küslübürtün, »die Geschichte steht doch in der Bibel.«

»Ich denke, ihr lest den Koran«, meinte Monica.

»Ich bin Internationalist«, entgegnete das Geistlein abermals, und da Emmanuel spürte, dass Unmut hinter der Wirrnis drohte, bat er den Türken, die Geschichte vom Babelturm zu erzählen.

»Ich glaube, ich muss euch erst einmal erzählen, was die Bibel ist«, sagte Küslübürtün. »Ihr habt da wahrscheinlich falsche Vorstellungen, und besonders wohl vom ersten Teil, dem Alten Testament. Das ist ein wunderbares Buch, das jeder kennen sollte, auch der nicht an Gott glaubt. Ein uraltes Volk hat es vermocht, in seiner Geschichte – denn die wird im Alten Testament erzählt – den Weg der Menschheit abzubilden: Herkunft, Wanderschaft, Kämpfe und Schlachten, Naturkatastrophen, Drangsale, Hoffnung, Grausamkeit, Nöte, Verirrungen, Treue, Liebe, Opfermut, Schändlichkeit, Aufstieg, Triumph und Absturz und alle Regungen menschlicher Seele in Legenden, Chroniken, Geschichten und Liedern, und dazu die tiefe Weisheit einer bestimmten Art von Märchen, die man Mythen nennt.«

Er war richtig ins Schwärmen geraten.

»Was ist denn der Unterschied zwischen Märchen und Mythen?«, fragte Emmanuel.

»Ich könnte ganz einfach sagen: In den Märchen kriegt immer der Prinz die Prinzessin, oder der Verwunschene wird erlöst und der Böse bestraft, doch die Mythen gehn aus wie das Leben selbst, und das ist sehr oft nicht das glückliche Ende.«

»Und der Anfang ist gleich?«, fragte Caroline.

»Ob gleich oder nicht«, sagte Küslübürtün, »ein Märchen erzählt eine wundersame Geschichte voll übernatürlicher Ereignisse, doch wenn auch die Hexereien einander jagen, geht es drin immer gradlinig zu. Der Böse ist böse und nur böse, der Starke stark, der Tapfere tapfer, der Feige feige, und wenn ein Böser einmal gut wird, dann war er dies eigentlich auch schon früher und wurde dazwischen nur verhext. In den Mythen aber geht es widerspruchsvoll zu: Da ist der Tapfere zugleich auch feige, und im Guten ist Böses wie im Bösen Gutes, versteht ihr?«

»Also wie bei den Menschen«, sagte Gabi.

»Dann sind die Märchen schöner!«, rief Monica schnell.

»Nein, die Mythen!«, widersprach Emmanuel.

»Und die Geschichte vom Turm von Babel ist was?«, fragte Caroline, »ein Märchen oder eine Mythe?«

»Eine Mythe«, sagte Küslübürtün, »und ich muss ergänzen: Eine Mythe vermag auf phantastische Weise bestimmte Dinge zu erklären, die der Mensch anders nie völlig aufklären kann. Das sind vor allem Fragen nach dem Ursprung von etwas: Woher kommt das Böse, woher die Sehnsucht, woher der Mensch, woher die Welt? So fragt man auch nach dem Ursprung der Sprache und dann nach dem Ursprung der Sprachzersplitterung: Warum reden die Menschen, und warum reden sie in verschiedenen Zungen? Wäre es nicht besser, sie hätten alle nur eine Sprache und jeder könnte jeden verstehen?«

»Das sagt Mutti auch immer«, rief Jens dazwischen, »weil Herr Leipzig englische Krimis hat, die sie wegen dem Englisch nicht lesen kann.«

Das Geistlein zuckte wegen des falsch gebrauchten Dativs zusammen.

»Und woher kommt nun die Sprache?«, fragte Emmanuel.

»Na, vom Turm von Babel doch«, sagte Gabi wichtig, »dort hat sie der Turmwächter ausgedacht, weil es ihm immer so langweilig war.«

»Dummheit«, erwiderte Monica, »wie hätten die Menschen denn einen Turm bauen können, ohne vorher miteinander zu sprechen! Die hätten doch nie gewusst, dass das ein Turm werden soll. Irgendeinen Plan mussten die vorher doch machen – wie wollten sie sonst die Steine passend behaun? Und überhaupt: Die konnten doch nicht einfach zusammenkommen und jeder hatte von sich aus die Idee: Jetzt bauen wir aber mal einen Turm!«

»Die Idee hat natürlich nur einer gehabt.«

»Und wie hat er sie dann mitgeteilt, hä?«

»Vielleicht hat der immer in die Höhe gezeigt, da haben die's schon begriffen, die war'n ja nicht dumm.«

»Dann hätten die nur in die Höhe geguckt und geglaubt, jetzt käme ein Sputnik* vorbei.«

»Da hätte der eben die Hände übereinander gelegt, eine auf die andre, und immer so weiter, die unterste immer nach oben, um das Bauen in die Höhe anzudeuten«, verteidigte Gabi ihre Theorie.

»Da hätten die aber auch denken können, sie sollen ihm alle den Buckel raufsteigen«, warf Caroline ein.

»Aber«, rief Emmanuel, »um so was zu denken, hätten die auch schon Sprache haben müssen, wie hätten sie sonst auf ›Buckel raufsteigen‹ kommen können?«

»Das lag doch nahe.«

»Aber um denken zu können: ›Der will, dass wir ihm den Buckel raufsteigen‹, muss ich in Gedanken ja Worte sagen, also doch die Sprache sprechen!«

»Ihr seid mittendrin im Problem«, sagte Küslübürtün. »Die Sprache ist vom Menschen einfach nicht zu trennen, darum muss sie mit ihm entstanden sein. Ich muss dazu ein bisschen weiter ausholen.« Er nahm einen tiefen Zug aus der Pfeife, dann hielt er das Elfenbeinrohr schräg, wie immer, wenn er etwas erzählte, und begann: »Ihr wisst doch, dass bestimmte Eigenschaften vererbt werden – zum Beispiel geben ein Hasenvater und eine Hasenmutter alles, was ein richtiges Hasenwesen ausmacht, an ihre Hasenkinder weiter, und die geben es wieder ihren Kindern, und so fort bis beinah in Ewigkeit. Genauso natürlich die Rehe, die Regenwürmer, die Rettiche, die Regenpfeifer, die Renekloden, die Rebhühner, na und alles, was lebt, vom Wal bis zum Grippebazillus. Manchmal aber verändern sich diese Erbanlagen, die so genannten Gene, ganz plötzlich, und eine neue Art

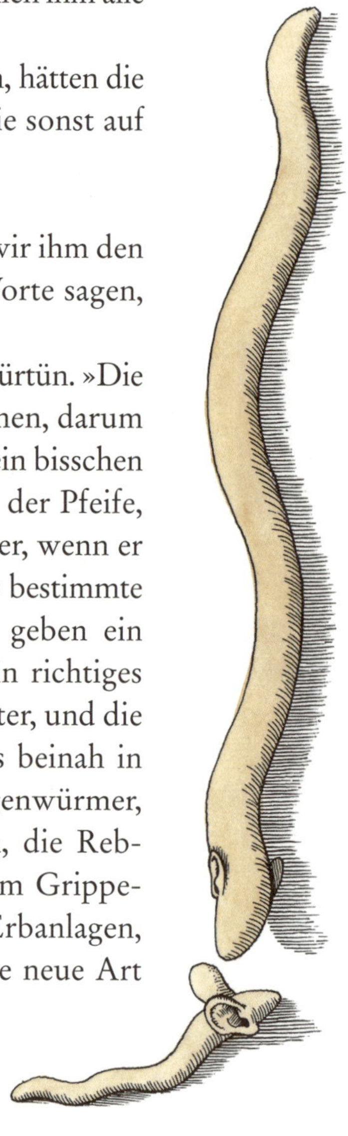

entsteht. Man nennt so etwas Mutation oder Erbsprung. Als solch eine neue Art ist der Mensch vor etwa einer Jahrmillion – oder vielleicht noch früher – in die Welt getreten. Er und der Affe haben gemeinsame Ahnen, die ihre Erbanlagen durch die Generationen trugen, doch plötzlich gab es solch einen Erbsprung, und eine neue Art mit besonderen Anlagen war da: der Mensch! Zu diesen besonderen Anlagen gehören vor allem drei: die Fähigkeit zur Arbeit, die Fähigkeit zum Denken und die Fähigkeit zur Sprache, und diese Dreiheit ist im Grunde genommen eine Einheit, denn sie ist das Menschsein. Sprache und Mensch sind von Anfang an untrennbar miteinander verbunden, und ebenso Mensch und Arbeit, und Mensch und Denken, und Denken und Arbeit, und Sprache und Denken, und Arbeit und Sprache, und alles ist Menschsein!«

»Und das ging im Turm von Babel vor sich?«

»Nein, irgendwo in den Wäldern Afrikas, vielleicht auch an verschiedenen Stellen der Erde.«

»Liegt Babel in Afrika?«, fragte Gabi.

»In Vorderasien«, sagte Caroline, »im Irak, am Ufer des Euphrat, und der eigentliche Name ist ›Babylon‹, stimmt's?«

»Stimmt!«, sagte das grüne Geistlein, »so ist es! Du bist ja das reinste Lexikon und weißt beinah noch mehr als der Herr Leipzig! Babylon ist eine der ältesten Städte, und im fruchtbaren Land zwischen Euphrat und Tigris sind die ersten Staaten der Menschheit entstanden, darum handeln viele Geschichten von Ursprüngen gerade dort.«

»Und dort gab's dann auch die erste Sprache?«

»Du hast doch gehört: Irgendwo im Busch, wo der Mensch aus dem Affenstamm rausgehopst ist!« (Jens)

»Unsre Mythe berichtet nicht vom Ursprung der Sprache«, sagte Küslübürtün, »sondern vom Ursprung der Sprachentrennung. Vom Ursprung der Sprache sagt die Bibel nur, dass Gott Jahwe die Menschen sprechen gelehrt hat.«

»Wissenschaftlich ist das natürlich kompletter Unsinn«, sprach Monica.

»Sieh mal«, sagte das Geistlein mild lächelnd und paffend, »weil der Mensch sehr plötzlich in die Welt trat, sagen die Mythen, er sei geschaffen worden. Wenn etwas Neues entsteht, nennt man das gern eine Schöpfung, und zu einem Geschöpf gehört nun einmal dann auch ein Schöpfer. Solch ein Schöpfer ist in den Mythen gewöhnlich ein Gott, manchmal auch ein Teufel, manchmal ein fabelhaftes Tier, jedenfalls ein außernatürliches Wesen. In der Bibel ist es Gott Jahwe.«

»Aber wissenschaftlich gesehen ist dieser Gott nichts anderes als Erbanlage und Erbsprung«, stellte Caroline fest.

»Es ist die Natur«, sagte Küslübürtün, »die Natur, die alles hervorgebracht hat, die Erbanlagen wie den Erbsprung. In dem, was Monica Unsinn nennt, steckt ein wertvoller Kern. Man darf die Mythen der Bibel nicht wörtlich nehmen, sondern muss versuchen, sie zu verstehen. Das muss man bei allen alten Worten.«

»Und was war nun im Turm von Babel?«

»Am besten ist's«, sagte Küslübürtün, »ich erzähl euch jetzt die Geschichte oder lese sie vor. Die Bibel hat sich Gott Jahwe als Schöpfer der ersten Menschen gedacht, eines Paares namens Adam und Eva, aus deren Nachfolgen dann eine Art Großfamilie wurde, ein Volksstamm mit natürlich nur einer Sprache, und der wanderte nach einer Überschwemmungskatastrophe vom Osten her ins Land Babylon ein.«

»Ist das die berühmte Sintflut gewesen?«

»Eben die, und die schwillt durch so viel Mythen, dass sie historische Wirklichkeit gewesen sein muss. – Und nun lese ich einfach die Bibel vor.«

Er blätterte in unsichtbaren Seiten und las:

Es hatte aber die ganze Erde die gleiche Sprache und die gleichen Wörter. Als sie [also der Stamm Menschheit] von Osten aufbrachen, fanden sie eine Ebene im Lande

Schinear und ließen sich dort nieder. Sie sprachen zueinander: Wohlan, wir wollen Ziegel formen und sie brennen! Der Ziegel diente ihnen als Stein, und das Erdpech diente ihnen als Mörtel. Dann sagten sie: Wohlan, laßt uns eine Stadt bauen und einen Turm, dessen Spitze bis zum Himmel reicht! Wir wollen uns einen Namen machen, damit wir uns nicht über die Erde zerstreuen!

Da stieg Jahwe herab, um die Stadt und den Turm anzusehen, den die Menschen gebaut hatten. Und Jahwe sprach: Siehe, sie sind *ein* Volk und sprechen alle *eine* Sprache. Das ist erst der Anfang ihres Tuns. Fortan wird für sie nichts mehr unausführbar sein, was immer sie zu tun ersinnen. Wohlan, wir wollen herabsteigen und dort ihre Sprache verwirren, so daß keiner mehr die Sprache des andern versteht! Da zerstreute sie Jahwe von dort über die ganze Erde, und sie mußten aufhören, die Stadt zu bauen. Darum nennt man sie Babel. Denn dort hat Jahwe die Sprache der ganzen Erde verwirrt, und von dort hat Jahwe sie über die ganze Erde zerstreut.

»Das ist aber ein böser Gott«, sagte Monica.

Diese Worte waren vollkommen berechtigt, und dennoch fand sie Emmanuel störend.

»Ist das wirklich so gewesen?«, fragte Gabi.

»Es ist eine Mythe«, sagte Küslübürtün, »und es ist viel Weisheit und Wahrheit darin, ich könnte auch sagen: unheimlich viel an Erfahrung aus uraltester Zeit. Den Gott Jahwe wollen wir einmal beiseite lassen, und wenn Monica sagt, dass er böse ist, möchte ich hinzufügen: Er ist *auch* böse; er ist mächtig in einem gewaltigen Widerspruch von böse und gut. Aber bleiben wir bei der Sprache und versuchen wir zu entdecken, was uns diese Mythe darüber sagt. Ich lese sie euch noch einmal vor.«

Er wiederholte die Lesung, und die Kinder lauschten.

»Also zuerst«, sagte Caroline, »war die gleiche Sprache und die gleichen Wörter.«

»Doppelt gemoppelt«, rief Monica, »Sprache und Wort ist doch dasselbe.«

»O gar nicht«, erwiderte Küslübürtün, »die Sprache ist viel mehr als nur eine Sammlung von Wörtern, sie ist auch die Art, sie zu verbinden und abzuwandeln und ewig neue Wörter zu schaffen. Wir wollen uns mit diesem Hinweis begnügen; es steckt ein tiefes Problem darin! Doch was sagt uns die Mythe weiter?«

»Na, dass die Sprache verwirrt und der Stamm zerstreut wurde.«

»Und zwar wodurch?«

»Na, durch den Gott Jahwe, den Eifersüchtigen.«

»Und worauf war der eifersüchtig?«

»Na, dass die Menschen durch die einheitliche Sprache allmächtig würden. Wenn sie sich in allem verständigen könnten, dann könnten sie auch den Himmel stürmen.«

»Nämlich wie und womit?«

»Na, mit dem Turm.«

Das hatte Monica gerufen, und nun schlug sich Emmanuel vor die Stirn. »Mensch«, sagte er, »ich begreife was: Mit der Arbeit ist die Sprache geschaffen worden, und durch die Arbeit wurde sie auch verwirrt.«

»Und eben das«, sagte Küslübürtün, »dass die Arbeit sowohl eint wie auch trennt, ist einer der großen Widersprüche des menschlichen Lebens, die im Mythos abgebildet sind. Ich wusste, dass ihr draufkommen würdet. Erwachsene bemerken so was viel schwerer.«

»Es steht doch da«, stellte Emmanuel fest.

»Eben drum überliest man's«, sagte Küslübürtün, und er fügte hinzu: »Soviel ich weiß, ist das Alte Testament die einzige Mythe, die Sprache und Arbeit in Verbindung setzt – es hat danach lange Zeit gedauert, diesen Zusammenhang neu zu entdecken.«

Er lachte plötzlich wie ein Schellenbaum, dann sprach er, auf und ab gehend, schmauchend weiter:

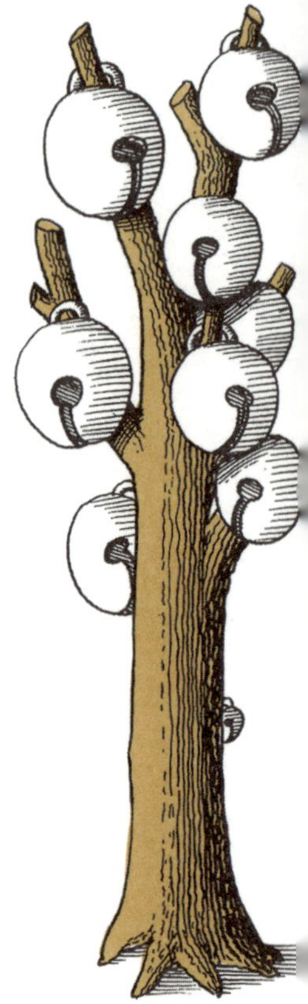

»Wir wollen uns noch einmal die Worte – man sagt auch: den Text – ganz genau besehen. Da steht: ›Sie haben alle eine Sprache, und das ist erst der Anfang ihres Tuns.‹ Das heißt nichts anderes, als dass die Mythe den Menschen von Anfang an mit zwei besonderen Fähigkeiten ausgestattet sieht: mit der Sprache und mit der Arbeit. Und weiter steht da, dass der Mensch durch beides die Anlage hat, allmächtig zu werden – doch auf mühsamen Wegen. Die Arbeit erweitert insgesamt seine Kräfte und verkleinert sie zugleich im Einzelnen. Sie erhebt den Menschen über die Tierwelt und entzweit ihn zugleich mit seinem Wesen.«

»Das versteh ich nicht«, sagte Caroline.

»Es ist auch schwierig«, gab Küslübürtün zu, »aber stellt es euch etwa so vor: Ein Hase ist Hase in allem, was er tut, und jeder Hase hat die gleichen Fähigkeiten wie sein Artgenosse, es sei denn, er wäre krank oder invalide. Es gibt wohl stärkere und schwächere Hasenmänner und flinkere oder schwerfälligere Hasenjunge, doch jeder gesunde Hase kann grundsätzlich alles, was ein anderer Hase auch vermag. Und umgekehrt: Kein Hase kann sich die Krallen eines Tigers oder die Flügel einer Eule verschaffen, und kein Hase kann Honig produzieren oder eine Burg im Fluss baun, wie die Biber das tun. Der Mensch aber kann dies durch die Arbeit, doch dadurch beginnt sich die Menschheit auch aufzuspalten – die Jäger legen sich auf die Jagdkunst fest und werden darin ausgezeichnete, aber eben auch einseitige Fachleute; die Ackerbauer tun dies mit der Ackerbaukunst, und dann immer so weiter. Was ist, und zwar schon recht bald, das Ergebnis? Ein jeder kann seine besondere Sache besser als der darin Ungeübte, das bringt die Menschheit insgesamt vorwärts, doch kein Einzelner kann mehr alles Menschliche, und das entzweit den Menschen mit seiner Art. Die Menschheit sagt stolz: Wir können jagen und Ackerbau treiben und fliegen und vermögen den Flieger auch noch zu malen oder Hymnen auf ihn zu dichten, aber der Einzelne kann dies alles nicht mehr in jenem Maße, in dem jeder Hase Häsisches kann. Mit der Teilung in Jagd und Ackerbau hat es angefangen; damit trennten sich die Stämme im wörtlichen Sinne — die Ackerbauer sind ortsansässig, aber die Jäger schweifen umher. Damit beginnen sich aber auch die Sprachen auseinander zu entwickeln – der Ackerbauer muss zum Beispiel die Pflanzen genau auseinander halten und braucht viele verschiedene Namen für das, wozu der Jäger nur ›Gras‹ sagt. Und umgekehrt natürlich auch. Dann teilt sich der Stamm wieder in Berufe – nun bleibt zwar die verbindende Stammessprache, aber die Aufteilung geht immer weiter, und die Menschheit vermag insgesamt immer mehr, doch der Einzelne immer weniger. Die Arbeit vereint und macht mächtig – also ist sie ein Segen; die Arbeit entzweit und sondert – also ist sie ein Fluch. Das ist ein tiefer Widerspruch, doch ohne ihn gäbe es keinen Fortschritt.«

»Und das steht alles in der Bibel?«

»Der Denkende liest es darin«, sagte Küslübürtün. »Die Mythe empfiehlt dem Denken eine bestimmte Richtung – die einzelnen Schritte muss es allein tun.«

»Und was ist das Ziel dieser Richtung?«, fragte Emmanuel. »In welche Zukunft sieht man vom Babelturm?«

»In die Lösung des Widerspruchs«, antwortete das Geistlein. »Die Arbeit hat die Menschen auseinander gebracht, und nur die Arbeit kann sie wieder vereinen. Dann ist erfüllt, was geschrieben steht: ›Fortan wird für sie nichts mehr unausführbar sein, was immer sie zu tun ersinnen.‹ Das ist die Möglichkeit des Menschen, und ich glaube an sie. Dann werden, in ferner Zukunft, vielleicht auch die Sprachen zu einer verschmelzen, doch selbst wenn dies niemals geschehen sollte, werden die Völker auch mit verschiedenen Wörtern und Worten insgesamt *eine* Sprache sprechen: die des Menschen in freier Menschlichkeit!«

»In den alten Büchern steckt wirklich viel«, meinte Emmanuel.

»Aber«, sagte Gabi, »jetzt wissen wir aber noch immer nicht genau, wie nun die Sprache entstanden ist, wir wissen ja bloß, wie sie sich verwirrt hat. Also ich stell mir das so vor, Leute: Die Menschen sind im Wald herumgelaufen. Da ist ein Kuckuck vorbeigeflogen und hat laut gerufen: Kuckuck! Kuckuck! Da hat das Kind gefragt: Was ist denn das? – Da hat die Mutter gesagt: Na ein Kuckuck, das hörst du doch, du dummes Gör! Dann ist eine Krähe gekommen, die hat immer gerufen: Kräh – kräh – kräh! Da hat das Kind wieder gefragt: Was ist das? Da hat die Mutter gesagt: Na eine Krähe, hörst du das nicht? Und dann ist ein Rabe geflogen gekommen, der hat immer rab! rab! gerufen. Da hat das Kind nicht mehr gefragt: Mutter, was ist das?, sondern hat ganz stolz erklärt: Das ist ein Rabe! Da hat die Mutter bravo gerufen und das Kind gelobt und ihm die dickste Banane gepflückt.«

»Und warum heißt die Banane ›Banane‹?«, fragte Jens.

»Das Kind hat sie zuerst nicht gewollt und hat bah! gemacht«, sagte Caroline. »Da hat die Mutti dem Kind die Frucht unter die Nase gehalten und na? gesagt, doch das Kind war bockig und brüllte: neee! So ist das zusammengezogen worden, und so heißt diese Frucht aus bah! und na! und neee!: die Bah-na-nee, die Banane. Und so sind alle Wörter entstanden.«

Die Kinder lachten, und Küslübürtün mit.

»Und dann nahm die Mutti eine andre Frucht«, sagte Caroline, die nicht enden konnte, »und die andere Frucht war so schön und so groß, da sagte das Kind voll Freude: aah! Und die Mutti gab sie ihm und sagte wieder: na! Und da brach das Kind die Frucht entzwei, aber weil die ganz voller Saft war, machte sich das Kind den Bauch ganz nass. Das war dann die Ah-na-nass!, die Ananas.«

»Und die Orange?«

O RAN SCHEEN!!

»Oh! Ran! Scheen schaun die aus! sagte das Kind, und seitdem heißen die Orangen ›Oranschen‹.«

»So ähnlich wie mit dem Kuckuck und der Krähe hat man sich das tatsächlich einmal erklären wollen«, sagte Küslübürtün. »In der Sprachwissenschaft heißt das die Wauwau-Theorie, weil jedes Kleinkind zum Hund ›Wauwau‹ sagt.«

»Das ist doch derselbe Unsinn wie vorhin«, meinte Emmanuel. »Wenn das Kind seine Mutter fragt, wie etwas heißt, so spricht es doch schon, und dabei soll die Sprache erst entstehen.«

»Da hast du die entscheidende Triebkraft aller Prozesse«, sagte Küslübürtün. »Es wird das Unmögliche verlangt, das unumgänglich geworden ist. Solch ein Unumgänglich-Unmöglich steht auch am Anfang des Menschseins. Seine Natur, seine Lebensweise, seine Fähigkeit zur Arbeit und zum Denken und die Arbeit selbst drängen den Menschen notwendig zur Sprache; er kann nur mit der Sprache Mensch sein; doch damit die Sprache sich bilde, muss man sich über die Bedeutung der Wörter und der grammatischen Formen verständigen. Verständigen aber heißt: Miteinander sprechen. Wenn man also sprechen will, muss man vorher die Sprache haben. Das Eine setzt das Andere voraus, doch das Andere genauso das Eine. Da habt ihr eben den Widerspruch.«

»Aber das ist doch«, sagte Monica, »das ist doch etwas Unmögliches, wenn Eins das Andere voraussetzt und keines da ist. Da *kann* doch einfach nichts draus werden!«

»Es *ist* aber was daraus geworden.«

ass!

»Doch es hätt' es nicht dürfen!«

»Ich will dir eine andere Frage stellen«, sagte Küslübürtün. »Was war eher da: Das Ei oder die Henne?«

»Na klar, das Ei«, sagte Monica, »da muss die Henne doch rausgeschlüpft sein.«

»Und wo kam das Ei her?«, rief Gabi heftig.

»Das kam vom Konsum*«, sagte Jens.

»Aus einer Henne«, trumpfte Gabi auf, »also ist die Henne zuerst dagewesen.«

»Hä«, sagte Monica, »und woher kam deine Henne? Aus einem Ei, das ist wohl klar!«

»Und das Ei aus der Henne?«

»Und die Henne aus'm Ei!«

»Aus der Henne!«

»Dem Ei!«

»Aus der Henne, du dummes Ei!«

»Aus dem Ei, du dumme Henne!«

Das Türklein grinste.

»Nach Monicas Theorie dürfte es eigentlich beide nicht geben«, lachte Caroline, »keine Hennen und keine Eier.«

»Dürft' es auch nicht«, meinte Monica.

»Einmal *muss* es doch angefangen haben«, sagte Gabi trotzig, »und da war es eben *doch* das Ei!«

»Und woher kam das?«

»Das lag eben da, und damit basta!«

»Also hat's der liebe Gott gemacht.«

»Man könnte wirklich bald an ihn glauben.«

»Mit dem Weltei am Anfang aller Dinge beginnen tatsächlich viele Mythen«, sägte Küslübürtün bedächtig, »oder eben mit einem Schöpfergott. Man kann die Welt ohne ihn erklären, nur darf man sich bestimmte Entwicklungen und Sprünge nicht bis ins Einzelne vorstellen wollen, und vor allem darf man unter ›Ei‹ und ›Henne‹ während ihrer gesamten Entwicklung nicht dauernd die Gestalt von heute verstehen. Am Anfang waren Ei und Henne tatsächlich dasselbe; sie waren beide zugleich da und beide auch nicht. Solche Entwicklungen sind nicht wiederholbar, auch nicht in der Vorstellung, und wir können nur die Widersprüche zu fassen versuchen, die sie bewirkten. Der Humboldt oder der Herder könnten euch das ja viel besser erklären; allein die zwei sind jetzt zu sehr beschäftigt.«

»Was machen die denn?«, wollte Monica wissen.

»Die diskutieren mit dem Duden die Rechtschreibreform, und da fliegen die Haare. Der Schopenhauer hat sich dabei schon dermaßen geärgert, dass er gallenkrank geworden ist. Er lässt die Jungs grüßen und kommt nicht mehr wieder. Er ist auch ein bisschen *gar* zu grämlich.«

»Uns lässt er nicht grüßen?«, fragte Caroline.

»Er mag keine Weiber«, sagte der Türke.

»Dacht ich mir's doch!«, sagte Gabi, »der war wirklich komisch, aber was sind diese beiden andern? Wer der Duden ist, weiß ich, das ist nämlich der, wegen dem ich die Vier in der Rechtschreibe habe! Aber wer sind Humboldt und Herder?«

Alles guckte aufs Lexikon Caroline, und die wurde blass und rot, doch sie zuckte die Schultern.

»Berühmte Leute«, sagte sie schließlich.

»Auch die Erwachsenen kennen sie wenig«, meinte Küslübürtün, »und es waren doch Geister ersten Ranges, die viel über das Wesen und den Ursprung der Sprache nachgedacht haben. Herder war ein paar Jahre älter als Goethe, und der Humboldt – ich meine den Wilhelm, denn es gibt auch noch seinen Bruder, den Alexander – kam eine Generation danach.«

»Heißt nicht eine Uni nach den beiden Humboldts?«, erinnerte sich Caroline.

»Die Humboldt-Universität zu Berlin«, bestätigte Küslübürtün, »und damit ihr Herder und den Wilhelm kennen lernt, will ich euch etwas von dem vorlesen, was sie über den Ursprung der Sprache geschrieben haben – oder besser: Ich schreib's euch ins blaue Buch. Es ist nämlich ziemlich schwer zu verstehen, und man muss es ein paarmal lesen.«

»Und dann sagst du uns endlich die Rätsel«, bettelte Gabi.

»Hat eigentlich einer alle raus?«, wollte Monica wissen.

»Ich weiß, wer was raushat«, sagte Küslübürtün, »und ich will euch damit ein neues Rätsel aufgeben.

Passt auf: Es waren ein Sachrätsel, ein Anagramm, drei Homonyme und drei Charaden, und zwar stammte das Sachrätsel von Schiller, das Anagramm samt zwei Homonymen und eine Charade von Rückert und der Rest von Friedrich Schleiermacher. – Emmanuel, Caroline und Monica haben je vier Rätsel gelöst, wenn auch nicht dieselben; Gabi hat zwei rausgekriegt, Jens das eine, das alle geraten haben, nämlich die Charade von der Ohrfeige, und eine Charade ist gänzlich ungelöst geblieben. Das Homonym ›Der Taube – die Taube‹ haben Caroline, Emmanuel und Monica rausgekriegt, das zweite zwei und das dritte nur eines der Mädchen, und beidesmal nicht Caroline. Eine Charadennuss hat nur Emmanuel geknackt. Jetzt müsst ihr eigentlich schon wissen, was Caroline geraten hat. Das Sachrätsel haben zwei gelöst, und damit wisst ihr auch, wer, und ihr wisst auch, wer das Anagramm rausgekriegt hat. Monica und Gabi müssten jetzt auch voneinander wissen, welche Rätsel sie geraten haben, aber sie wissen nicht, welches Emmanuel gelöst hat, wie Emmanuel nicht weiß, was Gabi *nicht* rausgekriegt hat, nämlich das Homonym Schleiermachers. Jetzt kann Emmanuel, aber nur er, alle Rater kennen, und nun sage ich euch auch die Lösung des Rätsels, auf die keiner gekommen ist:

›Nimm mir ein Nu, so bleib ich ein Nu‹ –
das ist das ›Monument‹, denn wenn man diesem Wort ein ›Nu‹ nimmt, wird es ein ›Moment‹, also ein Nu! – So, und damit habt ihr alle Angaben, die ihr braucht, um zu den Rätseln auch noch die Rater oder Nichtrater zu raten.«

Verlegne Gesichter.

»Ich rate: Rate Rater nur in Raten!«, sagte Caroline.

»Wenn wenigstens einer von euch rauskriegt, wer was geraten und nicht geraten hat«, sagte Küslübürtün, »stehen
[17] die Lösungen sämtlicher übriger Rätsel im blauen Buch.«

»Wer soll denn das jemals ausknobeln!«, maulte Monica. »Ein armes Kind ist doch kein Computer!«

»Herr Leipzig«, riet Jens, »der weiß doch alles.«

»Das gilt nicht«, sagte das Türklein streng, »und einander ausfragen natürlich auch nicht. Und jetzt läutet's zum Mittagessen!«

Ein Nu Stille, dann läutete es.

»Bis Nachmittag«, sagte Küslübürtün, »und jetzt lauft, sonst gibt's wieder Stubenarrest.«

»Erzählst du dann, was ihr im Turm von Babel gemacht habt?«, rief Gabi und knöpfte die Regenpelle.

»Es ist nicht viel Gescheites rausgekommen.«

»Das ist auch bei unsren Versammlungen so«, tröstete Caroline.

»Bis Nachmittag also!«, sagte Küslübürtün, und die Kinder rannten, und da sie dieses Mal pünktlich waren, durften sie nach dem Pudding gleich wieder zu Jens.

Bevor sie in die Stube gingen, schauten sie noch schnell ins Blaubuch, ob da die Lösungen schon drinständen, doch sie fanden nur folgende Eintragungen:

AUS PHILOSOPHISCHEN SCHRIFTEN ÜBER DEN URSPRUNG DER SPRACHE

!!!!!!!!!!!!!!!!!!!!!!!!!!!! WARNUNG !!!!!!!!!!!!!!!!!!!!!!!!!!!!

Diese Stellen sind außerordentlich schwierig, und selbst Erwachsene haben Mühe mit ihnen. Man muss sie oftmals lesen und Wort für Wort durchdenken, um den Sinn der Sätze zu erfassen. Sie mögen dennoch im Blaubuch erscheinen, damit besonders Interessierte von euch philosophisches Denken kennen lernen; und damit sie auch sehn, wie die Sprache sich ändert, haben wir die alte Schreibweise unverändert gelassen.

Ihr könnt also diese Seiten durchaus überspringen!

Ende der Warnung

JOHANN GOTTFRIED HERDER:

Alle Thiere bis auf den stummen Fisch tönen ihre Empfindung; deßwegen aber hat doch kein Thier, selbst nicht das Vollkommenste, den geringsten, eigentlichen Anfang einer Menschlichen Sprache. Man bilde und verfeinre und organisiere dies Geschrei, wie man wolle; Wenn kein Verstand dazu kommt, diesen Ton mit Absicht zu brauchen, so sehe ich nicht ein, wie nach dem vorigen Naturgesetz je Menschliche, willkührliche Sprache werde?

Es ist die ganze Einrichtung aller Menschlichen Kräfte; die ganze Haushaltung seiner sinnlichen und erkennenden, seiner erkennenden und wollenden Natur, oder vielmehr – Es ist die Einzige positive Kraft des Denkens, die mit einer gewißen Organisation des Körpers verbunden bei den Menschen so Vernunft heißt, wie sie bei den Thieren Kunstfähigkeit wird: die bei ihm Freiheit heißt und bei den Thieren Instinct wird. Der Unterschied ist nicht in Stuffen, oder Zugabe von Kräften, sondern in einer ganz verschiedenartigen Richtung und Auswickelung aller Kräfte.

Ist nämlich die Vernunft keine abgetheilte, einzelwürkende Kraft, sondern eine seiner Gattung eigene Richtung aller Kräfte: so muß der Mensch sie im ersten Zustande haben, da er Mensch ist.

Der Mensch in den Zustand von Besonnenheit gesetzt, der ihm eigen ist, und diese Besonnenheit (Reflexion) zum erstenmal frei würkend, hat Sprache erfunden. … Diese Besonnenheit ist ihm Charakteristisch eigen, und seiner Gattung wesentlich: so auch Sprache und eigne Erfindung der Sprache. Erfindung der Sprache ist ihm also so natürlich, als er ein Mensch ist.

Wenns andern unbegreiflich war, wie eine Menschliche Seele hat Sprache erfinden können; so ists mir unbegreiflich, wie eine Menschliche Seele, was sie ist, seyn konnte, ohne eben dadurch. Wenn keine Vernunft dem Menschen ohne Sprache möglich war: wohl! so ist die Erfindung dieser den Menschen so natürlich, so alt, so ursprünglich, so Charakteristisch, als der Gebrauch jener.

Die ganze Natur stürmt auf den Menschen, um seine Kräfte, um seine Sinne zu entwickeln, bis er Mensch sei. Und wie von diesem Zustande die Sprache anfängt, so ist die ganze Kette von Zuständen in der Menschlichen Seele von der Art, daß jeder die Sprache fortbildet –

Konnte … der erste Zustand der Besinnung des Menschen nicht ohne Worte der Seele würklich werden: so werden alle Zustände der Besonnenheit in ihm Sprachmäßig: seine Kette von Gedanken wird eine Kette von Worten.

Aus: Abhandlung über den Ursprung der Sprache

WILHELM VON HUMBOLDT:

Wie unsre Erdkugel große Umwälzungen durchgegangen ist, ehe sie die jetzige Gestaltung der Meere, Gebirge und Flüsse angenommen, sich aber seitdem wenig verändert hat; so giebt es auch in den Sprachen einen Punkt der vollendeten Organisation, von dem an der organische Bau, die feste Gestalt sich nicht mehr abändert. Dagegen kann in ihnen, als lebendigen Erzeugnissen des Geistes, die feinere Ausbildung, innerhalb der gegebenen Gränzen, bis ins Unendliche fortschreiten.

Es kann auch die Sprache nicht anders als auf einmal entstehen, oder um es genauer auszudrücken, sie muß in jedem Augenblick ihres Daseyns dasjenige besitzen, was sie zu einem Ganzen macht. Auch läßt sich … der ungeheure Unterschied zwischen der Stummheit des Thiers und der menschlichen Rede nicht physisch erklären. Nur die Stärke des Selbstbewußtseyns nöthigt der körperlichen Natur die scharfe Theilung und feste Begränzung der Laute ab, die wir Articulation nennen.

Der Organismus der Sprachen entspringt aus dem allgemeinen Vermögen und Bedürfnis des Menschen zu reden, und stammt von der ganzen Nation her; die Cultur einer einzelnen hängt von besondren Anlagen und Schicksalen ab und beruht großentheils auf nach und nach in der Nation aufstehenden Individuen.

Die Sprache muß … meiner vollesten Überzeugung nach, als unmittelbar in den Menschen gelegt angesehen werden; denn als Werk seines Verstandes in der Klarheit des Bewußtseyns ist sie durchaus unerklärbar. Es hilft nichts, zu ihrer Erfindung Jahrtausende und abermals Jahrtausende einzuräumen. Die Sprache ließe sich nicht erfinden, wenn nicht ihr Typus schon in dem menschlichen Verstande vorhanden wäre. Damit der Mensch nur ein einziges Wort wahrhaft … versteht, muß schon die Sprache ganz, und im Zusammenhange in ihm liegen.

So natürlich die Annahme allmähliger Ausbildung der Sprache ist, so konnte die Erfindung nur mit Einem Schlage geschehen. Der Mensch ist nur Mensch durch die Sprache; um aber die Sprache zu erfinden, müßte er schon Mensch seyn. So wie man wähnt, dass dies allmählig und stufenweise … geschehen, durch einen Theil mehr erfundener Sprache der Mensch mehr Mensch werden, und durch diese Steigerung wieder mehr Sprache erfinden könne, verkennt man die Untrennbarkeit des menschlichen Bewußtseyns, und der menschlichen Sprache, und die Natur der Verstandeshandlung, welche zum Begreifen eines einzigen Wortes erfordert wird, aber hernach hinreicht, die ganze Sprache zu fassen.

Durch die gegenseitige Abhängigkeit des Gedankens und des Wortes voneinander leuchtet es klar ein, dass die Sprachen nicht eigentlich Mittel sind, die schon erkannte Wahrheit dazustellen, sondern weit mehr, die vorher unerkannte zu entdecken. Ihre Verschiedenheit ist nicht eine von Schall und Zeichen, sondern eine Verschiedenheit der Weltansichten selber.

Aus: Über das vergleichende Sprachstudium in Beziehung auf die verschiedenen Epochen der Sprachentwicklung

KARL MARX / FRIEDRICH ENGELS

Die Sprache ist so alt wie das Bewußtsein – die Sprache *ist* das praktische, auch für andre Menschen existierende, also auch für mich selbst existierende wirkliche Bewußtsein, und die Sprache entsteht, wie das Bewußtsein, erst aus dem Bedürfnis, der Notdurft des Verkehrs mit anderen Menschen. (Mein Verhältnis zu meiner Umgebung ist mein Bewußtsein.) Wo ein Verhältnis existiert, da existiert es für mich, das Tier »verhält« sich zu nichts und überhaupt nicht. Für das Tier existiert sein Verhältnis zu andern nicht als Verhältnis. Das Bewußtsein ist also von vornherein schon ein gesellschaftliches Produkt und bleibt es, solange überhaupt Menschen existieren.

Aus: Die deutsche Ideologie

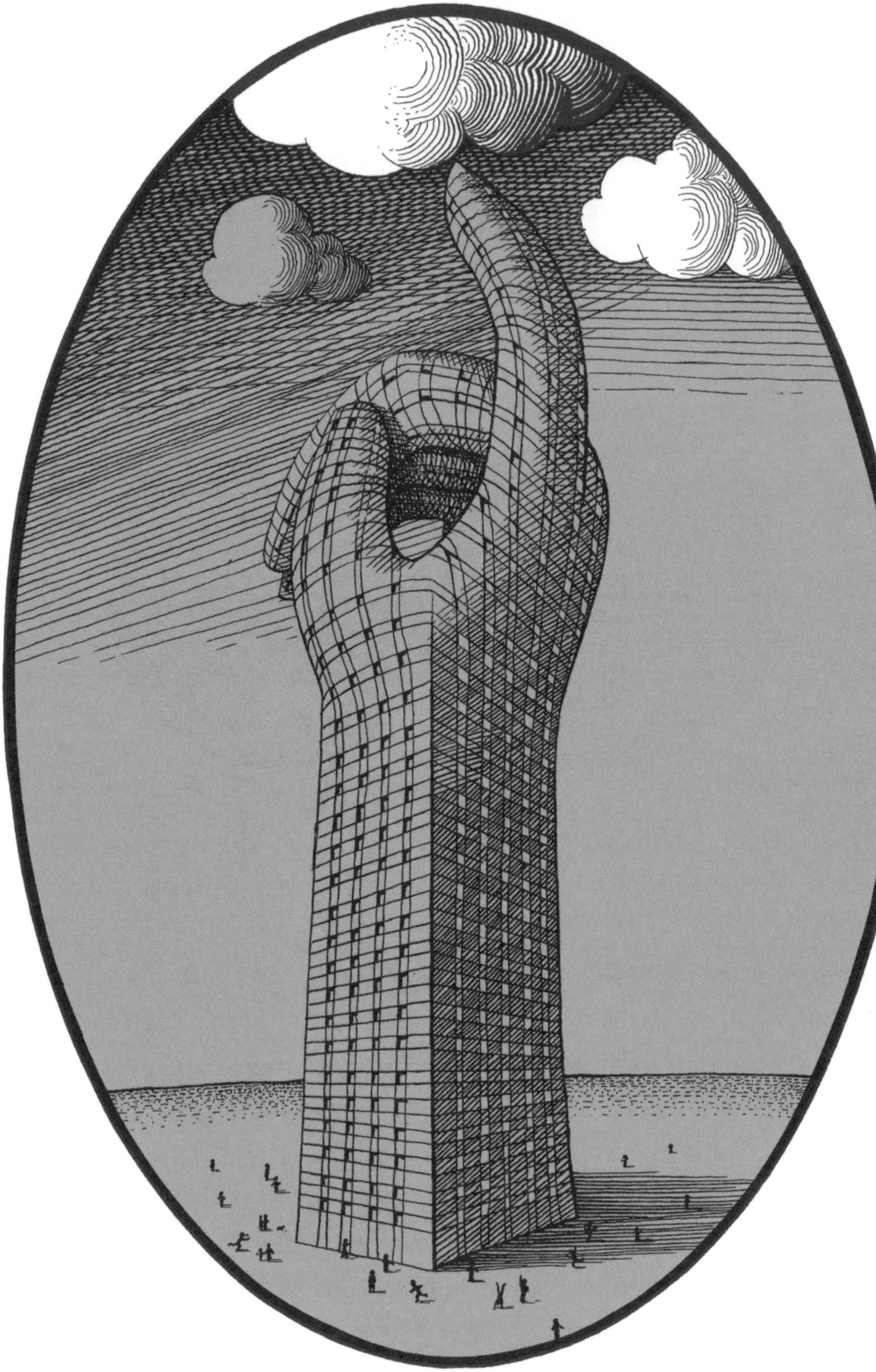

666666666 6 666666666
6

»Also was habt ihr im Turm von Babel beraten?«

»Kommt ihr oft dorthin?«

»Wer ist denn dort alles?«

»Gibt's dort was zu essen?«

»Im Ernst – macht ihr dort die Sprachgesetze?«

Küslübürtün lachte.

»Das regnet ja Fragen«, sagte er. »Womit fang ich an?«

»Am besten bei einer neuen«, schlug Caroline vor. »Sag mal: Gibt's den Turm von Babel denn nun wirklich, wenn der nur ein Märchen oder eine Mythe ist?«

»Damit kann man tatsächlich anfangen«, meinte Küslübürtün, »denn mit dieser Frage kann man was anfangen, das heißt den Fang einer brauchbaren Antwort machen!« Er lachte und hielt sein grünes Elfenbeinrohr schräg übers Knie. »In den Mythen ist oftmals ein Stück Geschichte bewahrt wie ein Insekt im rinnenden Bernstein. In Babylon und anderen Städten zwischen Euphrat und Tigris sind vor fünf- bis dreitausend Jahren tatsächlich solche Türme gebaut worden, wie die Bibel sie geschildert hat. Man nannte sie Zikkurate und sah in ihnen Verbindungsstücke zwischen Himmel und Erde, die der Schutzgott der Stadt zur Wohnung nahm. Einem Nomadenvolk wie den Juden mussten sie so unglaublich erscheinen wie einem Dorfbewohner Anfang dieses Jahrhunderts ein Wolkenkratzer – in diesem Wort habt ihr übrigens wieder die Vorstellung des Bauens in den

Himmel hinein! Jede Stadt zwischen Euphrat und Tigris besaß solch eine Zikkurat – dies Wort ist weiblich und heißt eigentlich ›Türmin‹ –, und in Babylon stand die gewaltigste. Diese Stadt war ja eine Anderthalbmillionenmetropole!

So gewaltig diese Türme auch die Landschaft beherrschten – ihr Material war nicht Stein, sondern tönerner Ziegel, und so wurde im zehntausendfachen Hingang von Alltagstagen und Alltagsnächten zerschliffen, was die Stürme der wechselvollen Geschichte überdauert hatte. Etwa fünfhundert Jahre vor unserer Zeitrechnung war das babylonische Großreich von den Persern erobert worden, und seine einst so blühenden Städte verfielen. Sie wurden erst bedeutungslos, dann arm, schließlich öde, und allmählich versanken sie in der wandernden Wüste. So lagen schließlich auch ihre Türme als Lehmschutt unterm Sand und träumten – gewaltige Wölbungen im fahlen Flachland, von den Beduinen ›Tells‹, das heißt ›Hügel‹, genannt. Dann kamen, vor rund hundertfünfzig Jahren, die Archäologen mit ihren Spaten und gruben die Hochberühmten wieder ans Licht: Babylon, Uruk, Ur, Lagasch, Nippur, Eridu, Assur, Umma, Isin, Larsa, Kalasch, Sipar, Kisch, Schurupak, Nuzi und Ninive –«

»So viele?«

»Ah, und der Glanz ihrer blauen Tore, gewölbte Kacheln aus Lapislazuli, Amethyst und Onyx, Standarten aus Muschelmosaiken und geflügelte Stiere und Löwenkolosse aus schwarzem Marmor, Bibliotheken mit hunderttausend Tafeln aus Ton: Die Höllenfahrt des Pestgottes Nergal, und der Flug Etanas bis zum siebenten Himmel, und die Kämpfe des Gilgamesch, zwei Drittel Gott und ein Drittel Mensch, mit dem därmegesichtigen Dämon Chuwawa, o und das Netz der tausend mal tausend Kanäle zwischen den sonnespiegelnden Strömen durch mannshohe Schilfwälder und Wiesen aus Rosen und Mohn und Granatapfelblüten, und auf der obersten Plattform der Zikkurate der Tempel Ischtars unterm glühenden Himmel, und Boote aus Silber, und Harfen aus Elfenbein –«

»Und die Sklaven darfst du nicht vergessen.«

»Die Sklaverei war damals ein Fortschritt.«

Das Geistlein sagte es richtig wütend; es war aus der schönsten Schwärmerei gerissen, und Emmanuel bat darum rasch, etwas auf babylonisch zu sagen.

»Auf babylonisch, auf babylonisch!«, äffte der Grüne wütend nach. »Ihr seid dumm wie der Häcksel auf den Tennen der Erhabenen Majestäten Urukaginas oder Lugalzaggesis! Redet von Sklavenhaltern daher und habt keine Ahnung der einfachsten Dinge! Babylon war ein Reich vieler Sprachen – Ubaidisch, Sumerisch, Assyrisch, Akkadisch, Gutäisch, Elamitisch, Amoritisch, Subaräisch, Churritisch, Kassitisch, Kossäisch, Hethitisch und später auch Aramäisch, Phönizisch, Hebräisch, Arabisch, Medisch, Griechisch und zahllose indische Sprachen – aber ein Babylonisch gab's nie.«

»Das ist ja der reinste Sprachenwirrwarr!«

»Na, eben der Turm von Babel – da habt ihr wieder ein Stück Geschichte! Auf dem Turm von Babel ging's zu wie auf dem Turm von Babel. Aber ihr wollt es ja besser wissen.«

»Aber Sklaven gab's doch?«, fragte Monica.

Der Türke knurrte.

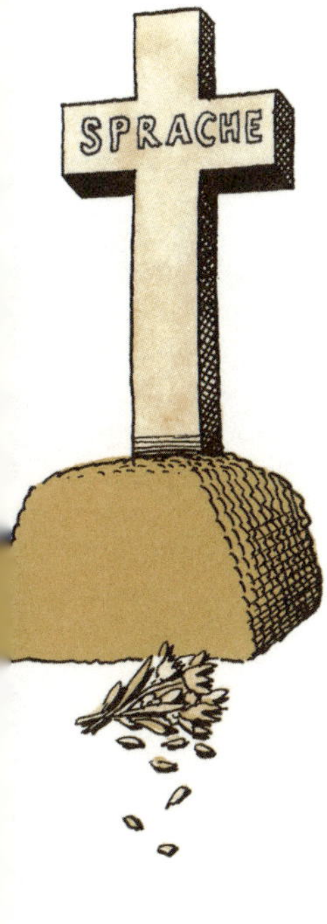

»Sag was auf sumerisch«, bat Emmanuel. »Bitte!«

Und Gabi fügte schmeichelnd hinzu: »Du sprichst doch sichir alla Sprachan, mün üllürsüssüstür Küsslülü!«

Küslübürtün war besänftigt.

»Es sind dies alle tote Sprachen«, erwiderte er, »und man nennt sie so, weil kein lebendiges Volk sie mehr spricht. Wir wissen daher nicht, wie die Aussprache klang, wenn wir die Schrift auch entziffert haben.«

»Und die sumerischen Sprachgeister, wie reden die?«

»Die schweigen eben, das ist es ja. Sie schreiben nur in den Sand, ihre Keilschriftzeichen, und wir lesen sie, ohne sie auszusprechen, und dann verweht sie wieder der Wind.«

»Und das geschieht in dem Hügel Tell?«

»Nicht in *dem* Tell – es gibt ihrer viele, und jedes hat seinen eigenen Namen. Bei euch im gebirgigen Mecklenburg heißt ja ein Berg auch nicht bloß ›Berg‹, und damit hat sich's; ihr bezeichnet ihn ja genauer als ›Schifferberg‹, ›Mühlenberg‹ oder so ähnlich. Genauso halten's die Beduinen. Das Tell, in dem wir uns versammeln, ist das ›Tell Qasr‹.«

»Und dort stand dieser biblische Sprachturm?«

Das Geistlein schüttelte den Kopf.

»Die ältesten Zikkurate sind völlig zerstört«, erwiderte es, »und der Turm des Tell Qasr ist sicherlich viel später als in jener Urzeit der Staaten entstanden, von der uns die biblische Mythe erzählt. Allein man hat ihn schon immer für den berühmten Turm gehalten, auch Herodot hat es so überliefert, und darum treffen wir uns dort.«

Herodot? – Fragende Blicke auf Caroline; sie zuckte die Schultern.

»Herodot, vor etwa 2300 Jahren an der kleinasiatischen Westküste geboren, war zu seiner Zeit einer der berühmtesten Schriftsteller«, erläuterte Küslübürtün, »ein überaus wissensdurstiger Mann, den Schicksal und Forscherdrang durch die gesamte damals bekannte Welt getrieben haben. Man nennt ihn den Vater der Geschichtswissenschaft, denn er hat, wie er selbst sagt, die Sagen und Überlieferungen aller von ihm bereisten Länder:
›gesammelt und aufgezeichnet, damit nicht, was die Menschen getrieben, was Griechen und Barbaren Großes und Bewunderungswürdiges geleistet, und weshalb sie miteinander Krieg geführt, mit der Zeit verwischt und vergessen würde.‹«

»Griechen *und* Barbaren, Landsleute *und* Fremde – das find ich anständig!«, rief Emmanuel aus.

»Ich auch!«, bestätigte das Türklein voll Stolz auf seinen fortschrittlichen Landsmann, der dieser Herodot ja war. »Unser Herodot«, so erzählte er weiter, »unser Herodot besuchte auch Babylon und hat den berühmten Turm gesehen und beschrieben, und nach dieser Beschreibung wieder haben ihn die Künstler bis zum heutigen Tag dargestellt: in sieben gewaltigen, an der Basis stadtweiten Stufenringen aus dem Gewimmel der Häuser und Schiffe im Strom durch die Wolken sich schraubendes lößgelb getünchtes fleischrosa Ziegelwerk übereinandergewölbter Mauern und Tore zu Toren und Mauern, unter deren Gewicht sich die Erdrinde biegt.«

Die Kinder hörten's mit offenem Munde.

»Und heute?«, fragte Emmanuel schließlich.

»Ein Haufen Schutt, ein paar blaue Glasuren und ein tiefer Graben, das ist der Rest.«

Schweigen; dann wieder Monica: »Und was tut ihr nun dort?«

Fast gleichzeitig Caroline: »Und wie viel seid ihr?«

»So etwa dreiunddreißigtausenddreihundertunddreißig«, sagte Küslübürtün, »die Geister aller Sprachen der Menschheit, na, und wenn wir versammelt sind, dann beraten wir eben.«

»Und worüber?«

»Das wechselt, je nach der Tagesordnung.«

»Ich weiß schon«, erläuterte Caroline, »erstens: Auswertung der letzten Beschlüsse; zweitens: Grundsatzfragen und schließlich drittens: Verschiedenes.«

»O nein«, sagte Küslübürtün, »da sind wir konkreter. Unsre Punkte sind genau benannt. Diesmal hatten wir allerdings tatsächlich drei.«

»Macht ihr Sprachgesetze?«, wollte die Staatsanwaltstochter wissen.

»Nein«, sagte Küslübürtün, »die macht *ihr*.«

»Wir Kinder??«

»Ihr auch – alle Sprechenden.«

»Nach *mir* richtet sich die Sprache doch nicht!«, maulte Gabi.

»Die richtet sich auch nach dir«, sagte das Geistlein, und da lachten alle, sogar der Jens.

»Wie entstehen eigentlich Sprachgesetze?«, fragte Emmanuel. »Die Sprache verändert sich doch mit der Zeit – wer bestimmt da, was richtig bleibt und was falsch wird, und warum ändert sich's eigentlich? Es könnte doch bleiben, wie es ist!«

»Was soll sich da ändern?«, meinte Gabi. »Deutsch bleibt doch Deutsch, und Russisch Russisch, und Türkisch Türkisch, und aus keiner wird Eskimonesisch* draus.«

»Wer weiß!«, sagte Emmanuel.

»Das Deutsche *hat* sich aber geändert«, bemerkte Caroline. »Früher hat man wirklich anders als heute gesprochen. Ich hab mal das Nibelungenlied gesehen, wie das zu seiner Zeit ausgeschaut hat, da kann man kaum ein Wort mehr verstehen, nur manchmal ein ›der‹ oder ›die‹ oder ›das‹. Und ganz früher war das Deutsche noch gar nicht da – da gab es nur die alten Germanen, die redeten eine eigene Sprache, drin schrien sie immer: ›Nieder die römischen Sklavenhalter, es lebe der König Arminius und unsere entwickelte Urgemeinschaft!‹«

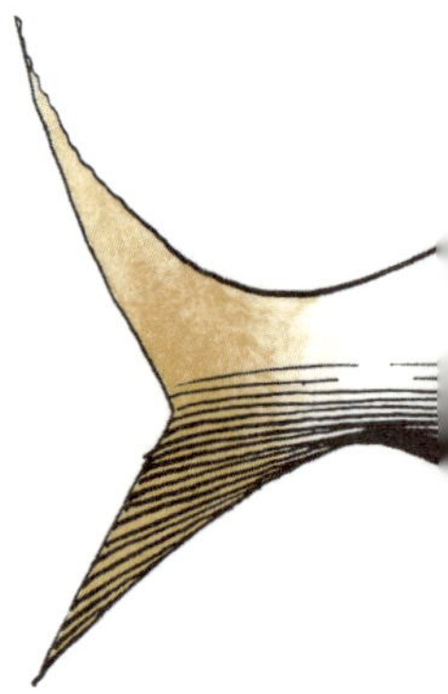

»Und dann aßen sie Eisbein und tranken Bier.«

»Das stimmt nicht, die haben Büffel vom Spieß gegessen.«

»Die gab's doch nicht *hier*.«

»Früher *doch*.«

»Nein, früher auch nicht, da verwechselst du Thüringen mit Texas.«

»Bei allen Dämonen Ereschkigals!«, Küslübürtün schwenkte sein grünes Rohr. »So kommen wir ja nie an ein Ende!«

»Wo waren wir doch stehengeblieben?«

»Beim Eisbein.«

»Nein, bei den Sprachgesetzen.«

»Also die Sprachgesetze«, sagte das Türklein in die mucksmäuschenstille Mucksmäuschenstille, die nun eintrat, da er schmauchend auf und ab ging, »die Sprachgesetze, die lieben, die schönen, wer legt die Sprachgesetze wohl fest? Da müssen wir ja wieder in die Urzeit zurück! Ich will's euch anzudeuten versuchen, doch ich kann es wirklich nur andeuten, nicht mehr.

Dass die Sprachen mit dem Sprung der Menschen aus dem Tierreich entstanden, wissen wir schon, und man hat zwei

Jahrhunderte lang gestritten, ob es so etwas wie eine einheitliche Ursprache der Menschheit gegeben hat. Bis vor kurzem galt es unter Sprachwissenschaftlern als völlig gewiss, dass diese Ursprache nie existiert hat, doch heute befreundet man sich wieder mit diesem Gedanken. Ich will euch zunächst erklären, weshalb man zu der Ansicht kam, dass mit verschiedenen Menschenstämmen auch unabhängig voneinander verschiedene Sprachen entstanden sein müssen.

Die Sprachen lassen sich nämlich nach ihrer Bauart in bestimmte Sprachtypen einteilen, und die scheinen miteinander so unvereinbar wie etwa ein Fisch mit einem Käfer. Da gibt es Sprachen wie das Chinesische, in denen die Wörter stets unverändert bleiben – der chinesische Ausdruck für ›geben‹ etwa hat stets und ständig dieselbe Form und könnte nie zu ›gab‹ oder ›gibst‹ oder ›gib‹ oder ›gebt‹ oder ›gaben‹ oder ›gäbe‹ oder ›gegeben‹ abgewandelt werden, also konjugiert werden, und auch die Haupt- und Eigenschafts- und Zahl- und Fürwörter bewahren dort stets die gleiche Gestalt. Auch der Artikel ist überflüssig. Wenn ihr in solch einer abwandlungsfreien Sprache beispielsweise sagen wolltet: ›Die Gabi gab der Moni einen guten Rat‹, würde das etwa so lauten müssen: ›Gabi Moni gut Rat geben‹. Wer da wem was gibt, die Gabi der Moni oder die Moni der Gabi einen Rat, oder ein sklavenhälterischer Rat die Moni der Gabi oder die Gabi der Moni, das geht im Deutschen aus der Abwandlung des Artikels und Hauptworts hervor: Der Geber steht im Nominativ, das Gegebene im Akkusativ, und der, dem gegeben wird, im Dativ, und die Wortstellung spielt *dafür* keine Rolle, obwohl sie stilistisch nicht unwichtig ist. In abwandlungslosen Sprachen werden diese Beziehungen lediglich an der Wortstellung kenntlich: Der Geber steht – beispielsweise – voran, der Beschenkte an zweiter und das Gegebene an dritter Stelle. Ebenso könnte man dort nur aus der Wortstellung schließen, auf wen sich die Eigenschaft ›gut‹ bezieht – ob auf Gabi, auf Moni oder den Rat – nämlich auf das unmittelbar folgende Wort.«

»Und im Deutschen«, warf Emmanuel ein, »bezieht sich das Eigenschaftswort auf das Hauptwort, mit dem es in Fall und Zahl übereinstimmt.«

»Richtig«, bestätigte der Türke. »Und nun passt auf: Im Deutschen könnte ich denselben Satz auch so formulieren: ›Einen guten Rat gibt der Moni die Gabi.‹ Ist der Sinn damit verändert? Nein. Mechanisch, der Reihenfolge der Wörter nach in eine abwandlungslose Sprache übertragen, würde diese Aussage dann lauten: ›Gut Rat geben Moni Gabi‹, doch das bekäme nun eine ganz andre Bedeutung.«

»Ich weiß, ich weiß«, rief Caroline, »das würde heißen, dass ein guter Rat, der hier also eine Person sein müsste, sagen wir mal unser Studienrat Schnaufler, dass also dieser gute Rat die Monica der Gabi aushändigt, vielleicht zum Nachhilfeunterricht.«

»Also etwas völlig Anderes«, sagte Küslübürtün, »die Rollen von Geber, Gegebenem und Empfänger sind zu einem andern Sinn verschoben, und zwar durch die veränderte Stellung der Wörter im Satz.«

»Und solche festen Formungsgesetze legen eine Sprache für immer fest?«, fragte Caroline.

»Eben das hat man lang geglaubt«, sagte Küslübürtün. »Man dachte sich in jeder Sprache bestimmte Möglich- und Nichtmöglichkeiten durch alle Zeiten fest angelegt. Der Chinese etwa, so hat man angenommen, bliebe auch noch im Jahr dreitausend an die feste Wortstellung gebunden, und der Deutsche hätte auch dann die Freiheit, die Wörter – verhältnismäßig – beliebig zu stellen, müsste dafür aber die Abwandlung beachten, die wieder den Chinesen ganz gleichgültig ließe.«

»Und was glaubt man jetzt?«, fragte Caroline.

»Bleiben wir noch einen Augenblick bei unserm Beispiel«, bat Emmanuel. »Wir hatten den Satz: ›Gabi Moni gut Rat geben.‹ Hier ginge also auch nicht aus dem Zeitwort hervor, wann sich das abgespielt haben soll – ob jetzt, ob in der Vergangenheit oder in der Zukunft?«

»Ganz richtig«, sagte Küslübürtün, »man müsste, um eine andere Zeit als die Gegenwart festzulegen, ein Hinweiswort dazwischensetzen, also für die Vergangenheit etwa ein ›vormals‹ und für die Zukunft ein ›künftig‹.«

»Und die Wörter sind im Chinesischen alle einsilbig, nicht wahr?«

»Die allermeisten; also hörte sich unser Satz für die Vergangenheit nun so an: ›gab mon gut rat vorm geb.‹ Natürlich ist das nur ein Beispiel.«

Keins der Kinder lachte die Verschiedenheit aus.

»Und was gibt's sonst noch für Typen?«, fragte Gabi.

»Gefräßige«, sagte Monica, und nun lachten sie.

»Lacht nicht so dumm!«, sagte Küslübürtün, »es gibt tatsächlich einen gefräßigen Sprachtyp – das sind die Eskimosprache* und ihre Verwandten. Da versucht ein Wort sich tatsächlich alle andren einzuverleiben, sodass schließlich dieser Satz nur aus einem Wortungetüm besteht. Unser Satz: ›Gabi gibt der Moni einen guten Rat‹ würde da etwa folgendermaßen ausschauen:

›Persongabieigenschaftlichgutratsachepersonmonijetztgebendeseiend.‹

Solche Sprachen nennt man einverleibende.«

»Die Jens-Sprachen!«, sagte Monica.

»Da hab ich drauf gewartet«, sagte Küslübürtün.

»Erzähl weiter, was gibt's noch alles für Typen?« (Jens, einen Kaugummi im Mund)

»Da gibt's eine Art, die formt ihre Sätze wie das Märchen vom ›Schwan kleb an‹«, sagte Küslübürtün strahlend, »und dazu gehört mein geliebtes Türkisch, und dazu gehört auch das Finnische und das Ungarische. Manchmal hört ihr im Radio Operetten –«

»Nein«, sagte Monica.

»Wieso nein?«

»Operetten hören doch nur unsre Alten.«

»Ich hör manchmal welche«, gestand Gabi.

»Na gut, dann vielleicht durch Zufall, das wäre doch

möglich, oder dann wenigstens zwischendurch. Da gibt es zum Beispiel ein Lied, das fängt so an: ›Sorikam, Sorikam, kehre zurück!‹ –«

» – *den* Schmachtfetzen kenn ich!«, stöhnte Caroline.

»Siehst du, ich wusst's ja! Kitsch vergeht nicht! Diesen Schmachtfetzen singen die meisten Erwachsenen, vor allem die etwas beleibten Männer, dann mit dem Bühnenhelden mit, aber sie singen ihn alle falsch, denn sie singen: Sorika, Sorika, kehre zurück!, und nicht: Sorikam, hinten mit m, wie es richtig wäre.«

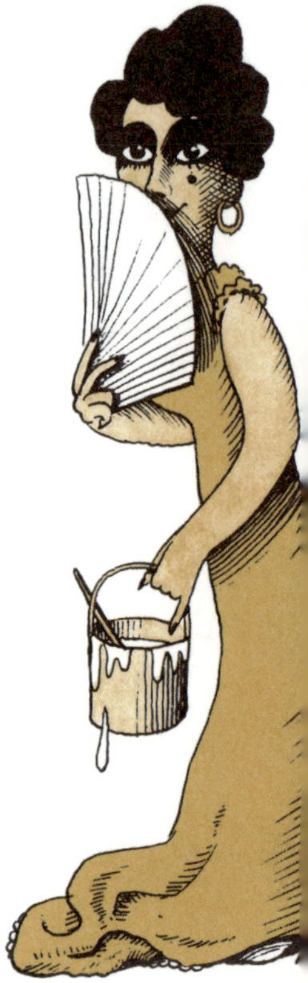

»Wenn's ein Mädchen ist, klingt Sorika eben natürlicher«, meinte Monica.

»Sie heißt ja tatsächlich auch Sorika«, sagte Küslübürtün, »aber Sorikam heißt: Meine Sorika. Das Wörtchen ›mein‹, das im Deutschen voransteht, ist hier durch eine geschrumpfte Nachsilbe, ein so genanntes Suffix, ausgedrückt, einfach durch ein ›m‹, im Türkischen übrigens ebenso. Man leimt das Besitzverhältnis, dass etwas mein ist, gewissermaßen hinten ans Hauptwort, deshalb heißen solche Sprachen anleimende oder agglutierende Sprachen.«

»Mama – die Mama; mamam – meine Mama?«, fragte Caroline.

Der Türke nickte.

»Papa – der Papa; papam – mein Papa?«

Und wieder Nicken.

»Hurra, ich kann Türkisch und Ungarisch!«

»Und dieses ›m‹«, fragte Monica, »kommt von unserm ›mein‹, vom Anfangsbuchstaben dieses Wortes?«

Der Sprachgeist ließ vor Entsetzen sein Pfeifenrohr fallen.

»O Allah, erleuchte diese Torheit!«, rief er und nickte dankend zu Gabi, die das Elfenbein aufgehoben hatte. »Das ungarische ›m‹ und das deutsche ›mein‹ haben überhaupt nichts miteinander zu schaffen; solche Übereinstimmungen sind blanker Zufall! Schon beim ›dein‹ ist's bei uns anders, da heißt es türkisch ›n‹.«

»Das könnte ja der letzte Buchstabe von ›dein‹ sein!«

»Aber ›unser‹ heißt dann im Türkischen, je nach dem vorangegangenen Vokal: ›–miz‹, ›–muz‹, ›–müz‹; ›unser Papa‹ also hieße im Türkischen: ›papamuz‹! Oder: ›euer‹ heißt bei uns, wieder je nach vorherigem Vokal, ›–niz‹, ›–nuz‹, ›–nüz‹, und da ist keine Spur von Übereinstimmung! Man darf in solchen Fällen nie vom Äußerlichen der Klanggleichheit ausgehen, sonst kommt man auf eine falsche Fährte! So sind zum Beispiel das deutsche ›hundert‹ und das russische ›sto‹ aufs engste miteinander verwandt, und ›hundert‹ und ›Hunde‹ trotz des Gleichklanges gar nicht. Man sagt, sie entstammen verschiedenen Wurzeln, ›hundert‹ und ›sto‹ dagegen einer. Das sind gewissermaßen rote und gelbe Rosen, verschieden gefärbt und dennoch Schwestern, während Rose und Klatschmohn trotz gleichen Rotes weder verwandt noch verschwägert sind.«

M

»Und wie viel solcher Sprachtypen gibt es?«

»Ein berühmter Sprachwissenschaftler, Franz Nikolaus Finck, hat ihrer acht aufgestellt und beschrieben, und man hält an seiner Einteilung im Allgemeinen heute noch fest, wenngleich sie mancher auch bestreitet und nur drei oder höchstens vier gelten lässt. Ihr könnt das Buch dieses Gelehrten – ein schmales Bändchen übrigens – manchmal noch in Antiquariaten finden. Es heißt: ›Die Haupttypen des Sprachbaus‹, und es ist grad fünfundsiebzig Jahre her, dass es zum ersten Mal gedruckt worden ist – nebenbei gesagt, bei euch in Leipzig. Man sollte es wieder veröffentlichen, es ist bis heute noch unübertroffen. Ins Blaubuch schreibe ich euch ganz hinten hinein außerdem ein paar Hinweise auf wertvolle Sprachbücher, in denen ich selbst gern schmökere. Und nun zu den übrigen Sprachtypen, die ihr natürlich nicht mit den Einzelsprachen oder den Sprachfamilien gleichsetzen dürft. Man schätzt, dass die Menschen etwa zweitausend verschiedene Einzelsprachen sprechen, von denen sich viele dann wieder in Familien und Stämmen zusammenfassen lassen. Türkisch und Ungarisch sind Ein-

Franz Nikolaus Finck

Die Haupttypen des Sprachbaus

zelsprachen; das Türkische gehört zur Familie der Turk-Sprachen, das Ungarische zur Finno-Ugrischen Sprachfamilie, und beide sind vom anleimenden Typus, aber eine gemeinsame Ursprache besitzen sie wahrscheinlich nicht. Das Deutsche gehört wie das Engli- oder Russi- oder Griechi- oder Spani- oder Albani- oder Persi- oder Lateini- oder Keltische zur Großfamilie der indoeuropäischen Sprachen, die sich wieder in Stämme, wie das Germanische (isländisch, englisch, schwedisch, deutsch, holländisch und andere), das Slawische (russisch, polnisch, tschechisch, sorbisch und so fort), das Romanische (mit Franzosen, Portugiesen, Rumänen und anderen) und in noch andre Stämme einteilen lässt.«

»Zweitausend Sprachen – so viel Völker kann's doch gar nicht geben! Es gibt doch nicht einmal zweihundert Staaten!« (Caroline)

»Aber in einigen Staaten, wie der Sowjetunion* oder Brasilien oder Nigeria, leben zahlreiche Einzelvölker, von denen nicht wenige nur ein paar hundert, höchstens ein paar tausend Köpfe zählen, wie die Indianerstämme Südamerikas, die vielleicht in benachbarten Urwaldtälern wohnen und doch gänzlich voneinander verschiedene Sprachen besitzen.

Einem dieser acht Sprachtypen aber lässt sich jede Sprache der Welt zuordnen.«

»Wir hatten bisher drei, glaube ich.« (Monica)

»Ein weiterer Typ, zu dem auch die indoeuropäischen Sprachen gehören, ist der des Verwandlungskünstlers. Ihr könnt ihn manchmal bei Kabarettsendungen sehn. Da will ein Schauspieler rasch hintereinander eine Frau, einen Arzt, einen Förster und schließlich einen Koch darstellen – wie macht er das? Im ersten Fall bindet er sich eine Schürze oder ein Kopftuch um, und das soll heißen: Nun bin ich eine Frau. Als Arzt hängt er sich ein Abhorchgerät um den Hals, als Förster setzt er den Jägerhut auf, als Koch die hohe weiße Mütze, und jeder weiß, was damit gemeint ist. Man nennt solche Gegenstände ›Attribute‹ – sie legen fest, dass man sich unter dem, der sie zur Schau trägt, etwas ganz Bestimmtes vorstellen muss.

Solche Verwandlungskünstler findet ihr also auch unter den Sprachen. Die Wissenschaft zählt sie zum so genannten abwandelnden Typ. Sie verwenden in der Hauptsache bestimmte Vor- und Nachsilben oder auch Vokaländerungen, mit denen die Wörter ausdrücken können: Jetzt habt ihr euch das, was ich von mir sage, in der Vergangenheit zu denken, oder jetzt bin ich weiblich, oder jetzt sind wir viele, oder jetzt bin ich der, der etwas tut, und mein Nebenmann ist der Erdulder. Am besten, ich zeig's euch am lustigen Beispiel eines Unsinnssatzes. Passt auf: Ein Quilknauz vadohmelt den Quorkniller brasch!«

Offene Münder.

»Was soll denn das heißen?«, fragte Monica, »das ist doch Unsinn!«

»Aber ein ulkiger«, meinte Jens.

»So ungefähr ist schon ein Sinn drin«, gab Emmanuel zu bedenken, »da sind ein gewisser Quilknauz und ein gewisser Quorkniller, unter denen man sich vorstellen kann, was man mag, Menschen oder Tiere oder auch Sachen, und dieser Quilknauz macht mit dem Quorkniller etwas, er ›vadohmelt‹ ihn, was vielleicht ›verdreschen‹ heißen könnte, und zwar tut er dies ›brasch‹ – es könnte ›kräftig‹ oder auch ›liebevoll‹ sein.«

»Und noch mehr ist drin!«, rief Caroline, »von den Quilknäuzen muss es mehrere geben, das geht aus dem Worte ›ein‹ hervor. Der Quorkniller könnte dagegen allein stehn.«

»Armer Quorkniller«, seufzte Gabi, »immer auf die Schwachen und Kleinen!«

»Ihr begreift, ihr begreift!«, rief der Sprachgeist erfreut. »Wir können aus diesem Satz also schon sehen, wer der Täter und wer der Erdulder ist und dass es jeweils einer sein muss. Und nun aufgepasst! Ich verändere jetzt diesen Unsinns-Sinn-Satz, indem ich ein einziges ›e‹ hinzufüge: Ein Quilknauz vadohmelt*e* den Quorkniller brasch! – Was ist nun geschehen?«

»Jetzt ist der ganze Satz in die Vergangenheit gesprungen«, rief Caroline.

»Der Mensch sprang zurück in den Affenstamm!«

»Er sagte ›e‹, und schon war er vergangen!«

Allgemeines Hallo, und hinter Küslübürtün plötzlich ein seltsames Funkeln.

»Und jetzt verändere ich den Satz wieder mit einer einzigen Silbe: Ein Quilknauz vadohmelte den Quorkniller brasch*er*!«

»Jetzt tut er's kräftiger als früher«, schrie Monica.

»Allmählich wird's spannend«, meinte Jens.

»Ist es nicht toll, was solch eine Abwandelsprache kann?«, fragte Küslübürtün. »Wir haben einen Satz, aus dem nur hervorgeht, dass Einer mit Einem etwas auf eine bestimmte Art macht, und ohne dass uns Näheres bekannt wird, können wir mit ein, zwei Buchstaben den Satz in die Vergangenheit schicken oder die Tätigkeit verstärken, ja wir könnten die Handelnden auch vermehren oder sie in Frauen verwandeln.«

»Aber nun unser Satz mit ›Gabi‹ und ›Moni‹ – da hätt' sich doch auch was verändern müssen!«

»Hat sich ja auch – im Artikel: ›Die Gabi der Moni‹ – und: ›einen guten‹ –«

»Na und vor allem das Zeitwort: ›gibt‹!«

»Gibt's noch andere Typen?« (Man glaubt es nicht: Jens)

»Ich will nur noch auf die semitischen Sprachen wie das Arabische oder Hebräische hinweisen, bei denen die Bedeutung des Worts sich nur in den Konsonanten festhakt – die sind gewissermaßen so spitz wie Monicas Zunge. Auf die anderen Typen werde ich nicht eingehn, das wäre zu langwierig und zu kompliziert. Ich erwähne nur, dass Finck sie in der afrikanischen Subihasprache, im Georgischen und in der Sprache der Samoas von Polynesien verkörpert sieht.«

Der Türke blieb stehen und sog an der Pfeife.

»Und die Ursprache?«, fragte Caroline.

»Bislang«, so lehrte das Türklein weiter, »bislang hat man sich die einzelnen Sprachen unentrinnbar in solch einem Typ gedacht. Wie etwa ein Apfelbaum nie eine Linde oder ein Hase nie Igel werden kann, so dachte man, dass eine abwandelnde Sprache nie zu einer vom chinesischen Typ sich formen könne oder umgekehrt. Also konnte es keine Ursprache geben, denn was nie zusammenkommen könnte, dürfte ja dann auch nie zusammen gewesen sein.«

Ein Schmauch aus der Pfeife.

»Nun hat man«, so fuhr der Sprachgeist fort, »nun hat man natürlich auch gesehen, dass sich die einzelnen Sprachen entwickeln, und noch dazu in vielerlei Hinsicht, im Klang, in den grammatischen Formen, im Wortschatz wie in der Wortbedeutung, aber man dachte dabei immer, dass diese Veränderungen sich nur im Rahmen des Sprachtyps vollziehn. Auch Apfelbäume können sich ja ändern, sie können verwildern, verkümmern, verdorren, man kann sie pfropfen und kreuzen und ganz spezielle Formen züchten, kernarm, oder erdbeerenklein, vielleicht auch blaufleischig, doch den Apfelbaum- oder gar Obstbaumtypus, das Wesen ihres Daseins, verlassen sie nie. So ähnlich, wie gesagt, dachte man sich's mit der Sprache. Nun gibt es aber heut schon ein

Beispiel, und das ist das Englische, wo eine dem Ursprung nach abwandelnde Sprache zu einer so gut wie abwandlungslosen geworden ist. Vom *Typ* her ist heute das Englisch, das doch indoeuropäischen und germanischen Stamms ist, dem fernen Chinesisch verwandter als dem nahen Deutsch oder dem noch näheren Isländisch. Wir probieren das mit unserm Satz gleich mal aus.«

Er musterte, paffend, die lauschende Runde.

»Wer von euch kann Englisch?«

Monica; Caroline.

Gabis Hand hob sich zögernd später.

»Na ja«, erklärte sie mutig verlegen, »was man von den Beatles und Stones halt so weiß.«

»Dann übersetze«, sagte der Türke, »in die Sprache dieser Rollenden Steine: ›Die Gabi gab der Moni einen guten Rat.‹ «

»So einen Hit gibt's doch gar nicht!«, erklärte Gabi entrüstet.

Caroline sprang für sie ein, und »Gabi gave Moni good advise« stand auf dem Notizblock.

»Und könnte man nun«, fragte Küslübürtün, »könnte man nun die Wortstellung bei unverändertem Sinn so verformen, wie man das im Deutschen kann: ›Der Moni gab die Gabi einen guten Rat‹?«

»›Moni gave Gabi –‹ uje, da wären Moni und Gabi ja wirklich vertauscht!«

»Da hast du's«, sagte Küslübürtün, »und dabei stammen Englisch und Deutsch doch aus *einer* Wurzel und waren ganz sicher einst *eine* Sprache. Und was ist geschehen? Im Englischen haben sich – aus Gründen, auf die ich hier nicht eingehen kann – im Englischen haben sich die Formelemente, mit denen die verschiedenen Beziehungsverhältnisse ausgedrückt werden, so gut wie vollständig abgeschliffen, beim Substantiv gleicht ein Fall dem andern, Dativ ist von Akkusativ ununterscheidbar, und der Artikel heißt immer gleichlautend ›the‹. Wie soll man also erkennen, was Sache ist – wer etwas tut und wem etwas getan wird?

Gabi
gave
Moni
gave
Gabi

Es bleibt im Wesentlichen nur *ein* Mittel, und das ist die Wortfolge. Also erstarrt sie: Der Tuende muss immer voranstehn, und das Getane stets hinterher, dann ist die Beziehung wieder eindeutig. Damit aber hat sich der Sprachtypus verändert, das Englische hat den Typ der Abwandelsprache verlassen und ist in den der abwandlungslosen Sprachen hinübergewechselt, und auch die Einsilbigkeit ist beinah erreicht. Was aber jetzt geschieht, kann auch früher geschehn sein, das heißt, der Sprachtyp kann sich auch früher verändert haben. – Also wäre *doch* eine Ursprache möglich.«

»Und wodurch entstehn solche Veränderungen?«

»Dafür gibt es sehr viele Ursachen. Millionenfaches tägliches Reden schleift die Wörter ab wie ein Bach die Kiesel, und die meistgebrauchten Formen am stärksten. Im Deutschen erlebt ihr's jetzt grad am Dativ. Euren Großeltern wurde noch das Dativ-e eingepaukt. ›Dem Mann*e* – das sagt heut kaum noch wer. – Auch der männliche Akkusativ war unterscheidbar. Schopenhauer hätte nie geschrieben: ›Ich sah Jens‹, der hätte stets formuliert: ›Ich sah Jensen‹. Heute ist das Deutsch auf dem Weg zum Abwandlungslosen, und eines Tages wird die Wortfolge genauso starr wie im Englischen oder Chinesischen sein müssen, damit keine Missverständnisse entstehen, von denen es übrigens *jetzt* schon genug gibt.«

der Mann
des Mannes
dem Manne
den Mann

»Ha, jetzt versteh ich, warum du vorhin gesagt hast, alle Sprechenden machen die Sprachgesetze! Wenn wir maulfaul wie in Liverpool quasseln –« Caroline schob bei fast geschlossenem Mund das Kinn vor und malmte die Rede träg durch Zähne und Lippen –: »we all so red, stumpf de sprach bal ab, un de muss de wort folg ei führ, wa?«

»Genau, genau«, sagte Küslübürtün.

»brauch arm kind in schul nich so viel lern!«

»Aber klingen tut's doch zum Wändehochklettern!« (Emmanuel)

»mach doch kein was.«

»iss schau.«– »ma wa ana.« – »awa a.« – » a a a!«

»Ein Glück, daß der Schopenhauer heute nicht da ist«, sprach der Sprachgeist, »der haute der Caroline eine runter!«

»ne de car hau de schop!«

»de schop de car.« – »de car de schop.«

»Da habt ihr das abwandlungslose Deutsch«, rief der Türke. »Wer haut da wen? Nur die Wortfolge sagt's.«

»de is de deut vo de jah wei aue.«

»wiss du eleb.« – »wi all.« – »au fei.«

»Und Chinesisch« (alle schraken zusammen, denn Caroline sprach wieder mit normaler Stimme), »und Chinesisch wird dann wieder abwandelbar?«

»Vielleicht«, antwortete Küslübürtün, »jedenfalls wäre es durchaus möglich. Denn die abwandlungslosen Sprachen beginnen allmählich einen Ausweg aus der starren Wortfolge zu suchen – sie heften bestimmte Nachsilben an, um Dativ oder Akkusativ zu bezeichnen, werden also was –?«

»Anleimend!«

» – richtig, anleimend, und wenn nun die Fälle kenntlich werden, wird auch die Wortfolge wieder freier. Und bilden diese Anleimungen allmählich ein System heraus, das bis in den Kern der Wörter vordringt, kann die Sprache wieder zum Abwandlungstyp kommen.«

»Und wird dann aufs Neue abgeschliffen!«

»Und dann wieder Wortfolge.«

»Und dann wieder Anleime!«

»Wie Berg und Tal in der Geologie.«

»Oder wie Quelle und Meer und Wolke –«

»Ein Kreislauf, das find ich wirklich toll.«

»Aber –«, Monica zog die Brauen hoch, »darf denn das sein? Was sagt der Herr Duden denn zu diesem Treiben? Erlaubt der denn solch ein Karussell?«

»Der wird nicht gefragt – du hast's doch gehört, wir bestimmen selber die Sprachgesetze.«

»Aber das ist doch Anarchie!«

Caroline warf sich in die Brust.

»Ich, Caroline die Erste, verkünde: Ab heute wird nur noch abgeschliffen! Alle Rechtschreib- und Grammatikregeln sind abgeschafft! Jeder kann schreiben, wie es ihm Spaß macht: Vogel mit f und fahren mit v, und vor allem groß und klein, wie er will! Deutschunterricht ist streng verboten, die Lehrer gehn auf die LPG*, aus dem Haus, wo der Duden haust, wird eine Disko, und aus dem vielen Papier von den Duden-Büchern wird eine Top-Hit-Zeitung gemacht.«

»Angenommen!«, brüllte Gabi.

»Angenommen!«, rief Monica.

»Ich bin dagegen«, sagte Jens. »Wie soll ich da Puder und Butter unterscheiden?«

»Vielleicht am Geschmack«, schlug Caroline vor.

»Dann bin ich dafür.«

»Man sollte es wirklich mal ausprobieren«, meinte nun auch Emmanuel.

»Dazu rate ich auch«, lachte Küslübürtün.

Die Kinder riefen bravo und klatschten.

»Ich werd noch Muselmännin«, rief Caroline.

»Muselmannin!«

»Ist doch dasselbe!«

»Denkste!«

»Na jedenfalls eine Muselfrau.«

»Habt ihr Türken eigentlich auch einen Duden?«

»Aber nein, das ist doch ein altes Kulturvolk!«

»Das sind wir Mecklenburger ja auch.«

»Der Duden ist ganz sicher preußisch.«

»Wer *ist* denn eigentlich dieser Herr Duden?«

»Na irgendjemand von der Regierung.«

»Schaut im Lexikon nach«, stöhnte Küslübürtün, »und jetzt mach ich endlich einmal eine Pause.« Die Kinder bewilligten zehn Pfeifenzüge in völliger Ruhe, doch schon beim neunten fragte Caroline, wie das mit den andern Veränderungen wäre, so den Veränderungen in der Bedeutung.

»Das hat mit der Versammlung in Babel zu tun, von der ich doch eigentlich sprechen wollte«, seufzte der erschöpfte

Türke. »Aber ihr haltet ja nicht Wort! Zehn Züge haben wir ausgemacht, und das war noch nicht der neunte!«

Gabi kraulte den Alten am Kinn.

»O Küslübürtümüm! O Küslübürtümüz!«

»Also gut, doch wirklich nur ein paar Stichpunkte.«

»Jetzt versteh ich was!«, sagte Emmanuel.

»Erklär uns solche Veränderungen genauer«, bat Caroline.

»Das wird ein bisschen umständlich ausfallen«, sagte der Grüne. »Auf die Sprachen wirken verschiedenartige Kräfte ein, und sie drängen sie in zwei entgegengesetzte Richtungen: Einerseits verarmen die Sprachen und stumpfen sich ab, zum andern werden sie reicher und feiner.«

»Du bist wirklich der Fan der Widersprüche!«

»Was kann ich dafür, wenn's nun einmal so zugeht! Um mit der sinnfälligsten Veränderung anzufangen: Der Wortschatz wächst. Die Menschen erobern sich neue Lebensbereiche, sie erfinden und entdecken und erweitern ihr Wissen, und also brauchen sie neue Benennungen. Denkt nur einmal nach, wie viel Sprachneuheiten allein in den letzten Jahrzehnten entstanden: ›Sputnik‹ oder ›Kosmonaut‹ oder ›die Schallmauer durchbrechen‹ oder ›volkseigen‹* oder zwei Begriffe, die vor dreißig Jahren nur einer Handvoll Wissenschaftlern vertraut waren, doch die heutzutage – leider, leider – beinah schon jedes Baby kennt: ›Bildschirm‹ und ›fernsehn‹.

steak & sauce

TABAK

Die meisten dieser Neubildungen entstehen durch Kombinationen bereits vorhandener Wörter. ›Volk‹ war bekannt, ›eigen‹ genauso, aber ›volkseigen‹ war ein neues Wort. Mitunter werden Namen willkürlich ausgedacht, wie etwa im 17. Jahrhundert durch einen Chemiker das Wort ›Gas‹, und manchmal entstehn sie auch durch Schallnachahmung, da hätte Gabi mit ihrem Kuckuck recht. Oder man nimmt sie aus fremden Sprachen. Wenn sich Völker im friedlichen Handel begegnen, tauschen sie nicht nur Bernstein und Salz und Lieder und Götter, sondern auch die Bezeichnungen dafür aus, und so erwerben Lehnwörter das Bürger- und Fremdwörter das Ansiedlerrecht. An der gastlichen Tafel eurer Sprache ist die gesamte Menschheit versammelt und speist nicht nur englisches Steak mit französischer Sauce, wo die sprachliche Herkunft sich noch aus dem Wortbild ablesen lässt, sondern auch Pflaumen und Kirschen aus dem Lateinischen, Datteln vom Griechischen, Butter vom Skythen und Quark vom Polen, russisches Rebhuhn, italienische Kartoffeln, holländische Matjes und Anchovis, türkischen Joghurt, keltisches Bier aus tschechischem Hopfen, und auch die Preiselbeeren zum Rehrücken sind im Moos dieser Sprache daheim. Das Gulasch kommt aus dem Ungarischen, die Feige wahrscheinlich aus dem alten Kreta, die Banane aus einer Kongosprache, die Kaper aus dem Persischen, die Mandel aus dem Syrischen, der Zucker aus dem Indischen, der Zimt aus dem Malayischen, die Schokolade aus der Inkasprache, und dazu raucht man indianischen Tabak und trinkt chinesischen Tee oder türkischen Kaffee und englischen Grog und französischen Kognak und lateinischen Wein und italienischen Sekt und türkischen Punsch und arabischen Arrak, und wenn es einmal Känguruh gibt, kommt das aus dem Australischen.«

»Und das Eisbein kommt aus dem Eskimonesischen.« (Jens)

»Das kommt von der griechischen Bezeichnung für das Hüftgelenk, nämlich ›is-chia‹, und der Name für einen schrecklichen Hüftnervenschmerz, den Ischias, kommt von ebenda.«

»Armes Schweinchen«, sagte Gabi, und wieder Hallo.

»Und woher kommt die Nudelsuppe?« (Natürlich Jens)

»Die ist urdeutsch«, sagte Küslübürtün, »und zwar stammen die Nudeln aus dem oberdeutschen Schwaben und die Suppe vom niederdeutschen Norden, woher, aus derselben Wurzel -sup-, auch das schöne Wort ›saufen‹ stammt. Die Suppe haben übrigens dann andre Völker von uns übernommen, so die Portugiesen und die Franzosen, und von denen wieder die Engländer. Ein Festmahl verbindet, wie ihr seht.«

»Und woher kommt ›Sauerbraten mit Klößen‹?«

»Nun aber Schluss!«, empörte sich Caroline. »Erzähl lieber noch von den Sprachgesetzen!«

»›Sauerbraten mit Klößen‹«, verlangte Jens.

»Alles ur-indoeuropäisch, sogar das ›mit‹«, erklärte der Türke.

»Und Schnitzel mit Rotkohl und hinterher Pudding?«

»Ende!«, schrie Monica, »sonst wirst du vadohmelt, aber superbrasch!«

»Damit hätten wir in der Tat einen weiteren Faktor«, sagte Küslübürtün, »auch Kriege und andere äußere wie innere Machtverschiebungen wirken auf die Sprachen ein. Mit aufsteigenden Völkern, Staaten und Klassen werden auch neue Ideen mächtig, und die mehren nicht nur den Wortbestand durch bisher ungekannte Benennungen, sie ändern oft auch die Bedeutung der Wörter. Der Lenker eines Weltreichs, der ›Cäsar‹ heißt, gibt dann seinen Namen ins Deutsche als ›Kaiser‹, ins Tschechische als cisář, ins Ungarische als ›czászár‹ und ins Russische und Bulgarische als ›Zar‹. Und wenn ihr heute von einem Dorfpascha sprecht, so lebt darin als Erinnerung an eine Zeit, da die Türkei an Österreich grenzte, die Bezeichnung für unseren höchsten Würdenträger, etwa ausdrückbar durch ›Exzellenz‹. Hier könnt ihr übrigens gut erkennen, wie Wörter ihren Wertgehalt ändern. Solche Beispiele lehren viel. So wurde, da mit dem Bürgertum sich neue gesellschaftliche Wertungen durchsetzten, einer, der sich all-wahr verhielt, der also allzeit die Wahrheit sagte, zu einem Mann, den man töricht fand und darum also ›albern‹ nannte. ›Albern‹ ist nichts andres als ›all-wahr‹, althochdeutsch ›ala-wari‹; aus einem w wird beim häufigen Sprechen oft ein b – probiert es selbst! Solche Umwertungen vollziehen sich bis zum heutigen Tage und spiegeln geschichtliche Prozesse. Wörter wie ›Graf‹ oder ›Baron‹ sind bei euch schon als Schimpfwörter im Schwange, doch anderswann waren und anderswo sind sie ein Inbegriff von Schätzenswertem. Und damit sind wir, hochgeehrte Zuhörer –«

Küslübürtün schwenkte die Pfeife im Kreise und verbeugte sich unnachahmlich, »– und damit sind wir endlich auf dem Umweg über Urzeit und Jahr zweitausend bei unsrer Versammlung angelangt!«

Er rauchte feierlich und genussvoll.

»Und wie hieß nun eure Tagesordnung?«

Das Geistlein tat noch einen tiefen Zug, dann hielt es das Rohr schräg und verkündete: »Tagesordnung der siebentausendundfünfhunderteinundneunzigsten Jahresversammlung der Vereinigten Sprachgeister der Erde im Hochturm zu Babylon.

Punkt eins: Semantische Probleme der Sexualerziehung.«

»Wie bitte?«

»Ich denke, ihr habt sowieso Vielweiberei?« (Gabi)

»Was ist das, ›semantisch‹?« (Caroline)

»Die Wissenschaft von der Bedeutung der Wörter und Zeichen«, erklärte Küslübürtün behaglich.

»So ein Quatsch«, empörte sich Monica. »Die Wörter bedeuten doch, was sie eben bedeuten. Was braucht man denn da eine Wissenschaft? Das ist doch bloß Angeberei!«

»Wirklich?«, erwiderte Küslübürtün und kräuselte die Finger über dem Notizblock.

Das Wort SCHOKOLADEPUDDING erschien.

Aaaah!!

Oh –

Iiiii . . . . .

»Aaaaah!«, machte Jens.

»Oh«, seufzte Gabi.

»Iiiii«, machte Emmanuel. Monica sagte gar nichts.

»Na ja, Schokoladepudding«, sagte Caroline, »und der Schokoladepudding heißt ›Schokoladepudding‹, und das bedeutet eben Schokoladepudding. Was willst du damit?«

»Da steht ein einziges Wort«, sagte Küslübürtün, »siebzehn Buchstaben und offenbar eine ganz klare Bedeutung, nämlich die einer süßen Nachspeise – aber jedem von euch bedeuten diese Buchstaben nicht dasselbe, weil keinem die Sache dasselbe bedeutet. Für Jens ist Schokoladepudding ein Leckerbissen, und Emmanuel grault sich vor allem Süßen. Gabi möchte gern davon futtern, aber sie muss an ihre Linie denken. Monica ist satt, und Caroline macht sich nichts aus Pudding, und für sie bedeuten diese siebzehn Buchstaben jetzt weniger eine Speise als ein Sprachproblem. Ein Wort, eine eindeutige Sache – und für jeden bedeutet's was Andres. Hältst du das nicht für bedenkenswert?«

»Die Menschen sind nun einmal verschieden, das ist doch nichts Neues?« (Monica)

»Grad im Alten stecken die schwersten Probleme – in dem, was so schön selbstverständlich scheint.«

»Vielleicht«, so begann Emmanuel zu vermitteln, »vielleicht wird es uns allen ein bisschen klarer, wenn du das praktische Beispiel bringst. Was hat also deine Semantik mit unsrer Sex-Erziehung zu tun?«

»Sehr viel«, erwiderte Küslübürtün. »Sexualerziehung fängt ja damit an, dass man über diese menschlichen Dinge menschlich, also weder verklemmt noch mit dreckigem Grinsen zu sprechen beginnt. Dazu aber braucht man geeignete Wörter, und damit habt ihr schon das Problem. In vielen Sprachen klingen die Namen für die Geschlechtsorgane oder die körperliche Liebe sehr grob und unschön, ja manchmal, wie leider bei euch im Deutschen, richtig hässlich und ordinär. Dann hört sich das Reden darüber gemein an, und wenn man das wissenschaftliche Fachwort benutzt, klingt's wieder so kalt und hart medizinisch. Mit Wörtern wie ›penis‹ und ›vagina‹ lässt sich schlecht über Beglückendes reden – es ist so, wie wenn man seinen Partner mit Pinzetten statt Händen zu streicheln versucht. Und andre Wörter sind wieder wie Hufe.

Und nun kommen die Fragen: Warum ist das so, und ist's überall so, und was sind die Ursachen, und lässt sich das ändern? Das sind doch interessante und nutzbringende Fragen, und da tauschen wir unsre Erfahrungen aus.«

»Und was kommt raus dabei?«

»Ein Erfahrungsaustausch.«

»Also eigentlich nichts!«

»Der Anfang von etwas.«

»Es ist wirklich so«, sagte Caroline, »das Wort fi–«

Sie stockte.

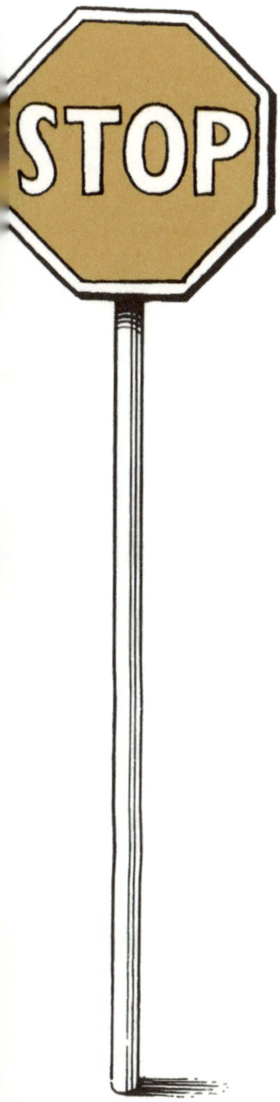

»Oder Vo–«, sagte Emmanuel und blieb ebenfalls stecken.

»Seht ihr«, sagte Küslübürtün, »diese Wörter bezeichnen etwas Menschliches und Natürliches, und dennoch zögert man, sie auszusprechen – nicht, weil man hinter der Zeit zurück ist, sondern weil man fühlt, dass es unschön klingt.«

»Bumsen!«, sagte Jens, und alle lachten.

»Das klingt schon anders!«, rief Küslübürtün. »Das ist ein lustiges Wort, aber eben drum kann man's auch nicht überall brauchen. Oftmals ist großer Ernst und anfangs ist immer Scham in der Liebe, da geht ›bumsen‹ nicht gut wegen des derb-lustigen Tons.«

»Und was habt ihr nun also beschlossen?«

»Beschließen können wir gar nichts«, sagte Küslübürtün. »Oder anders gesagt: Mit dem Beschließen wäre gar nichts getan, darum lassen wir's. Denn die Sprache machen nicht wir, die macht *ihr* – die Gemeinschaft aller Sprechenden und Schreibenden von den Kindern bis zu den Philosophen. Wir Geister können nur drängen und mahnen. Alles übrige liegt bei euch.«

»Du hast gut reden«, meinte Caroline. »Du hast uns doch grade gezeigt, dass wir Wörter benötigen, die wir nicht haben, weil wir Wörter haben, die wir nicht benötigen. Das ist doch blöd!«

»Es ist ein Widerspruch«, sagte Küslübürtün verzückt, »und daraus entwickelt sich auch die Lösung. Solche Prozesse sind unaufhaltsam.«

»Und was, zum Teufel, *ist* die Lösung?«

»Wir wissen sie, wenn wir sie haben werden«, sprach der Sprachgeist schmunzelnd. »Jetzt sind wir alle noch auf dem Weg!«

»So ist es«, sagte eine sanfte Stimme, und da saß neben dem Grünen jener Dritte, den wir schon kennen, jedoch vier unsrer Kinder noch nicht.

»Guten Abend, Herr Morgenstern«, sagte Jens. »Ich wusste nicht, dass Sie auch ein Abendstern sind!«

»Sterne sind auch am Tag da, ihr seht sie nur nicht«, sagte das funkelnde Geistlein.

»Sind Sie mir böse, weil ich Ihre Geschichte nicht mehr zusammengekriegt habe?«, fragte Jens.

»Ohneneffen«, erwiderte Morgenstern, und die Kinder verstanden plötzlich auch ohne Erklärung, dass dies »mitnichten« heißen sollte.

»Fein«, lachte Gabi, »kennen Sie noch so was, lieber Herr Morgenstern?«

»Na trüb«, meinte Herr Morgenstern, »doch jetzt muss ich euch Seine Exzellenz den obersten Schiedsherrn und Schirmer des Wohlklangs entführen, denn der Homer beruft sich auf ihn. Der ist nämlich sein kleinasiatischer Landsmann.«

»Streiten die beiden nun immer noch?«, fragte Küslübürtün.

Herr Morgenstern nickte.

»Es geht um Punkt zwei der Tagesordnung«, erklärte der Türke, »der stand dieses Jahr zum zweitausendsiebenhundertvierundneunzigstenmal drauf: Der Streit zwischen Hesiod und Homer.«

»Was ist das nun schon wieder?«

»Im Blaubuch werdet ihr Näheres finden!« Küslübürtün seufzte tief. »Es gibt Punkte, die kommen nie zu Ende«,

erklärte er, »so auch dieser Dichterkrieg. Denn beides sind berühmte Dichter: Der Homer hat die Fahrten des Odysseus und die Kämpfe vor Troja besungen und Hesiod die Arbeit des Bauern. Da ist nun ein Streit zwischen beiden entbrannt, welche Dichtung nützlicher sei und wer also mehr gelobt werden müsse: der Sänger des Schwert- oder der des Pflughelden. Da jeder den Lorbeer für sich beansprucht und triftige Gründe dafür vorgebracht hat, schien eine Preiszuteilung nicht möglich, und so forderte, um sie zu erzwingen, der Hesiod den Homer zu einem öffentlichen Wettkampf heraus. Man solle eine Geschichte abwechselnd solcherart erzählen, dass einer – und zwar er, Hesiod – mit einer Verszeile beginne und der zweite, also Homer, die nächste Zeile an diese füge, und immer so weiter, Zeile um Zeile, und wer keinen sinnvollen Vers mehr zustande bringe, der sei besiegt.«

»Also K.-o.-System!« (Monica)

»Meinetwegen.

Ich muss zu eurem Verständnis berichten, dass man damals in einer Versart erzählte, die Hexameter heißt, einer langen sechstaktigen Zeile, die den Alltagston sehr redegetreu und doch zugleich feierlich wiedergibt. Der Hesiod war ein durchtriebener Bursche. Er dachte: Mein Vorschlag scheint beiden die gleiche Aufgabe zu stellen: Der Eine macht den ersten, dritten, fünften, siebten, neunten Hexameter und der Andre den zweiten, vierten, sechsten, achten, zehnten, das sind für jeden jedesmal sechs Takte, und also hat's jeder gleich schwer oder gleich leicht. Natürlich lag seiner Überlegung zugrunde, dass diese Gleichheit nur scheinbar sein konnte, denn wer einen Disput oder eine Geschichte beginnt, hat's ja sehr viel bequemer als der, der sie fortsetzen muss: Der Erste kann beliebig anfangen, doch der Fortsetzer ist an den Anfang gebunden, und wenn der nun so vertrackt angelegt ist, dass eine sinnvolle Weiterführung unmöglich scheint, dann – so überlegte Hesiod – müsste der Fortsetzer wohl verlieren. Daher sein Vorschlag. Homer aber vertraute seinem Köpfchen und nahm die Herausforderung an, und vor einem aus ganz Griechenland zusammengeströmten Publikum begann der Kampf.

Die Aufgabe war, Begebnisse aus den trojanischen Kämpfen zu schildern, und Hesiod sagte folgenden ersten Vers, der die Beschreibung eines Gastmahles einleiten sollte:

Rindfleisch gab es zum Mahl und die dampfenden Hälse der Pferde

und der Homer musste das nun fortsetzen, und es sollte ein Sinn drin sein. ›Das schafft der nie!‹, dachte der Hesiod, denn die Griechen verabscheuten Gerichte aus Pferdefleisch – aber der Homer hat's trotzdem geschafft. Die Zuhörer haben den Anfang dieses merkwürdigen Duells im Gedächtnis behalten und durch viele Generationen weitergetragen, und euer Dichter Bert Brecht hat eine Bühnenszene daraus gemacht.

So haben die beiden also begonnen: Der Hesiod hat die Zeilen immer kniffliger ausgedacht, doch der Homer ist um Antwort nie verlegen gewesen, und weil keiner bislang einen Fehler gemacht hat, streiten sie eben heute noch. Allmählich hängt's uns zum Halse heraus, das mit den dampfenden Hälsen der Pferde. Ich schreibe euch den überlieferten Anfang ins Blaubuch – er steht schon drinnen –, doch jetzt muss ich verschwinden! Der Homer ist ein ziemlich gewalttätiger Alter, und wenn der um sich schlägt, geht's leicht ins Auge. Ich bin dann der einzige, der ihn besänftigen kann, denn ich weiß noch ein paar Geschichten von Troja, die er nicht kennt, damit zähme ich ihn.«

»Halt, Küssü – und der dritte Punkt?«

»Den sagt euch der Christian! Salam alaikum!«

Kräuselung; Schellenklirren; ein Rüchlein Smyrna, und der Sprachgeist flog an den Bosporus.

»Der dritte Punkt«, sagte Herr Morgenstern lächelnd, »war ein Aufnahmeantrag der Computersprachen. Die streben, vor allem PERLT und ALGOL, hartnäckig in unsern Verein, aber wir lehnen hartnäckig ab!«

»Die armen Computer!« (Natürlich Gabi)

»Wie kann man die dampfenden Hälse der Pferde bloß weiterdichten, Leute?«, grübelte Caroline mit gefurchter Stirn.

»Vielleicht gab's *doch* einen Rossschlachter dort.« (Monica)

Es läutete, bim-bam, übers Tal, und Herr Morgenstern hob an zu schwinden.

»Erzählst du mir wieder was heute Nacht?«, fragte Jens.

»Kultürlich«, sagte Herr Morgenstern, »und nicht nur dir! Ein jeder von euch soll sich was wünschen – heut Nacht geht alles in Erfüllung! Aber jetzt lauft, es gibt Rührei mit Schinken. Und morgen dann habt ihr erst mal zu lesen, im Blaubuch steht so allerhand.«

Er zwinkerte und entschwand im Zwinkern, und sanftes Funkeln durchzog den Raum.

Die Kinder eilten auf die Straße, und durchs Abendrot stieg eine Sternschnuppe aufwärts, aber das sahen nur sie allein.

Für die andern drängten sich Wolken am Himmel, und die waren grau wie jeden Tag.

1. Materialien zum »Turm von Babel«

Der Bericht des Herodot

In Assyrien gab es eine Menge großer Städte, die berühmteste und mächtigste darunter aber war Babylon, wo sich seit der Zerstörung von Ninos auch das Hoflager des Königs befand. Diese gewaltige Stadt liegt in einer weiten Ebene und bildet ein Viereck, das auf jeder Seite hundertzwanzig Stadien lang ist. Der Umfang der Stadt beträgt also im Ganzen vierhundertachtzig Stadien. Babylon ist nicht nur eine so große, sondern auch eine so prächtige Stadt wie keine andere der mir bekannten Städte. Außen ist sie zuerst von einem breiten, tiefen, nassen Graben umgeben und dahinter von einer Mauer, welche fünfzig königliche Ellen breit und zweihundert hoch ist. Die königliche Elle aber ist noch drei Fingerbreit länger als die gemeine Elle.

Hier muss ich auch gleich erwähnen, wozu die Erde aus dem Graben verwendet und wie die Mauer hergestellt wurde. Gleich beim Auswerfen des Grabens wurden aus der dabei herausgeschafften Erde Ziegel gestrichen und diese dann, wenn genug davon fertig waren, in Ziegelöfen gebrannt. Als Mörtel diente ihnen heißer Asphalt, und zwischen je dreißig Ziegelsteinschichten wurde ein Rohrgeflecht eingemauert. Auf diese Weise baute man erst den Grabenrand und dann die Mauer. Oben auf der Mauer, am Rande, baute man einstöckige Türme, je zwei einander gegenüber, zwischen denen genügend Platz blieb, dass ein vierspänniger Wagen hindurchfahren konnte. Rundherum in der Stadtmauer sind hundert Tore, ganz von Erz, auch die Türstürze und Pfosten …

… Mitten in jedem der beiden Stadtteile befindet sich ein festungsartiger Bau, in dem einen die mit hohen und festen Mauern umgebene Königsburg, in dem anderen der auch zu meiner Zeit noch vorhandene Tempelbau des Zeus Belos, mit ehernen Toren. Er bildet ein Viereck, und jede Seite ist zwei Stadien lang. Mitten darin steht ein mächtiger Turm, ein Stadion lang und breit, und auf diesem ein zweiter, darauf noch einer, und so im Ganzen acht Türme, immer einer auf dem anderen. Außen um die Türme herum führte eine Wendeltreppe nach oben. Auf halber Höhe ist ein Ruheplatz mit Bänken, wo man sich beim Aufstieg hinsetzen und ausruhen kann. Auf dem obersten Turme ist ein großer Tempel, in welchem ein großes, wohlbereitetes Bett und daneben ein Tisch steht, in dem aber kein Götterbild angebracht ist. Auch des Nachts schläft niemand da oben, es sei denn etwa hin und wieder ein Weib, das der Gott sich unter den Töchtern des Landes ausgesucht, wie die Chaldäer, die Priester dieses Gottes, behaupten. (Buch I, Kapitel 179–181)

Anmerkungen: *Herodot* – um 484–425 v.u.Z. Besuch in Babylon um 458 v.u.Z.
Stadion – Mehrzahl Stadien, Längenmaß = 178,6 Meter
»Des Königs« – der persische König Kyros
Zeus Belos – griechischer Name der semitischen Gottheit Baal

Technische Maße des Turmes: Aus babylonischen Texten geht hervor, dass der Turm sieben Stockwerke von 33,18 und dann weiter je 6 Meter Höhe zählte, während der eigentliche Tempel auf der obersten Plattform 15 Meter maß. Insgesamt war der Turm auf einer Basis von 90 mal 90 Metern 90 Meter hoch. Für ihn wurden 85 Millionen Ziegelsteine verwendet.

Diese Angaben werden durch die Ergebnisse der Ausgrabungen bestätigt. Herodots Bericht ist ungenau.

2. Aus dem Mythos vom Flug des Helden Etana zum siebenten Himmel

Der Adler sagte zu ihm, zu Etana:
»Wohlan, mein Freund, ich will dich tragen zum Himmel der Ischtar;
...
Auf meine Seiten lege deine Seiten,
Auf die Schwungfedern meiner Flügel lege deine Hände!«

Auf seine Seiten legte er seine Seiten,
Auf die Schwungfedern seiner Flügel legte er seine Hände.

Als er ihn eine Meile emporgetragen hatte, sagte der Adler:
»Mein Freund, blicke hin, wie das Land geworden ist!«
»Vom Lande ist nur so viel zu sehn wie eine Hütte,
Und das weite Meer ist so groß wie ein Hof.«

Als er ihn die zweite Meile emporgetragen hatte, sagte der Adler:
»Mein Freund, blicke hin, wie das Land geworden ist!«
»Das ist geworden zu einem Kuchen,
Und das weite Meer ist so groß wie ein Brotkorb.«

Als er ihn die dritte Meile emporgetragen hatte, sagte der Adler:
»Mein Freund, blicke hin, wie das Land verschwunden ist!«
»Ich blicke hin, wie die Erde verschwunden ist,
Und am weiten Meere sättigen sich meine Augen nicht!
Mein Freund, ich will nicht zum Himmel aufsteigen,
Mache halt, dass ich zur Erde zurückkehre!«

Eine Meile fiel er hinab:
Der Adler stürzte hinunter gleich ihm.
Eine zweite Meile fiel er hinab:
Der Adler stürzte hinunter gleich ihm.
Eine dritte Meile fiel er hinab:
Der Adler stürzte hinunter gleich ihm.

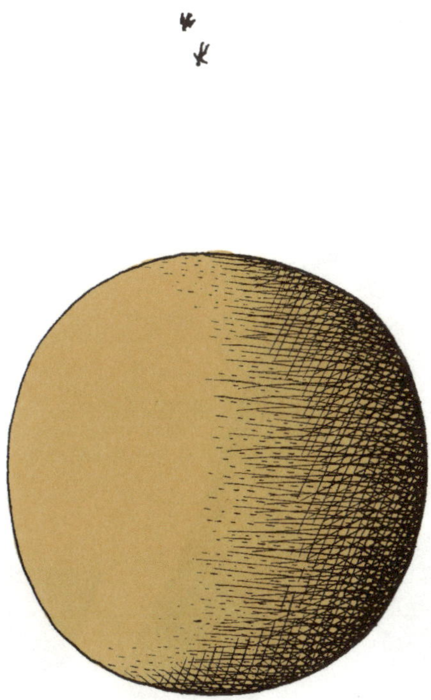

Anmerkungen: Der Text stammt aus der Tontafel-Bibliothek des berühmten Königs Assurbanipal. Der Schluss ist verloren gegangen – wir wissen nicht, ob Etana und der Adler den Sturz überlebt haben.

Ischtar – babylonische Göttin

AUFGABEN: Überlegt, ob ihr anderswo bestimmten Zügen dieses Mythenstücks begegnet seid.

Erinnert euch aller bekannten Märchen und Mythen von Menschen, die zu fliegen wagten, und vergleicht sie genau mit diesem Text, ob ihr Übereinstimmungen feststellen könnt.

3. Der Streit zwischen Hesiod und Homer

Hesio
Home
Hesio
Home
Hesio
Home
Hesio
Home
Hesio
Home
Hesio
Home
Hesio
Home

Rindfleisch gab es zum Mahl und die dampfenden Hälse der Pferde
Lösten sie unter dem Joch; sie hatten sich müde gestritten.
Keiner ist so voll Eifers an Bord wie der Phryger, der Faulpelz
Ruft man die Mannen am Strande zur Nacht, das Essen zu fassen.
Der war tapfer vor allen im Kampf und immer in Ängsten
Bangte die Mutter um ihn; ist Krieg doch hart für die Frauen.
ie aber schmausten von früh bis spät, und hatten doch gar nichts
Mitgebracht, doch der Wirt gewährte es ihnen in Fülle.
Rüstig packten sie an mit der Hand die lodernde Feuersglut
Gar nicht achtend, ihr Boot ins löschende Wasser zu ziehen.
Als sie nun aber gespendet und ausgetrunken die Salzflut
Abermals zu befahren bereit mit gebordeten Schiffen
Rief Agamemnon laut zu den Göttern allen: Verderbt uns
Nicht auf dem Meere …

AUFGABEN:

Überlegt, ob euch nicht ähnliche Beispiele des Weiterführens von etwas, das man nicht selbst begonnen hat, als Spiel oder Spaß begegnet sind.

Versucht Gesetze herauszufinden, auf denen diese Art von Sprachspielen beruht.

Denkt euch ähnliche Aufgaben aus.

4. Lernt die Abwandlungskraft eurer Sprache kennen

Ihr habt fünf Unsinnswörter:
QUARM – QUERM – QUIRM – QUORM – QUYRM
Bildet aus ihnen mit Hilfe grammatikalischer Formelemente wie -en, -er, -e, -s, -st, -t und so weiter sowie mit Verneinungen, Artikeln, Fürwörtern und Verbindungen wie »weil«, »wenn«, »dass«, »und« und so fort und schließlich durch Groß- und Kleinschreibung und Interpunktionen möglichst viel grammatisch richtig geformte Sätze, die einen Sinn geben würden, wenn die Wörter selbst eine Bedeutung annähmen.

Beispiel: Quarmt quermer, Quirme!

Beachtet Unterschiede wie:

Ein Quyrm quormt	oder:	Quarmt quermer, Quirme!
Der Quyrm quormt		Quarmt quermere Quirme!
Quyrm quormt		Quarmt, quermere Quirme!

und versucht, diese Unterschiede genau zu bestimmen.

Spinnt zu den Unsinnssätzen Geschichten.

Macht die Sätze sinnvoll, indem ihr den Unsinnswörtern Bedeutungen verleiht, und benutzt die günstige Gelegenheit, komplizierte Bedeutungen durch ein einziges Wort ausdrücken zu müssen. (Macht das feierlich!)

Verleiht solche Bedeutungen, dass berühmte Worte oder Sprüche entstehen.

Beispiel: Quyrme quormen. = Junge Pioniere* halten Ordnung und Sauberkeit.

Oder: Wer quarmt, muss quermen! = Wer schaffen will, muss fröhlich sein!

(Überflüssige Bemerkung: »quarmen« heißt hier natürlich: »schaffen wollen«, und »quermen«: »fröhlich sein«.)

Entdeckt Wörter der Alltagssprache, deren Aussage man ohne diese Ausdrücke überaus umständlich wiedergeben müsste, wie etwa »sich mopsen« durch: »sich – nicht ganz ohne eigene Schuld – auf eine stumpfsinnige, aber von der Gesellschaft für nützlich gehaltene Weise langweilen zu müssen, ohne es sich, eben wegen der gesellschaftlichen Sinngebung, in vollem Umfang anmerken lassen zu dürfen.«

Bedankt euch bei solchen Wörtern in feierlichen Zeremonien, dass es sie gibt.

Stellt Kataloge von Sachverhalten zusammen, die nach eurer Erfahrung häufig vorzufinden, aber nur umständlich auszudrücken sind, weil es für sie kein treffendes Wort gibt, obwohl es eurer Meinung nach eines geben sollte, zum Beispiel für: »Eine Meinung heucheln und dafür noch belobigt werden, wiewohl jeder und auch der Lobende weiß, dass die Meinung eben geheuchelt ist.« Überlegt, ob solch ein Wort vom Tatbestand des Heuchelns oder dem des Lobens ausgehen müsste.

Denkt euch für solche Sachverhalte besonders treffende Wörter aus (und damit geben wir euch wieder ein Problem: Kann überhaupt ein solch frei erfundenes Wort etwas treffen?) und reicht sie mit einem formvollendeten Antrag auf Erweiterung der Sprachmöglichkeiten bei der Duden-Redaktion ein.

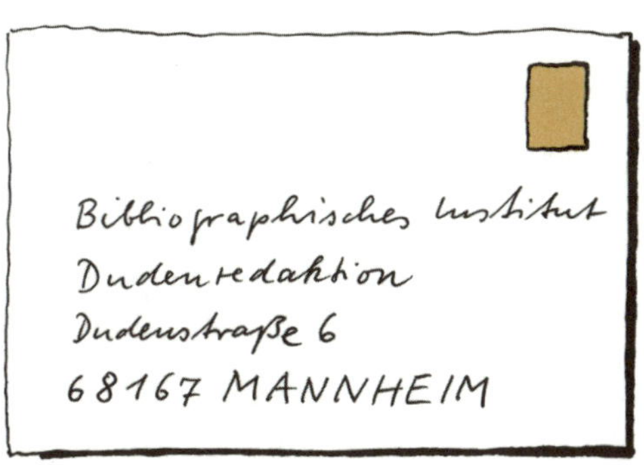

5. Lernt Bedeutungsunterschiede kennen

Sammelt Wörter, die Ähnliches bezeichnen, etwa alle Tätigkeitswörter für »sich schnell bewegen«, also »laufen«, »hasten«, »eilen«, »sich sputen«, »rennen«, »pesen«, »die Beine in die Hand nehmen« und so weiter, und versucht, ihren Bedeutungsunterschied genau anzugeben. Ihr findet solche Zusammenstellungen im »Synonymwörterbuch«, das ihr bei Herrn Leipzig einsehen könnt. Bedenkt, dass niemals zwei Wörter vollkommen gleichbedeutend sind.

Leider gibt es in unserem Buchhandel kein Werk (nur manchmal, höchst selten, findet man eines im Antiquariat), in dem nicht nur die bedeutungsähnlichen Wörter verzeichnet, sondern auch ihre Bedeutungsunterschiede angegeben sind.

Zur Anregung bringe ich euch ein Beispiel solcher vergleichenden Betrachtung, das ich dem »Versuch einer allgemeinen teutschen Synonymik« von Eberhard/Maaß, in der ersten Auflage erschienen 1795, entnommen habe:

BEGEGNEN. ZUSAMMENTREFFEN

Übereinstimmung: An einem Ort zugleich anlangen.

Verschiedenheit: Zusammentreffen heißt dies in jedem Fall; Begegnen nur, sofern die zusammentreffenden Dinge aus entgegengesetzten Richtungen kommen. – Ich werde mit meinem Freunde nach Halberstadt reisen. Er will aber durch das Mansfeldische gehen, und ich über Bernburg. Erst in Aschersleben werden wir, unserer Abrede nach, zusammentreffen, nicht: uns begegnen.

SCHMACKHAFT. WOHLSCHMECKEND

Übereinstimmung: Was dem Sinn des Geschmacks angenehm ist.

Verschiedenheit: Es kann aber dem Sinne des Geschmacks manches nicht angenehm sein, weil es einen Geschmack haben sollte, und keinen hat; dieses ist nicht schmackhaft; was nicht nur einen Geschmack hat, sondern auch einen angenehmen, das ist wohlschmeckend.

Das Wasser ist am besten, wenn es weder an sich schmackhaft noch wohlschmeckend ist … Eine Arzenei aber nehmen wir, auch wenn sie höchst unangenehm schmeckt. Wenn daher der Arzt durch eine Zumischung ihr einen angenehmen Geschmack gegeben hat, so sagen wir nicht, daß er sie schmackhaft, sondern wohlschmeckend gemacht hat.

6. Lernt Interpunktionen kennen

Lernt Interpunktionen kennen, indem ihr die Unterschiede solcher Satzfolgen und Sätze zu beschreiben versucht wie:

Quarme quermen! Quirme quormen!
Quarme quermen. Quirme quormen!
Quarme quermen. Quirme quormen.
Quarme quermen; Quirme quormen.
Quarme quermen, Quirme quormen.
Quarme quermen? Quirme quormen!
Quarme quermen: Quirme quormen.

Wie müsste das letzte Wort derselben Folge aussehen, wenn unmittelbar nach dem zweiten Wort kein Satzzeichen stände, also: Quarme quermen Quirme –

Überlegt, ob es noch andere Lösungen dieser Aufgabe geben kann. [18]

Stellt Kataloge der Leistungen von grammatischen Formelementen wie »e«, »er«, »en« zusammen.

Macht Versuche mit der Vergangenheitsbildung durch Ablaute.

Überlegt, warum man statt: Der Quarm quarmte
sagen könnte: Der Quarm quarm,
aber nicht: Der Quarm querm.

(Solche Wendungen gibt es tatsächlich, zum Beispiel: Das Schweinchen hoffte Futter zu finden, aber der Trog trog. Knobelt weiter!) [19]

Denkt euch statt der Satzzeichen Wörter oder statt der Verbindungswörter bestimmte Zeichen aus, sodass der Satz:

Du quirmst?
etwa heißen könnte:
Du quirmst quag

und: Wenn Quarm quermt, dann quirmt Quorm
vielleicht so ausschaun könnte:
$\sqrt{\text{Quarm quermt quig}}$ $\sqrt{\text{Quorm quirmt}}$

Diskutiert, ob man Buchstaben durch Zahlen und Sprache insgesamt durch Mathematik ersetzen könnte.

(Pädagogische Bemerkung: Wenn's euch zu blöd wird, hört Beat oder kegelt – das geht noch eine ganze Weile so weiter!)

7. Lernt Vokale kennen

Gabi hat so nett gesagt: Mein allarlabstar Küssülü – und das erinnert uns an einen alten Scherz. Es gibt ein Blödelliedchen, das so lautet:

Drei Assyrer mit dem Kontrabass
saßen auf der Straße und erzählten sich was.
Da kam die Polizei: Ei, was ist denn das?
Drei Assyrer mit dem Kontrabass.

Manche kennen diese Trällerei vielleicht mit einem anderen Volksnamen – wir haben hier das Wort »Assyrer« zu Ehren unsres Babylonischen Turms hingesetzt.

Diese Strophe soll nun so deklamiert oder nach irgendeiner Melodie gesungen werden, dass durchweg nur ein Vokal oder Doppelvokal verwendet wird und also zunächst eine Variation über das Thema »a«, dann eine über »e« bis schließlich zum »ei« und »eu« ertönt. Wir schreiben euch als Beispiel die auf »au« hin:

Drau Aussauraur maut daum Kauntraubauß
saußaun auf daur Straußau aund aurzauhltaun sauch waus.
Dau kaum dau Paulauzau: Jau, waus aust daun daus?
Drau Aussauraur maut daum Kauntraubauß!

Wenn ihr richtig gesungen habt, muss euch die Backe weh tun.
(Mittel gegen Maulsperre: Eine runterhaun, aber feste!)

Drau Aussauraur – klingt das nicht, als ob ein ganz böser und grimmiger Militärmann mit Pickelhaube und Schnauzbart einen ganz bös und grimmig anschnauzen täte?

Versucht jeden Vokal solcherart zu charakterisieren, wobei ihr manchmal auch auf helle oder dunkle Aussprache achten müsst, zum Beispiel beim ö – man kann es flöten, doch man kann es auch röhren!

Wandelt nun Gedichte aus dem Lese- oder dem Liederbuch auf diese Weise ab. Prüft, welche Gedichte durch diese Behandlung gewinnen, bei welchen ihr das lustig findet und bei welchen euch das Gefühl befällt, man dürfe so mit ihnen nicht umgehn. Stellt Listen dieser Gedichtsorten zusammen und streitet hartnäckig über Zweifelsfälle, wobei der Berühmtheitsgrad eines Dichters kein Argument eurer Diskussion sein sollte.

Diskutiert, ob man solche Respektlosigkeit als ungebührlich tadeln muss.

8. Noch immer Vokale

Dichter haben immer wieder versucht, die Vokale als Farben zu empfinden und zu schildern. Ein berühmtes Beispiel dafür ist ein Gedicht des Franzosen Arthur Rimbaud, über dessen merkwürdiges Schicksal ihr euch aus dem Lexikon informieren könnt.
(Grundsätzliche pädagogische Bemerkung: Beschafft euch zu allen Personen, die wir euch noch nennen sollten, biographische Angaben aus Nachschlagewerken!)

Das Gedicht Rimbauds ist für euch noch zu schwierig; es würde euch einen Schreck vor Gedichten einjagen, deswegen schreiben wir euch nur seine Vergleiche auf:

a schwarz wie der Leib von Fliegen, die Aas überschwirren, wie Tale voll Schatten;

e weiß wie aufsteigende Dämpfe, wie ein Zelt, wie ein Gletscher;

i rot wie ein Lachen aus schönen Lippen,
wie ein Blutsturz;

o blau wie die Posaunen des Jüngsten Gerichts,
wie die blauen Strahlen aus dem Auge
Gottes (beides auf alten Bildern);

u grün wie die Wellen des Meeres, wie Weidegrund,
wie Runzeln auf der Stirn des Gelehrten.

Wahrscheinlich werdet ihr die meisten Vokale anders sehen, und manche Vergleiche werden euch verschroben vorkommen. Wir haben dennoch gewagt, sie als Anregung hier aufzuschreiben, wobei ihr noch bedenken müsst, dass Rimbaud seine Sicht aus dem Klangerlebnis seiner französischen Muttersprache sowie in einer nur schwer mit der unsern vergleichbaren Epoche gewonnen hat.

Aber versucht, dieser Anregung zu folgen und Vokale ebenfalls als Farben zu sehen oder als die Stimmen von Musikinstrumenten zu hören, und stellt sie euch schließlich als Menschen oder als persongewordene Eigenschaft in Gestalt von Fabelwesen vor, die phantastische Geschichten erleben.

(Beispiel: Vielleicht denkt ihr euch das o als etwas kleines Dickes und das i als ein dürres Langes, dann könntet ihr eine Geschichte über einen Hirten und seinen Hort spinnen, oder über eine pummelige Rose und einen bammeligen Riesen – der ist so lang, dass er zur Unterstützung noch ein e braucht, und wenn er sich gar zu sehr reckt, kriegt er Risse – oder über die merkwürdigen Abenteuer des dicken »wo« und des dürren »wie«, oder was wohl geschehen wäre, wenn das Rumpelstilzchen statt Rumpelstilzchen Rumpelstolzchen geheißen hätte.)

9. Und die Konsonanten?

Überlegt, ob man das Verfahren der »Drau Aussauraur« auch auf Konsonanten anwenden kann.

Versucht die Gründe für die offenbare Unzweckmäßigkeit dieser Methode herauszufinden.

Überlegt, welche Möglichkeiten es geben könnte, Konsonanten kennen zu lernen.

Versucht Sätze zu bilden, bei denen sämtliche Wörter mit dem gleichen Konsonanten beginnen. Stellt fest, bei welchen Konsonanten das verhältnismäßig leicht möglich ist, bei welchen es große Mühe macht und bei welchem man dies gar nicht kann (es sei denn, man bildet Befehlssätze).

Die Technik, wichtige Wörter einer Verszeile mit dem gleichen Konsonanten (oder mit einem Vokal) beginnen zu lassen, nennt man Stabreim. Sie ist eine Eigentümlichkeit altgermanischer Dichtung, und noch das zu Anfang des 9. Jahrhunderts entstandene Hildebrandslied, das zum großen Teil schon in althochdeutscher Sprache geschrieben ist, wendet sie an. Hier das Beispiel einer Stabreimzeile aus diesem Lied:

*H*iltibrant enti *H*adubrant untar *h*eriun tuem
*H*ildebrand und *H*adubrand zwischen zwei *H*eeren

Seht ihr, wie diese drei H die Zeile gleich Nieten zusammenhalten und sie, wie Nietköpfe manchmal, auch schmücken? Man könnte sie auch als Pfeiler einer Brücke begreifen, auf denen die Last des Gesamtbaus ruht und die dem Gefüge Schönheit verleihen.

»Hildebrand und Hadubrand standen zwischen zwei Kampfscharen« – das wäre eine Zeile aus einem Prosabericht.

»Hildebrand und Hadubrand zwischen zwei Heeren« – das ist eine Zeile aus einer Dichtung.

Versucht, diese Leistung des Zusammen-Haltens und Halt-Gebens auch bei anderen Reimarten zu erfühlen.

Geht dabei von den einfachsten Beispielen aus und überlegt, ob euch das Abzählverslein:

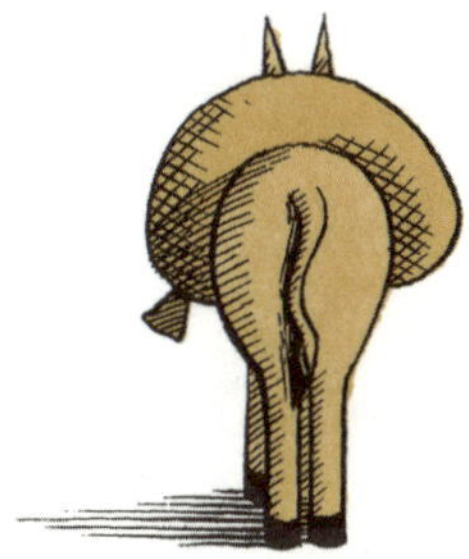

Ich und du
Müllers Kuh
Bäckers Esel – das bist du!

auch in dieser Form
gefallen würde:

Ich und du
Müllers Ochse
Bäckers Esel – du bist das!

Hört und fühlt ihr den enormen Unterschied, den diese beiden winzigen Änderungen in der zweiten und dritten Zeile bewirken? Seltsame Sache, nicht wahr – das, was man die Aussage dieses Gedichtleins nennt, scheint in beiden Fällen doch gleich zu sein: In der ersten Zeile werden ein »Ich« und ein »Du« mit Hilfe eines »und« als ein Paar vorgestellt, und dann erscheinen auch je zwei Gestalten, die zu der Zeit, da dies Sprüchlein entstand, Paare alleralltäglichsten Alltags waren: Der Müller und die Kuh (der Ochse), daneben der Bäcker und der Esel. Diese Paare aber sind Paarungen Ungleicher, und ihre Einzelglieder – Mensch und

Tier – sind statt des »und« durch den Genitiv zusammengefasst, wodurch Unterordnung ausgedrückt wird: Müllers Kuh; Bäckers Esel. Nicht Gleicher und Gleicher, sondern Oberer und Niederer, Herr und Sklave, Gebieter und Gehorcher, Besitzer und Besitz stehen vor uns, und nun wird von einem Mitspieler, einem bislang als Gleicher unter Gleichen empfundenen »Du«, behauptet, das liebe Vieh so einer Zweiheit zu sein (man hat sich ja immer vorzustellen, dass der Finger des Abzählers bei jeder Silbe auf einen Spieler der Runde zeigt). Der solcherart zu einem »Du« von Tieren Erklärte ist damit aus dem Kreis der Spielgefährten gestoßen, er ist gewissermaßen verhext und kann erst erlöst sein, wenn er eine Aufgabe erfüllt, meist die, seinen Nachfolger zu fangen. In diesem alten Abzählverslein lebt also tief verborgen ein Märchen, in dem wieder eine Mythe steckt, eine Verhexung zur Tiergestalt und eine Erlösung, doch nun geschieht das Staunenswerte: Diese Märchenerinnerung wird erst durch die Formgebung mit Reim (und Rhythmus) heraufbeschworen, erst dadurch wird dies Verslein zum Spielanfang tauglich, auch wenn das den Spielenden gar nicht bewusst wird.

Vergleicht nun nochmals die beiden Formen und untersucht ganz genau die sprachliche Veränderung. Sagt nicht einfach: »Ein bisschen anders – nu reimt sich's nicht«, sondern stellt fest: Die erste Zeile ist unverändert geblieben, in der zweiten wurde das Wort »Kuh« durch das beinah gleichbedeutende »Ochse« ersetzt, und in der dritten Zeile wurden die letzten drei Worte so umgruppiert, dass das drittletzte mit dem letzten die Plätze tauschte. Solche winzigen Eingriffe im Einzelnen – und welche Veränderungen im Ganzen! Die tiefe Bedeutung ist wie die Lustigkeit geschwunden, und übrig blieb eine plumpe Anpflaumerei, mit der kein Kind würde spielen wollen!

Ähnliches Beispiel: Winzige Änderungen im Gesicht können einen Menschen völlig entstellen.

Beginnt zu begreifen, was die Form vermag!

Fragt Herrn Leipzig nach Büchern, aus denen ihr mehr über die verschiedenen Arten von Reimen erfahren könnt.

Sammelt Beispiele des Stabreims aus Redewendungen, zum Beispiel: mit *M*ann und *M*aus; mit *K*ind und *K*egel; *s*amt und *s*onders; und noch elftausend andere.

Sucht Stabreimbeispiele aus bekannten Gedichten, aus Buchtiteln, aus Überschriften, von Plakaten, aus Reden und erkennt, dass unsre Welt von Stabreimen wimmelt.

Richtet ein Stabreim-Aquarium ein und beobachtet, was diese Tierlein am liebsten fressen.

Seid nett zu ihnen: Sie sind manchmal nützlich.

Doch nun wieder zurück zum Ausgangspunkt.
Untersucht, welche Konsonanten sich in einer Silbe zu Gruppen verbinden können und welche nicht. Wichtig: in einer Silbe, nicht durch Silbenzusammenstoß. (Beispiel: b wohl mit r, aber b nicht mit m!)

Untersucht, mit welcher dieser Gruppen ein Wort im Deutschen beginnen oder enden könnte.

Sucht Wörter mit möglichst viel Konsonanten oder genauer: mit dem höchsten Verhältnis von Konsonanten zur Silbenzahl, oder noch genauer: mit dem höchsten Verhältnis von Buchstaben, welche Konsonanten bezeichnen, zur Silbenzahl. Das Wort »Lokomotive« etwa hat fünf Konsonanten und demnach mehr als das Wort »glatt«, doch da »glatt« einsilbig und »Lokomotive« fünfsilbig ist, zieht »glatt« glatt am Dampfross als der Sieger vorbei und überrundet mit einem Quotienten von 4:1 auch noch ein Wort wie etwa »schmauchen« (7:2). Natürlich: Größter gemeinsamer Nenner, also: Lokomotive 5:5 = 10:10, schmauchen 7:2 = 35:10, glatt 4:1 = 40:10!

So, und nun zur Erholung ein paar sehr schöne Stabreimsätze:

Kasprige Kasperle kitzeln kräftig kitzlige klitzekleine Kitze.

Sardinen sind sehr selten Sardellen,
sagen sachkundige sardische Sammler.

Knabbernde Knaben knebeln krabbelnd
knatternde knubblige Knödelesser.

Babett brät behende brutzlige Braten brezelbraun.

Schreckliche Schrecken schrecken
scheckige Schecken schrecklich scheckig.

Du, der du das Denken dieses durchtriebenen Diplomaten, der drei davongelaufene Dackel dummdreist der derben drallen Dame, die den düsteren Dolmetscher, der das Drama, dass die dürre demütige Dienerin, die dem dicken Dichter, der dem durch den dampfenden dornigen Dschungel dribbelnden Derwisch das Dutzend Damaszener Datteln draufgab, dankte, danach darbte, duldete, drosch, darzubieten dachte, durchkreuztest, darfst dir dafür diesen Dienstag dann draußen dreißig delikate Drachen dörren!

10. Immer noch Konsonanten

Man kann aber auch Sätze bilden, ja ganze Geschichten erzählen, in denen ein bestimmter Konsonant ausgespart wird. Das ist natürlich kein Kunststück bei einem x oder einem qu, aber bei häufig gebrauchten ist's schon nicht mehr so einfach.
Ein berühmtes Beispiel solchen Spaßes hat der Dichter Friedrich Rückert gegeben, von dem wir euch schon Rätsel mitgeteilt haben. Dieser heute kaum mehr bekannte Dichter hat sich bemüht, dem deutschen Leser noch nie vernommene Erzählarten der morgenländischen Völker vorzustellen, so auch die MAKAME, eine merkwürdige Art gereimter Prosa, die ihr am besten an einer Leseprobe kennenlernt.

Jene Makame heißt »Die Bittschrift« und gibt eben eine Bittschrift wieder, die ein Mann, der kein r aussprechen konnte, seinem Scheik vorzutragen genötigt war. Diese Bittschrift musste dem Scheik wohllautend schmeicheln, sie musste ihn preisen und rühmen und in den höchsten Himmel des Lobes erheben, und dies alles ohne den Buchstaben r, den unser armer Beduine nun einmal nicht aussprechen konnte. Wir setzen den Anfang dieser langen Makame hierher, darin der Bittsteller die Milde und Hochherzigkeit des Scheiks mit jener Überschwänglichkeit schildert, die im Morgenland zur Wohlerzogenheit gehört:

Milde ist eine Tugend, – ewig jung sei deine Jugend! – Geiz ist ein Schandflecken; – deines Neidenden Auge müsse Nacht decken! – Edle Hand gibt Spenden, – unedle läßt abziehen mit hohlen Händen. – Den Gebenden schmückt, – was den Empfangenden beglückt; – und das Gold, das Dank aufwägt, – ist wohl an- und ausgelegt. – Zufließt's von innen dem Quelle, – wenn außen abfließt die Welle; – und Ausfluß des Sonnenlichts – gibt uns und benimmt dem Himmel nichts. – Wessen Gemüt ist aus edlen Stoffen, – hält sein Haus dem Gaste offen, – seinen Schutz dem Flehenden – und seinen Schatz dem Gehenden. – Solange dein Gast weilt, heiß ihn nicht eilen, – noch weilen, wenn du ihn siehest eilen; – und laß ihn ziehn mit Tasch' und Stabe – nicht ohne Lab' und nicht ohne Gabe. –

Soweit der Anfang von Rückerts r-loser Makame, und nun überlegt, ob man eine ähnliche Bittschrift ohne ein s oder ohne ein n aufsetzen könnte.

11. Und immer noch Konsonanten

Schlagt jetzt in der Grammatik nach, unter welchen Gesichtspunkten man dort die Konsonanten zu gruppieren versucht.

Stellt euch die Damen und Herren Konsonanten ebenfalls als Personen vor. Ihr werdet dabei wahrscheinlich bald merken, dass ihr zwei Ausgangsmöglichkeiten habt: den Klang und das Buchstabenbild. Versucht in euren Fabelgestalten beide Möglichkeiten zusammenzubringen.

(Einige Farbenvergleiche Rimbauds lassen sich aus der Buchstabenform begreifen, zum Beispiel: e = weiß wie ein Gletscher, wie ein [Leinen]zelt.)

Fragt eure Groß- oder Urgroßeltern, ob sie noch Bücher in deutscher Schrift, der so genannten Fraktur, besitzen, und vergleicht, wenn ihr sie entleihen dürft, dieses Buchstabenbild mit dem des Lateinischen, und dann beide mit dem des Kyrillischen. Versucht, euch ein griechisches Alphabet abzuschreiben (bei Herrn Leipzig), und vergleicht nun alle vier Ausdrucksformen.

Ὦ θείη Σαλαμίς, ἀπολεῖς δὲ σὺ τέκνα γυναικῶν
Ἤ που σκιδναμένης Δημήτερος ἢ συνιούσης.

Fraktur

LATEIN

С наилучшей рекомендацией

12. Und nun das ganze Alphabet

Wir haben bis jetzt schrecklich ernst geforscht – nun wollen wir uns wieder richtig ausspielen!

Als Muster habt ihr hier zwei berühmte Möglichkeiten – das Natur-Alphabet Wilhelm Buschs und das Politische Alfabet Bertolt Brechts.

Wilhelm Busch

Naturgeschichtliches Alphabet für größere Kinder oder solche, die es werden wollen

Im Ameishaufen wimmelt es.
Der Aff' frißt nie Verschimmeltes.

Die Biene ist ein fleißig Tier,
dem Bären kommt dies g'spaßig für.

Die Ceder ist ein hoher Baum,
oft schmeckt man die Citrone kaum.

Das wilde Dromedar man koppelt,
der Dogge wächst die Nase doppelt.

Der Esel ist ein dummes Tier,
der Elefant kann nichts dafür.

Im Süden fern die Feige reift,
der Falk am Finken sich vergreift.

Die Gems' im Freien übernachtet,
Martini man die Gänse schlachtet.

Der Hopfen wächst an langer Stange,
der Hofhund macht den Wandrer bange.

Trau ja dem Igel nicht, er sticht,
der Iltis ist auf Mord erpicht.

Johanniswürmchen freut uns sehr,
der Jaguar weit weniger.

Den Kakadu man gern betrachtet,
das Kalb man ohne weitres schlachtet.

Die Lerche in die Lüfte steigt,
der Löwe brüllt, wenn er nicht schweigt.

Die Maus tut niemand was zu Leide,
der Mops ist alter Damen Freude.

Die Nachtigall singt wunderschön,
das Nilpferd bleibt zuweilen stehn.

Der Orang-Utan ist possierlich,
der Ochs benimmt sich unmanierlich.

Der Papagei hat keine Ohren,
der Pudel ist meist halb geschoren.

Das Quarz sitzt tief im Berges-Schacht,
die Quitte stiehlt man bei der Nacht.

Der Rehbock scheut den Büchsenknall,
die Ratt' gedeihet überall.

Der Steinbock lange Hörner hat,
auch gibt es Schweine in der Stadt.

Die Turteltaube Eier legt,
der Tapir nachts zu schlafen pflegt.

Die Unke schreit im Sumpfe kläglich,
der Uhu schläft zwölf Stunden täglich.

Das Vieh sich auf der Weide tummelt,
der Vampyr nachts die Luft durchbummelt.

Der Walfisch stört des Härings Frieden,
des Wurmes Länge ist verschieden.

Die Zwiebel ist des Juden Speise,
das Zebra trifft man stellenweise.

WC

Bertolt Brecht Alfabet

Adolf Hitler, dem sein Bart
Ist von ganz besondrer Art
Kinder, da ist etwas faul:
Ein so kleiner Bart und ein so großes Maul.

Balthasar war ein Bürstenbinder
Der hatte 27 Kinder
Die banden alle Bürsten.
Sie lebten nicht wie die Fürsten.

Christine hatte eine Schürze
Die war von besonderer Kürze.
Sie hing sie nach hinten, sozusagen
Als Matrosenkragen.

Die Dichter und Denker
holt in Deutschland der Henker.
Scheinen Mond und Sterne nicht
Ist die Kerze das einzige Licht.

Eventuell bekommst du Eis
Heißt, daß man es noch nicht weiß
Eventuell ist überall
Besser als auf keinen Fall.

Ford hat ein Auto gebaut
Das fährt ein wenig laut.
Es ist nicht wasserdicht
und fährt auch manchmal nicht.

Gehorsam ist ein großes Wort.
Meistens heißt es noch: sofort.
Gern haben's die Herrn.
Der Knecht hat's nicht so gern.

Hindenburg war ein schlechter General
Sein Krieg nahm ein böses Ende.
Die Deutschen sagten: Teufel nochmal
Den machen wir zum Präsidente.

Indien ist ein reiches Land.
Die Engländer stehlen dort allerhand.
Die Leute in Indien
Müssen sich drein findien.

Katzen sind, wenn sie geboren
Werden, meistens schon verloren.
Da man sie ins Wasser hängt
Werden sie ertränkt.

Luise heulte immer gleich.
Der Gärtner grub einen kleinen Teich.
Da kamen alle Tränen hinein:
Ein Frosch schwamm drin mit kühlem Bein.

Mariechen auf der Mauer stund
Sie hatte Angst vor einem Hund.
Der Hund hatte Angst vor der Marie
Weil sie immer so laut schrie.

Neugieriges Lieschen
Fand ein Radieschen
in Tantes Klavier.
Das Radieschen gehörte ihr.

Oben im Himmel
Ist ein schwarzer Schimmel
Den zieht der liebe Gott.
Der Schimmel schreit: Hüh! Hott!

Pfingsten
sind die Geschenke am geringsten.
Während Geburtstag, Ostern und Weihnachten
Etwas einbrachten.

Quallen im Sund
Sind kein schöner Fund.
Die roten beißen.
Aber man soll keinen Stein drauf schmeißen.
(Weil sie sonst reißen.)

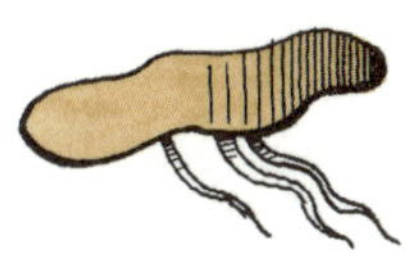

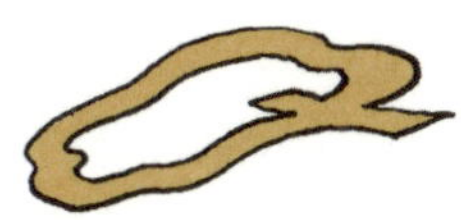

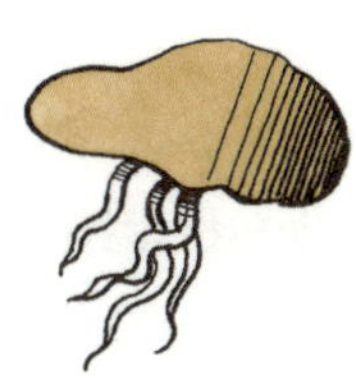

Reicher Mann und armer Mann
Standen da und sahn sich an.
Und der Arme sagte bleich:
Wär ich nicht arm, wärst du nicht reich.

Steff sitzt lang auf dem Abort
Denn er nimmt ein Buch nach dort.
Ist das Buch dann dick
Kommt er erst am nächsten Tag zurück.

Tom hat einen Hut aus Holz.
Auf den ist er schrecklich stolz.
Er hat ein Nudelbrett aufs Klavier gelegt
Und ihn ausgesägt.

Uhren wirft man nicht in den See.
Es tut ihnen zwar nicht weh
Sie können nur nicht schwimmen
Und werden danach nicht mehr stimmen.

Veilchen stellt ein braves Kind
In ein Glas, wenn es sie find't.
Findet sie jedoch die Kuh
Frißt sie sie und schmatzt dazu.

Wie bös man's mit dir meint
Darfst eines nicht vergessen:
Wenn der Rettich nicht weint
Wird er auch nicht gefressen.

Xanthippe sprach zu Sokrates:
»Du bist schon wieder blau?«
Er sprach: »Bist du auch sicher des!?«
Er gilt noch heut als Philosoph
Und sie als böse Frau.

Ypern in Flandern
1917
Mancher, der diesen Ort gesehn
Sah nie mehr einen andern.

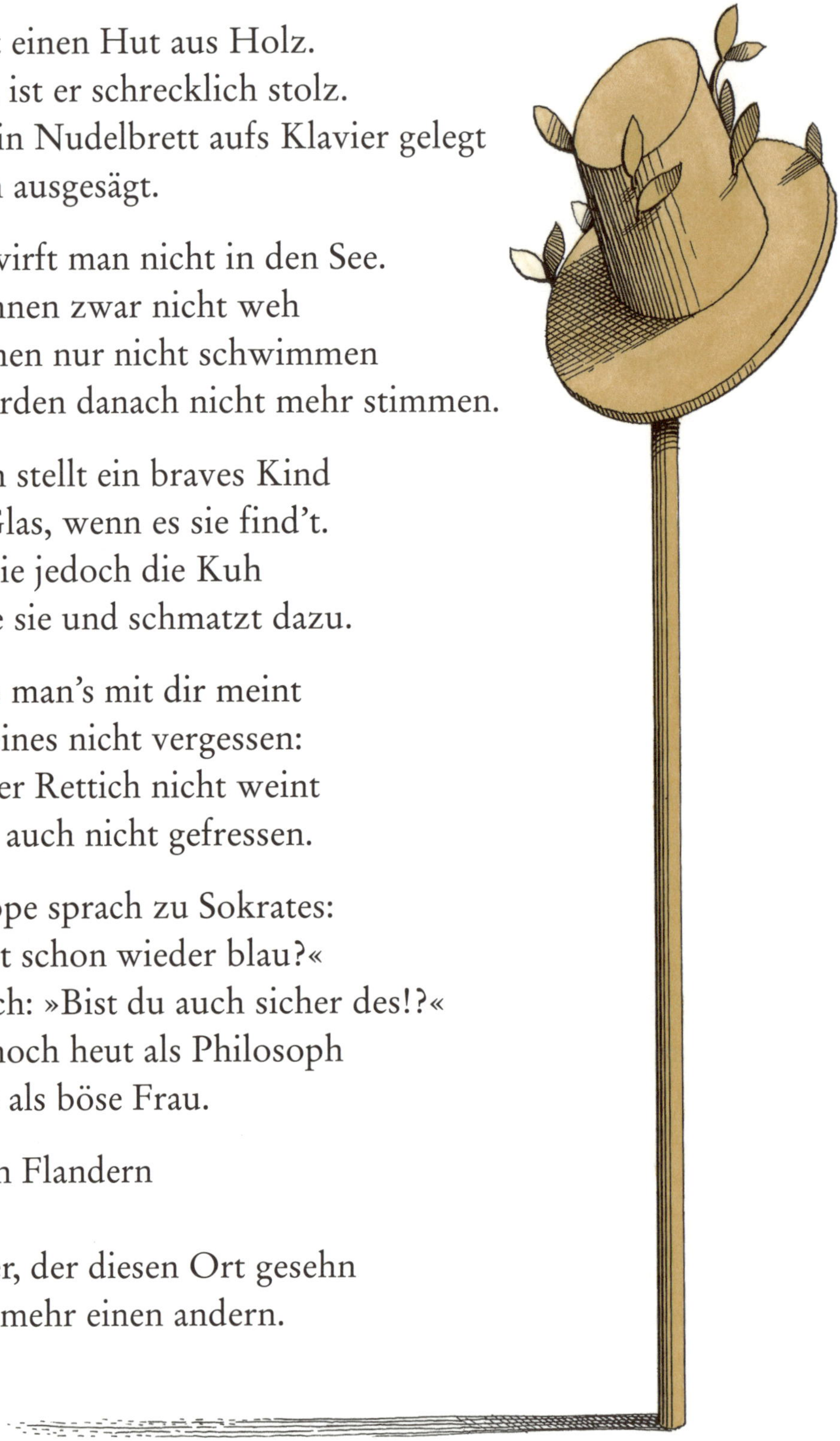

Zwei Knaben stiegen auf eine Leiter
Der Obere war etwas gescheiter.
Der untere war etwas dumm.
Auf einmal fiel die Leiter um.

So, das waren zwei Beispiele. – Wenn ihr einmal viel Zeit habt, könnt ihr darüber streiten, welche Strophen ihr besonders gelungen fandet, welche euch so lala und welche euch gar nicht gelungen schienen. Doch zuerst bildet selbst solche Alphabete (und zwar reimlose), und legt Regeln für ihre Bildung fest. Ihr könnt Alphabete als botanische Gärten aufbauen – jeder Mitspieler pflanzt ein Gewächs längs des Abc an, der erste also einen Ahorn, der zweite eine Buche, der dritte eine Christrose, der vierte meinetwegen Dreiblättrigen Klee, der fünfte Enzian, na und so fort bis zur Zeder, Zitrone und Zypresse und dem Zimtstrauch und der Zyklame dazu (immer auch angeben, was das ist, also: Zyklame = Alpenveilchen). Genau so kann man Tiergärten aufbauen, Reisen unternehmen, ein Hochhaus mit Berufen bevölkern, eine Künstler-Akademie gründen, die Geschichte heraufbeschwören, und was euch noch alles so einfallen mag! Man kann dieses Reihum-Spiel (natürlich mit Pfändern!) später erweitern, indem man zu jedem Namen eine stabreimende Charakteristik verlangt – sei es eine Eigenschaft, eine Tätigkeit, einen Wohnort, eine Lieblingsspeise, einen Rufnamen, einen Spielgefährten – beim Aufbau eines Zoos zum Beispiel so:

Der *a*lte *A*dler *A*lbert *a*lberte nach dem *A*bendessen mit dem Römerkaiser *A*ugustus in den *A*lpen herum.

Am besten geht dies bei Tieren, weniger gut bei Pflanzen, schwierig ist's mit Persönlichkeiten überlegt, warum.

Nochmals: Quält euch nicht mit Reimereien ab. Lasst euch durch unsere Beispiele nicht verführen: Die Reime Brechts und Buschs scheinen sehr leicht nachahmbar und einfach, sind aber in Wirklichkeit höchst kunstvoll, und sie zu gebrauchen verlangt Kunsterfahrung, die ihr nicht habt.

Drum: Ein witziger Gedanke, klar und einfach ausgedrückt, ist hundertmal mehr wert als das billige Gereime um jeden Preis.

Mein Reim ist meine Welt

13. Altstoffverwertung

Sammelt blöde Reimereien, zum Beispiel in der Werbung oder auf Hinweisschildern oder in Vereinsbroschüren, und lacht sie unter großen Zeremonien aus.

14. *Dem Reimen ist alles reim!*

Tragt Gedichte oder Strophen oder Absätze und Sätze aus Erzählungen zusammen, in denen versucht wird, mit Hilfe von Lautmalerei Geräusche der Umwelt nachzuahmen oder Stimmungswirkung zu erzielen.

Hier Ausschnitte aus berühmten Beispielen der deutschen Lyrik:

Und außen, horch! ging's trapp trapp trapp,
Als wie von Rosses Hufen;
Und klirrend stieg ein Reiter ab
An des Geländers Stufen;
Und horch! Und horch! Den Pfortenring
Ganz lose, leise, klinglingling!
Dann kamen durch die Pforte
Vernehmlich diese Worte:

»Holla, holla! Tu auf, mein Kind!
Schläfst, Liebchen, oder wachst du?
Wie bist noch gegen mich gesinnt?
Und weinest oder lachst du?« –
»Ach, Wilhelm, du? – So spät bei Nacht? –
Geweinet hab ich und gewacht;
Ach, großes Leid erlitten!
Wo kommst du hergeritten?« –

»Wir satteln nur um Mitternacht.
Weit ritt ich her von Böhmen.
Ich habe spät mich aufgemacht
Und will dich mit mir nehmen.« –
»Ach, Wilhelm, erst herein geschwind!
Den Hagedorn durchsaust der Wind,
Herein, in meinen Armen,
Herzliebster, zu erwarmen!« –

»Laß sausen durch den Hagedorn,
Laß sausen, Kind, laß sausen!
Der Rappe scharrt; es klirrt der Sporn.
Ich darf allhier nicht hausen.

Aus Gottfried August Bürgers Ballade „Lenore"

Komm, schürze, spring und schwinge dich
Auf meinen Rappen hinter mich!
Muß heut noch hundert Meilen
Mit dir ins Brautbett eilen.« –

»Ach, wolltest hundert Meilen noch
Mich heut ins Brautbett tragen?
Und horch! Es brummt die Glocke noch,
Die elf schon angeschlagen.« –
»Sieh hin, sieh her! Der Mond scheint hell.
Wir und die Toten reiten schnell.
Ich bringe dich, zur Wette,
Noch heut ins Hochzeitsbette.« –

»Sag an, wo ist dein Kämmerlein?
Wo? Wie dein Hochzeitsbettchen?« –
»Weit, weit von hier! – Still, kühl und klein! –
Sechs Bretter und zweit Brettchen!« –
»Hat's Raum für mich?« – »Für dich und mich!
Komm, schürze, spring und schwinge dich!
Die Hochzeitsgäste hoffen;
Die Kammer steht uns offen.«

Schön Liebchen schürzte, sprang und schwang
Sich auf das Roß behende;
Wohl um den trauten Reiter schlang
Sie ihre Lilienhände;
Und hurre hurre, hopp-hopp-hopp!
Ging's fort in sausendem Galopp,
Daß Roß und Reiter schnoben
Und Kies und Funken stoben.

Aus Johann Wolfgang Goethes »Hochzeitslied«

»Wir haben uns Feste hier oben erlaubt,
Seitdem du die Zimmer verlassen,
Und weil wir dich weit in der Ferne geglaubt,
So dachten wir eben zu prassen.
Und wenn du vergönnest und wenn dir nicht graut,
So schmausen die Zwerge, behaglich und laut,
Zu Ehren der reichen, der niedlichen Braut.«
Der Graf im Behagen des Traumes:
»Bedienet euch immer des Raumes!«

Da kommen drei Reiter, sie reiten hervor,
Die unter dem Bette gehalten;
Dann folgt ein singendes, klingendes Chor
Possierlicher kleiner Gestalten;
Und Wagen auf Wagen mit allem Gerät,
Daß einem so Hören als Sehen vergeht,
Wie's nur in den Schlössern der Könige steht;
Zuletzt auf vergoldetem Wagen
Die Braut und die Gäste getragen.

So rennet nun alles in vollem Galopp
Und kürt sich im Saale sein Plätzchen;
Zum Drehen und Walzen und lustigen Hopp
Erkieset sich jeder ein Schätzchen.

Da pfeift es und geigt es und klinget und klirrt,
Da ringelt's und schleift es und rauschet und wirrt,
Da pispert's und knistert's und flistert's und schwirrt,
Das Gräflein, es blicket hinüber,
Es dünkt ihn, als läg er im Fieber.

Dann dappelt's und rappelt's und klappert's im Saal
Von Bänken und Stühlen und Tischen,
Da will nun ein jeder am festlichen Mahl
Sich neben dem Liebchen erfrischen;
Sie tragen die Würste, die Schinken so klein
Und Braten und Fisch und Geflügel herein,
Es kreiset beständig der köstliche Wein;
Das toset und koset so lange,
Verschwindet zuletzt mit Gesange.

Und hier ein Beispiel
ganz andrer Art:
Victor Hugos Wüstenromanze
»Die Dschinns«.

Victor Hugo
Die Dschinns

Wall, Hafen
und Stadt,
all schlafen,
und glatt
zerschellen
die Wellen,
sie schwellen
nur matt.

Und ein Tönen
fern erwacht,
banges Stöhnen
ist's der Nacht.
Erde zittert
angsterschüttert,
denn sie wittert
böse Macht.

Ein Geisterflüstern
berührt das Ohr.
Es taucht im Düstern
ein Zwerg empor.

Die Flut bezwingt er
und überspringt er,
auf Wogen schwingt er
sich mählich vor.

Tiefe Bässe brummen!
Echo trägt es fort.
Dumpf, wie Glockensummen
an verwunschnem Ort, –
wie der Menge Surren,
wie des Pöbels Knurren,
das mit wirrem Murren
tötet jedes Wort.

Das sind die Grabesstimmen
der Dschinns! O welch ein Graus!
Entflieht! Entflieht dem schlimmen
Gezücht! Ins Kellerhaus!
Daß keiner Zeit verscherze!
Denn schon erlischt die Kerze,
des Schattens frost'ge Schwärze
dehnt sich gespenstisch aus.

Seht ihr, wie sich's wirbelnd, rasselnd
schemenhaft heranbewegt?
Horch! Der Taxus wird wie prasselnd'
Dürrholz splitternd weggefegt.
Durch das Grausen, durch die nächt'ge,
wächst die Horde, die verdächt'ge,
wie die fahle, unheilträcht'ge
Wolke, die den Zunder trägt.

(Notwendige Bemerkung: Das Wort »Dschinn« bezeichnet einen ziemlich anarchistisch eingestellten vagabundierenden Wüstengeist, und es steht leider nicht im Duden, wiewohl nach der letzten Schätzung allein in der Sahara rund achtundneunzigtausendeinhundert solcher Dschinn – oder kann man sagen: Dschinnen/Dschinni/Dschinne/Dschinner/Dschinns? – gezählt worden sind.)

Da sind sie! Laßt uns Allah loben,
daß uns beschützt dies Erdgeschoß.
Welch ein Getös! Welch wütig Toben
von dieser Drachen eklem Troß!

Des Giebels Balken muß sich biegen,
wie Halme, die im Winde fliegen.
Es knarren Täfelung und Stiegen.
Am Tore klirrt das rost'ge Schloß.

Ein Höllenlärm! Dies Heulen und Gezeter!
Weh uns! Jetzt trifft der Polterschlag aufs Dach!
Das dröhnt! Erbarme dich, Gott meiner Väter!
Dem Schreckensheer weicht das Meer selbst willensschwach.
Es ächzt der Bau in allen Balkenlagen.
Das Haus scheint wie vom Sturme weggetragen,
als sollt' es straks in wilden Strudel jagen.
Und wieder donnert jählings Krach auf Krach.

O Muhamed! Laß der Dämonen
ungläubge Schar vorüberziehn.
Mit heil'gem Eifer will ich's lohnen,
an deinem Grabe will ich knien.
Gib, daß der Spuk mich nicht bedränge,
daß mich der Gluthauch nicht versenge.
Laß mich der Tollwut ihrer Fänge,
laß ihren Krallen mich entfliehn.

Ah! Sie wenden! Andre Wege
Nimmt der Rotte Sturmgebraus.
Schwächer wird die Wucht der Schläge
gegen das bedrohte Haus.
Wie sie klirrend, kreischend weichen
und am Forst vorüberstreichen,
wanken selbst die stolzen Eichen
vor dem satanstollen Saus.

Noch rauscht es her, verschwommen
wie aus entlegner Welt.
Will's gehn – will's wiederkommen?
Es wogt und kämpft im Feld.
Wie Zirpen schwirrt's, von großen
Heuschrecken ausgestoßen,
wie Hagel, der in Schloßen
aufs Zinkdach niederfällt.

Fremde Laute hallen,
weit uns hergesandt,
wie ein Hörnerschallen
von Arabiens Land,
wie ein seltsam' Singen
will es zu uns dringen, –
traumverlor'nes Klingen,
das im Traum uns bannt.

Die Dschinns, der Öde
toddüstres Heer,
ziehn wild und schnöde
in Nacht daher.
Es ist ihr Grollen
wie Wellenrollen
im unruhvollen
tiefinnern Meer.

Auch das Gelle
sänftigt sich,
wie die Welle
formlos wich, –
wie die leise
Seufzerweise,
dem zum Preise,
der verblich.

Und droben
kein Schall!
Zerstoben
der Schwall.
So gehen
Ideen,
verwehen
im All.

Versucht einmal, genau (wirklich genau!) anzugeben, welches Mittels der Dichter sich hier bedient hat.

Beispiele solch klar erkennbarer Formgebung sind sehr viel seltner, als sehr viele Deutschlehrer glauben, und man kann in der Regel ein Gedicht nicht mit ihnen zu erklären versuchen.

Doch darauf gehn wir – vielleicht – nächstes Mal noch ein! Jetzt hat es lang genug gedauert. Und heute Abend gibt's Schlager im Fernsehn (vergleiche oben Abschnitt 11!).

7

Als die Kinder am nächsten Morgen – es regnete – bei Jens zusammengekommen waren, holten sie mit einem Blick zum leeren Radio alle gleichzeitig ganz tief Luft, und dann sagte jedes: »Heut hab ich den schönsten Traum meines Lebens gehabt.«

Verdutzt starrten sie einander an, dann sagten sie wieder gleichzeitig: »Ich auch.« Wieder Gaffen, und wieder gleichzeitig: »Nein«, und dann schwirrten die Stimmen.

»Nein, meiner war der allerschönste!«

»Nein, meiner!«, sagte Monica.

»Meiner!«, sagte Emmanuel.

»Quatscht doch nicht, meiner war das!«, rief Caroline.

»Meiner!«

»Nein, meiner!!«

»Irre, was? Meiner!!!«

Jens hatte die ganze Zeit geschwiegen, doch sein Gesicht überstrahlte das Schreien, und so schauten schließlich alle auf ihn.

»Wenn ihr wüsstet, was *ich* geträumt habe«, sagte er versonnen.

»Was kannst *du* denn schon träumen?«, konterte Monica. »Doch höchstens von Kuchen; aber *ich*, Leute –«

»Gar nicht von Kuchen«, erwiderte Jens.

»Na und wenn auch von Kuchen«, sagte Gabi. »Das ist doch jedem seine Sache!«

»Aber dann soll er nicht sagen, seiner war schöner.«
»Du kennst ihn doch nicht.«
»Und ihr nicht den meinen.«
»So erzähl ihn doch!«, bot Emmanuel an.

Monica nickte lebhaft und sagte: »Also –«, dann zog sie, offenen Munds, die Brauen hoch, und ihre Mienen zeigten, wie heftig sie nachdachte.

Schließlich gestand sie sehr verlegen: »Leute, ich hab ihn tatsächlich vergessen!«

Nun zogen alle die Brauen hoch und gleich darauf das Gesicht in die Länge.

»Ich auch«, sagte Gabi schließlich kleinlaut.
»Ich auch«, erklärte Emmanuel.
»Ich auch«, stimmte sogar Caroline ein.
»Ich auch, aber Kuchen war's ganz bestimmt nicht!«, sagte Jens, und er strahlte noch immer.
»Das kann jeder behaupten.« (Monica)
»*Den* Augenblick hab ich ihn noch gewusst!«, sagte Jens verzückt, »und jetzt ist er weg.«
»Das gibt's doch gar nicht.« (Abermals Monica)
»Hast ihn ja selber vergessen!« (Gabi)
»Aber doch nicht so plötzlich auf einen Schlag!«
»Na, wie denn sonst?«
»Ist ja auch egal«, schloss Monica ab, »aber meiner war *doch* der allerschönste!«
»Ha, das sagst du ja bloß, weil du *meinen* nicht kennst!«
»Brauch ich nicht!«

»Brauchst du doch!« »Brauch ich nicht!!«

»Brauchst du doch!!« »Brauch ich *nicht*!!!«

»Brauchst du *doch*!!!«

»Bäääh!« »Buuuuh!«

»Blaue Plauze!« »Krautkarnickel!« »Sächsisches Suppenhuhn!«

»Quadratkalkulator!«

»Du Regenbogeneule mit Koksfeuerung!«

»Du Kompotteinlage!« »Du Fehlinvestierung!«

»Schrumpfnudel!« »Polargnom!«

»Dich hätten sie in Babylon den Elefanten verfüttert!«

»Die hätten *dich* ja nicht mal beschnuppert!«

»Kriiiiiiiiiiii! »Krajjjjjjjjjjjj!« »Ha!« »Ho!«

Gefletschte Zähne.

Gekrümmte Krallen.

Eine Sturmfaust krachte gegen das Fenster.

»Oi«, sagte Gabi erschrocken, »das war der Herr Schopenhauer, der kann Mädchen nicht leiden.«

Ein zweiter Sturmstoß.

»Na, sei doch nicht gleich so böse – man wird sich doch noch unterhalten dürfen!«

Ein dritter Schlag, und da endlich fiel den Kindern ein, dass das Blaubuch voll neuer Lektüre sein müsse.

Sie rannten hinauf, und der Boden in Bläue, und im Schutt wie ein Stück Himmel das Buch.

Und plötzlich war da auch wieder das Funkeln, einen Augenblick, um Emmanuels Flachskopf, und während die Kinder andächtig aufs Blaubuch blickten, erzählte er ihnen diese Geschichte:

Wie das alte Nashorn das Blau kennen lernte

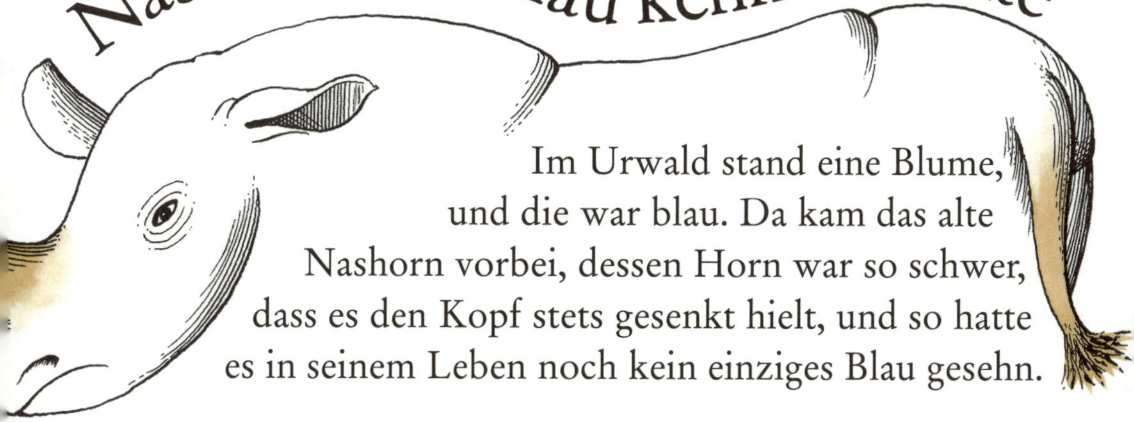

Im Urwald stand eine Blume, und die war blau. Da kam das alte Nashorn vorbei, dessen Horn war so schwer, dass es den Kopf stets gesenkt hielt, und so hatte es in seinem Leben noch kein einziges Blau gesehn.

Was hast du für eine komische Farbe, du komische Blume?, fragte das Nashorn.

Ich bin blau, das siehst du doch!

Das seh ich nicht, sonst tät ich nicht fragen. Was ist denn das für eine Farbe: Blau?

Da sagte die Blume, die im Urwald blühte: Blau ist die Farbe, die der Himmel hat.

Ach, du dummes Ding, sagte da das Nashorn, den Himmel kann ich doch nicht sehen, weil mein Horn zu schwer ist.

So lass dir doch von den Affen helfen!

Das ist wirklich eine gute Idee!

Da kamen alle Affen des Urwalds gesprungen und hoben des Nashorns Kopf in die Höhe, und so sah das alte Nashorn den Himmel.

Himmel, was hast du für eine Farbe?

Ich bin so blau wie das griechische Meer.

Da trabte das Nashorn nach Griechenland.

Meer, was hast du für eine Farbe?

Ich bin so blau wie ein Saphir.

Da trabte das Nashorn in die Berge.

Saphir, was hast du für eine Farbe?

Ich bin so blau wie der Enzian.

Da trabte das Nashorn ein Stückchen weiter.

Enzian, was hast du für eine Farbe?

Ich könnte ja sagen, dass ich so blau bin wie einer, der meine Kraft als Kräuterschnaps säuft. Aber ich mag Betrunkene nicht. Ich will dir etwas Schöneres sagen: Ich bin so blau wie das Käppi der Stewardess, die über mich weg nach Indien fliegt.

Da trabte das Nashorn auf den Flugplatz von Schönefeld.

Käppi der Stewardess, was hast du für eine Farbe?

Ich bin so blau wie der Wellensittich von der Nora Becker aus Märkisch Buchholz.

Da trabte das Nashorn nach Märkisch Buchholz.

Wellensittich, was hast du für eine Farbe?

Ich bin so blau wie eine Kachel von dem berühmten Turm von Babel.

Da fragte das Nashorn: Woher weißt du das?

Meine Urahnen haben dort mal gewohnt, bevor sie nach Australien zogen.

Da trabte das Nashorn nach Babylon.

Turm, was hast du für eine Farbe?

Ich bin so blau wie der Luftballon der kleinen Marsha.

Da trabte das Nashorn zurück nach Berlin.

Luftballon, was hast du für eine Farbe?

Ich bin so blau wie das Blaue Wunder.

Da dachte das Nashorn nach, wo das Blaue Wunder zu finden wäre, und trabte schließlich zu einem Ersatzteillager.

Schon nach drei Tagen fand es eines.

Blaues Wunder, was hast du für eine Farbe?

Ich bin so blau wie der feste Glaube, dass es einmal keine Sorgen mehr gibt.

Da trabte das Nashorn um die Ecke, dort war die Kreisleitung der SED*.

Fester Glaube, was hast du für eine Farbe?

Ich bin so blau wie der Milchtopf von Mutter Meier.

Da trabte das Nashorn zur Mutter Meier.

Milchtopf, was hast du für eine Farbe?

Und weil der Milchtopf neben dem alten Märchenbuch lag, brummte er aus seiner bauchigen Tiefe: Ich bin so blau wie der blaue Bart des Ritters Blaubart.

Da trabte das Nashorn zum finsteren Schloss.

Blaubart, was hast du für eine Farbe?

Da lachte der Blaubart schauerlich und rief: Ich bin so blau wie die Blume im Urwald, aber die findest du nimmermehr!

Da trabte das Nashorn durch alle Urwälder, aber nirgendwo blühte eine blaue Blume.

Schließlich kam es in seinen Urwald zurück. Da hörte es hinter zwei dicken Palmen ein leises Flüstern: Wenn du mich suchen solltest, du altes Nashorn, dann steh ich da und warte auf dich.

Da trabte das Nashorn hinter die zwei dicken Palmen, aber dort standen noch zwei dickere Palmen, und die deckten die Blaue Blume noch mehr zu.

Ich kann dich nicht sehen, Blaue Blume!

Dummes Nashorn, wozu hast du denn dein Horn?

Da senkte das Nashorn den Kopf noch tiefer und nahm Anlauf und rannte gegen die Palmen und schlug sie, krachpardauz, auseinander, und da stand die Blaue Blume vor ihm.

Blaue Blume, was hast du für eine Farbe?

Da lachte die Blume und sagte: Du dummes Nashorn, ich bin doch so blau wie dein blaues Auge, das du dir jetzt gestoßen hast.

Da tanzte das Nashorn auf seinen vier Beinen und rief: Wie mein blaues Auge! Wie mein blaues Auge! Jetzt weiß ich endlich, was für eine Farbe das ist!

Na siehst du!, sagte die Blaue Blume, mit Ausdauer kommt ein jedes ans Ziel!

Und damit endet die Geschichte.

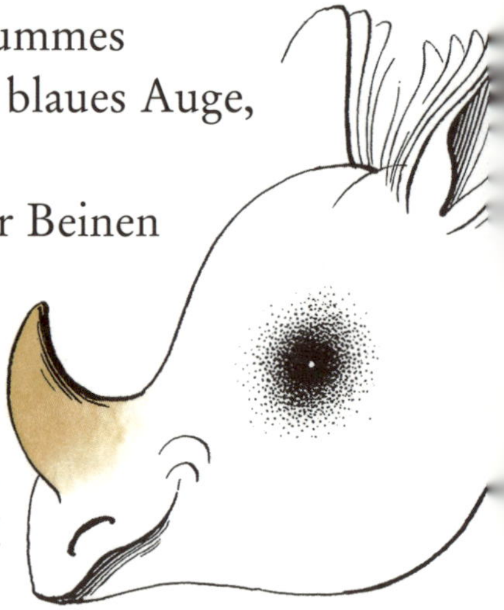

Funkelndes Funkeln; klatschende Kinder.

»Das hätt' es gleich haben können, das alte Nashorn!«, stellte Monica fest.

»Leute«, sagte Gabi andächtig, »so was Ähnliches hab ich geträumt, nur eben *noch* schöner!«

»Dies Märchen ist so ähnlich wie das von dem Knilch, der durchs Land lief, um das Gruseln zu lernen«, meinte Caroline.

»So was Grusliges war's, was ich geträumt hab«, sagte Gabi erschauernd, »herrlich gruslig war's, ach, Leute, wie gruslig, ich kann gar nicht sagen, wie gruslig das war!«

Dann stürzten sie zum blauen Buch.

Das Funkeln im dämmrigen Raum gab genügend Helle, um gleich hier auf dem Boden zu lesen, doch in der Ecke war es so eng, dass die fünf nicht gleichzeitig aufs Blatt schauen konnten.

»Caroline liest vor«, ordnete Monica an, und Caroline tat es.

Den Bericht des kundigen Herodot nahmen die Kinder mit Interesse zur Kenntnis.

Dann kam der Wettstreit der beiden Sänger.

Bei den dampfenden Hälsen der Pferde rief jeder: »Oh!«, und jeder schlug sich vor die Stirn.

Danach meinte jeder, dass man da eigentlich hätte draufkommen müssen, und danach meinte Emmanuel, dass »eigentlich« eben keine Kunst sei.

»›Eigentlich‹ findet es eigentlich sogar jeder Schlagersänger«, konstatierte er, »der Homer aber hat's tatsächlich gemusst, und zwar sofort.«

»Na ja, in Versen mag's gehn!«, sagte Monica abfällig.

»Ein toller Bursche«, schwärmte Gabi, »ich hätt' ihm schon längst den Preis zuerkannt. Wie der bloß immer die Kurve gekriegt hat – bei solchen hundsgemeinen Fallen!«

»Leute, mir fällt was ein«, schrie Caroline, »ich ahne was, ich ahne was!«

Sie begann zu tanzen wie Emmanuels Nashorn.

»Was ahnet dir, o Caroline? Sprich!«

»Ich ahne, wie der das gemacht hat!«, rief Caroline tanzend. »Der hat einen Trick, und den krieg ich raus! Da wird was um die Ecke geschoben, und jetzt fällt mir auch ein Rätsel ein, darin's ähnlich zugeht. Passt auf:

Es war einmal ein ehrlicher Förster, der hatte noch nie im Leben gelogen und würde es auch niemals tun. Da kam der Mann im Mond und fragte:
Ehrlicher Förster, wie viel Finger hast du?

Da sagte der Förster:
Zehn Finger hab ich an jeder Hand,
fünfundzwanzig an Händen und Füßen!

Das ist gelogen!, schrie der Mann im Mond.

Ich lüge nie!, sagte der ehrliche Förster, und das war tatsächlich keine Lüge. Wie ging das zu?

»An den Zehen hat der Mensch keine Finger«, sagte Jens.

Alle brüllten.

»Ich wollte ja sagen«, sagte Jens, »dass er an den Füßen keine Hände hat.«

Das Blaubuch fiel in den Schindelschutt.

»Er meint, keine Zehen an den Füßen.«

»Nein«, sagte Jens, »keine Hände an den Fingern – keine Finger an den Füßen, so!«

»Aber das ist ja nur, dass das Rätsel Sinn hat«, stöhnte Caroline, »deswegen sagt der überall ›Finger‹, verstehst du das nicht?«

»Und wenn der nun überall ›Zehen‹ sagte, dann hätte es keinen?«

»Jens«, sagte Caroline düster, und Vampirzähne wuchsen ihr unter den Lippen, »Jens, was mit dir gleich passieren wird, daran hast du noch nicht im Traum gedacht –«

»Hab ich wirklich nicht«, sagte Jens, »also ehrlich –«, und da Carolines Krallen blitzten, fragte er schnell: »Wie ist das nun mit deinem Förster? Der hat also fünfundzwanzig Finger?«

»Nein«, sagte Caroline, »pass auf. Statt des Wortes ›Zehen‹ musst du dir immer ›Finger‹ denken!«

»Gut. Und statt ›Finger‹ immer ›Zehen‹?«

»Nein!!! Statt ›Finger‹ immer nur ›Finger‹!«

»Aha«, sagte Jens, »jetzt versteh ich das.«

Caroline sah ihn misstrauisch an.

»Also«, begann sie aufs Neue:

der ehrliche Förster sagte zum Mann im Mond:
Pass auf, Mann im Mond, ich antworte
auf deine Frage:
Zehn Finger hab ich,
an jeder Hand fünf,
und zwanzig an Händen und Füßen!

»Aber das stimmt dann doch!«, sagte Jens.

»O Hagelschlag!«, stöhnte Caroline, »jetzt hab ich's tatsächlich falsch erzählt.«

»Nein, jetzt hast du's richtig erzählt«, erwiderte Jens.

»Aber wenn ich's richtig erzähle, dann ist's doch falsch«, erklärte Caroline verzweifelt, »weil der Witz doch darin besteht, dass man das Richtige falsch sagen muss, wenn er richtig sein soll, der Witz, ich meine mit richtig falscher Zusammensetzung der Wörter, versteht du, nicht mit falscher richtiger Aussprache!«

»Caroline meint«, half Monica aus, »dass sie uns ein richtiges Beispiel für was falsch Zusammengezogenes geben wollte, so wie bei Hesiod und Homer.«

»Klar«, sagte Jens, »natürlich versteh ich. Ich weiß gar nicht, warum wir uns streiten. Der hatte zehn Finger und zehn Zehen, der ehrliche Förster, aber damit das einen Sinn hat, sagte der zum Mann im Mond immer ›Finger‹ statt ›Zehen‹. Er konnte doch nicht gut sagen: Ich hab fünfundzwanzig dampfende Hälse –«

Jens sprang zurück, da Carolines Krallen nach ihm schlugen.

»Halt, Leute!«, rief Gabi, »das Buch bewegt sich!«

Und in der Tat, das Blaubuch im Schutt klappte von selbst wieder auf, und in der Zeit, da Monica es aufhob, füllte sich eine leere Seite, und Monica las:

DER RUCHLOSE AGGRESSOR VOM SCHWARZEN WELTRAUMLOCH *oder* DAS GEHEIMNIS DER FALSCH GESETZTEN KOMMAS

Ein utopischer Zukunftsroman
258. Fortsetzung und Schluss

Kurze Inhaltsangabe der bisherigen Folgen:

Ein ruchloser Aggressor von einem Schwarzen Weltraumloch hat sich in die friedliebende EOS* FRÖHLICHES LERNEN eingeschlichen und dort unter den für die Kolja-Koljajewitsch-Methode richtiger Satzzeichenverwendung kämpfenden Schülern durch Ausstreuung falscher Kommas solche Verwirrung gestiftet, dass ihr der faule Schüler Theo zu erliegen droht. Während der Direktor der Schule mit einem neukonstruierten Raumschiff Hilfe von einem befreundeten Galaxissystem holt, haben unter der Leitung ihres Deutschlehrers die Pioniere, der fortschrittlichste Pionier Annegret an der Spitze, den Kampf gegen die Verwirrung aufgenommen.

Wird es dem ruchlosen Aggressor gelingen, seinen teuflischen Plan zu Ende zu führen?

Wie mag der Kampf um Theo wohl enden??

Wer wird schließlich siegen???

Hier die Fortsetzung und der Schluss:

Als der faule Schüler Theo zu erwachen begann, lag er im Bett auf dem Kopf, die Haare gesträubt im Hirn, Verzweiflung auf der Nase, die Brille mit dem eingebauten Computer in einem grässlichen Traum befangen. [20]

Er träumte, dass ihn der fortschrittlichste Pionier Annegret an der linken und der ruchlose Aggressor vom Schwarzen Weltraumloch an der rechten Hand hielten, und beide zerrten an ihm und riefen: »Er gehört zu mir! Er gehört zu mir!«

Da trat der allseits geliebte Deutschlehrer vor sie hin.

»Zu einem von beiden muss er wohl gehören«, sagte der allseits geliebte Lehrer und schwang ein blitzendes Krummschwert über Theos Scheitel. »Er reicht beiden Parteien die Hand, und das kann nicht angehn, weder im gesellschaftlichen Leben noch in der Grammatik. Eine Verbindung muss ich durchhauen. Theo mag selbst wählen, wo er stehn will!«

»Entscheiden musst du dich, nicht zögern darfst du!«, rief da Annegret, der fortschrittlichste Pionier, zur Linken; aber:

»Entscheiden musst du dich nicht, zögern darfst du!«, flüsterte zugleich eine Stimme von rechts – natürlich der ruchlose Schwarzlochaggressor.

Und das Schwert blitzte und blitzte und blitzte.

»Ich will mich ja entscheiden«, stöhnte Theo bang, »nur sagt mir unmissverständlich für wen!«

»Für links, nicht für rechts!«

»Für links nicht, für rechts!«

»Entscheide dich, für beide gibt's keine Gemeinsamkeit!«, rief der Lehrer.

»Entscheide dich für beide, gibt's keine Gemeinsamkeit!«, flüsterte der ruchlose Aggressor.

Da ließ der allseits geliebte Lehrer sein Schwert niedersausen, einen Krummsäbel in Gestalt eines riesigen Kommas, und da es Theos rechte Schulter berührte, war der faule Schüler vor Schreck erwacht.

Die fortschrittliche Pionierin Annegret aber lief indes zur Schule im Hemd, die geheimnisvolle Schrift eingenäht im Herzen, Vertrauen zum Kollektiv* auf der Stulle, Harzer Käse um den Hals, eine Kette aus Mondgestein durch die Nase, tief die würzige Luft atmend.

In der Klasse stand zum Glück schon der allseits geliebte Deutschlehrer auf dem Tisch, ein Modell des Weltraumschiffs auf der Zunge, die alles erklärenden Worte zu sprechen bereit.

»Unser Pionierleiter*, nicht der ruchlose Aggressor vom Schwarzen Weltraumloch, hat das ungeheuerliche Verbrechen mit den falsch ausgestreuten Interpunktionen begangen!«, rief er, und alle jubelten laut bei dieser lang ersehnten Nachricht.

Er hat, erklärte der allseits geliebte Lehrer mit falschen Beziehungen, so manches üble Gericht zusammengebraut, und jetzt kosten wir es, genesen nimmermehr! Die vergiftete Speise nützt, die Gelegenheit muss aus dem Magen gepumpt werden! Und nun wollen wir unsern verehrten Genossen* Direktor erwarten, diesen faulen Kerl! Theo aber, den Schandfleck der Klasse, loben wir, nicht?

Und so geschah es.

Das Klassenzimmer wurde geschmückt mit fortschrittlichen Liedern, die Zeit bis zur Ankunft des Direktors verbracht in sinnloser Langeweile, keine Sekunde fröhlich, und erfolgreich wie immer verging der Tag bis zum glücklichen [21]

, ENDE ,

»Nun dürfte wohl alles klar sein«, sprach Monica.

»Unklar, nicht klar.«

»Natürlich unklar nicht, klar!«

»Verrückt, was so ein Komma kann!«, sagte Caroline. »Da weiß ich noch ein schönes Beispiel. Die Sachsen hatten mal einen König, der hieß Karl August, und ich glaube, das K vom Karl schrieb er noch mit C, so überaus verwittert war der. Also der Carl August war König von Sachsen, und der wurde immer ganz wild, wenn der durch die Straßen von Leipzig ging und die Leute stehen blieben und zu ihm sagten: ›Guten Tag, Carl Komma August von Sachsen!‹«

Da um jedes der Kinder das Funkeln schwebte, verstanden alle ohne Erklärung.

»Carl, August von Sachsen – stell dir das vor, bei der Messe, vor so vielen Leuten!«

»Mit Vertretern vom Krupp und aus Afrika!«

»Da ist der sicher im Schloss geblieben.«

»Warum hat der sich nicht umtaufen lassen?«

»Ich glaube, das dürfen Könige gar nicht. Die müssen bleiben, was sie so sind.«

»Arme Könige«, meinte Gabi, »immer auf die Schwachen.«

Monica blätterte das Blaubuch zwischen Hesiod und dem Zukunftsroman durch.

»O Hagelschlag!«, rief sie, da sie der Fülle ansichtig wurde, »das langt ja für die nächsten fünf Tage, Leute! Ich glaube, der Küssü hat einen Knall – so viel Hausaufgaben!«

»Hausaufgaben – wieso denn das?«

»Na, was hier alles steht – Interpunktionen – Abwandlungsformen – Vokale – Konsonanten – kyrillische und griechische Buchstaben –«

»Das nehmen wir als Reserve, wenn die zwei mal nicht kommen«, schlug Emmanuel vor. »Wer weiß, wie das ausgeht mit den dampfenden Hälsen. Wenn die alten Griechen sich so richtig krachten – da sind schon ganze Städte kaputtgegangen.«

»Au, gruslig! Da möcht ich mal dabei sein!« (Natürlich Gabi)

»Da warte, bis du Rente kriegst!«

»Dann ist Griechenland schon längst sozialistisch*.«

»Wenn ich erst Oma bin, macht's keinen Spaß mehr.«

»Also Leute, was tun wir jetzt?«

»Weitermachen, wo wir grad sind«, empfahl Monica. »Küssü hat uns doch ein paar Aufgaben gestellt. Da steht, wir sollen uns überlegen, ob uns schon einmal die dampfenden Hälse in einem Spiel begegnet sind, dass man also was weiterführen muss, was ein andrer angefangen hat.

Weiß einer von euch so etwas, Leute?«

»O ja«, meldete Gabi sich aufgeregt, »da kenn ich was, das hieß bei uns in Teterow: Zettel rumgehn lassen! Jeder hat einen Streifen Papier, den hält man verdeckt und schreibt zuerst einen Namen drauf, ›Jens‹ oder ›der Papst‹ oder ›die Beatles‹ und so, dann faltet man das Geschriebene zu und gibt die Zettel nach linksrum weiter, und jeder schreibt jetzt einen Aufenthaltsort drunter, wo also der Aufgeschriebne sich rumtreibt, dann wird wieder geknifft und weitergeschoben, dann schreibt man, was der dort macht, wer dazukommt, was *der* nun macht, was dabei rauskommt und was die Leute am Schluss dazu sagen.«

»Da wird wirklich alles verschoben«, meinte Emmanuel.

»Alter Hut«, winkte Caroline ab, »das spielt man bei uns in der Babykrippe! Da hab ich einen besseren Vorschlag. Ich sag einen Satz und werf einem von euch einen Ball, oder so, zu, und wem ich den Satz zugeworfen habe, der muss ihn weiterführen, indem er einen Reim darauf macht. Am besten, wir spielen's gleich mal durch.

Als Ball nehmen wir diesen Lappen, da machen wir einen Knoten rein, so!«

Sie warf den Ball Emmanuel zu und sagte:

»Heut ist ein wunderschöner Tag.«

Emmanuel fing den Ball und erwiderte:

»Der Regen regnet, wie er nur mag.«

Dann warf er den Ball Monica zu:

»Gefällt dir dieses Kinderspiel?«

Monica fing und antwortete prompt:

»Ich find es fad, es fetzt nicht viel!«

Sie warf Gabi den Ball zu und sagte:

»Du wirst jeden Tag dicker.«

Gabi ließ den Lappen fallen. »He«, sagte sie wütend, »das geht doch nicht! Du musst einen vernünftigen Satz anbieten, so wie die Caroline oder der Emmanuel!«

»Das war doch ein vernünftiger Satz!«

»Erstensmal stimmt's nicht«, sagte Gabi, »und dann könnte ich ja den Ball werfen und irgendwas sagen: ›Karnickel‹ oder: ›Hol Mäuse!‹ oder: ›Hallo, Boy‹ oder so. Das ist ja öde!«

»Gabi hat Recht«, meinte Emmanuel, »ein Spiel braucht schon genauere Regeln.«

»Ich weiß noch was andres«, rief Caroline. »Ich glaube, ich weiß jetzt, was Küssü meint! Da gibt's Lieder, da spielen die Strophen miteinander – die eine erfindet was und gibt's der nächsten, und die muss dann was draus machen, und dann ist sie mit dem Erfinden dran. Das ist so was wie eine Kette, wo ein Glied ins andre hakt.«

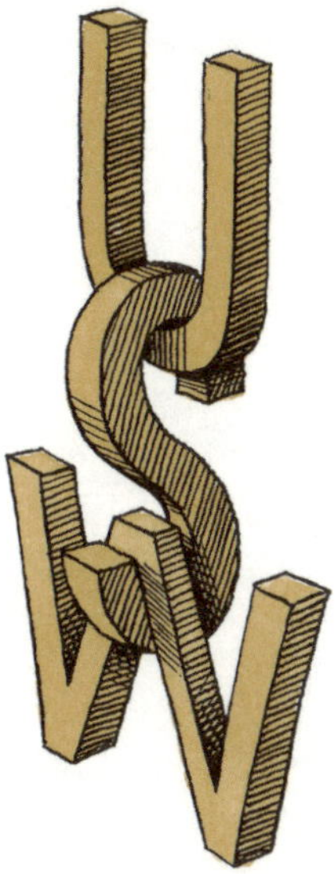

Ratlose Blicke.

»Na, ihr kennt das alle, das Dingsda von dem Mann – nu lacht nicht so blöd! Ich meine wirklich das Dingsda, das kennt ihr doch:

Es war einmal ein Mann,
der hatte einen Schwamm –«

»Ich denke eine Kette?«

»Die kommt ja jetzt, passt auf, nun muss die nächste Zeile mit dem Schwamm fortsetzen und was Neues dazufügen, und das greift dann wieder die nächste auf, und so fort:

Es war einmal ein Mann,
der hatte einen Schwamm.
Der Schwamm war ihm zu nass,
da ging er auf die Straß' –

Seht ihr, wie die Zeilen ineinander haken? Und nun muss der nächste mit Straß' weitermachen.«

Sie warf Emmanuel den Ball zu und wiederholte:

»da ging er auf die Straß' –«,

und Emmanuel fing den Ball und ergänzte:

»die Straß' war ihm zu kalt,
da ging er in den Wald«,

und nun Monica:

»Der Wald war ihm zu grün,
da ging er nach Berlin –«

»He!«, rief Gabi, »das gibt's doch schon!«

»Dass einer nach Berlin geht?«

»Nein, den Schwamm, ich meine dies Lied da –«

»Sag ich doch«, sagte Caroline, »wir sollten doch was Bekanntes suchen! Aber jetzt musst du mit Berlin weitermachen!«

»Bei uns in Teterow«, sagte Gabi, »geht's so weiter:

Berlin war ihm zu groß,
da wurde er Franzos.
Franzos wollt' er nicht sein,
da ging er wieder heim
zu seiner Frau Elisabeth
und legte sich zu ihr ins Bett.«

»Bei uns«, sagte Jens, »geht der Schluss aber anders.«

»Ich kann's mir schon denken«, sagte Monica, »da gibt es Kuchen.«

»Kuchen nicht«, sagte Jens, »bei uns heißt das so:

Franzos wollt' er nicht sein,
da ging er wieder heim
zu seiner Frau Elise,
die kocht ihm grün Gemüse.«

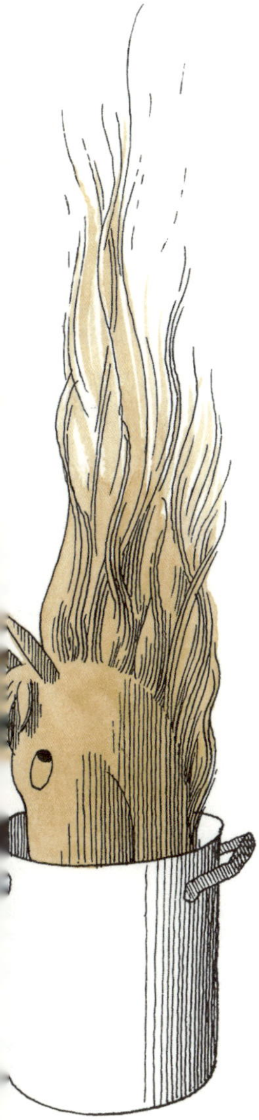

»Wusst ich's doch!«, sagte Monica, »dass sie futtern.«

»Es heißt aber wirklich so«, bestätigte Caroline, »bei uns hört die Sache genauso auf, bloß dass es noch etwas hintendrauf gibt:

Franzos wollt' er nicht sein,
da ging er wieder heim
zu seiner Frau Elise,
die kocht ihm grün Gemüse,
da musst er schrecklich niesen:
Haptschi, haptschi, haptschi!«

»Gut nur«, sagte Emmanuel, »dass seine Frau nicht Else geheißen hat!«

»Warum nicht Else, das klingt doch auch gut!«

»Ja«, sagte Emmanuel, »aber dann hätt's ja heißen müssen:

– da ging er wieder heim
zu seiner Frau, der Else,
die kocht ihm dampfende Hälse –«

»Hör auf«, rief Monica, »mir wird langsam schlecht!«

»Und wenn sie Monica geheißen hätte?«, fragte Jens, »was hätte die ihm dann gekocht?«

»Reim dir's doch selber, die Grünkohlschnitzel!«

Ein Weilchen stilles Überlegen.

»Ich glaube«, sagte Monica, »auf mich reimt sich gar nichts.«

»Ja, glaubst du denn, dass du einzig bist?«

»Na, Monicas gibt's schon, aber keinen Reim drauf.«

»Auf alles gibt's einen Reim«, erklärte Emmanuel, »man muss ihn nur finden.«

»Das stimmt nicht«, warf Caroline ein, »das ist wissenschaftlich nachgewiesen! Es gibt im Deutschen Wörter, drauf reimt sich gar nichts, und ich glaube, dazu gehört auch ›Monica‹.«

»Warum?«, sagte Emmanuel, »die reimt doch:

Franzos wollt er nicht sein,
da ging er wieder heim
zu seiner Frau, der Monica,
die stand mit Brot und Honig da.«

»Prima«, sagte Jens, »und Caroline?«

»Die kochte ihm Holunderwein.«

»Und Emmanuel?«

»Ich bin doch keine Frau!«

»Und Gabi?«

Da wusste selbst Emmanuel kein Reimwort, doch er betonte, dass es eins geben müsse.

Da sie aus dem Norden stammten, konnten sie nicht auf ›Kohlrabi‹ kommen.

»Wenn«, sagte Jens versonnen, »es statt Schabefleisch Schabifleisch gäbe –«

»– aus den dampfenden Häl –«

»Hört auf!«, schrie Monica, »sonst raucht's!«

»Nein, dampfen tut's.«

»Jens, ich – o Jens – also Jens, ich schlacht dich!«

»Gut, Leute!«, rief Caroline, »jetzt wisst ihr also, wie's gemacht wird, und jetzt spielen wir das Ganze von Anfang an neu, aber schon vom ersten Satz neu, einverstanden?«

»Machen wir!«, rief Monica schnell.

»Na denn mal tau«, sprach Caroline tückisch und warf Emmanuel den Ball zu:

»Es war einmal ein Mensch –«

Emmanuel fing den Ball und sagte beim Fangen:

»– der hatte einen –«,

und dann stockte er und hielt den Ball mit vorgestreckten Händen und blinzelte, stirnrunzelnd, schneller und schneller, als blättere er unsichtbare Seiten in seinem Gedächtnis durch, jedoch kein Reimwort kam aus seinem offenen Mund.

Caroline grinste.

»Es war einmal ein Mensch –«, wiederholte sie mit dem freundlichsten Lächeln.

Emmanuel blinzelte schneller und schneller.

»Der hatte einen Flensch«, half Jens.

»Quatsch doch!«, rief Monica, »was soll denn das sein, ein Flensch?«

»Das weiß ich doch nicht.«

»Was sagst du's denn dann?«

»Na weil sich's reimt.«

Monica schnaufte vor Empörung.

»Das gilt doch nicht, du Mohnstolle!«, schmälte sie, »es dürfen sich doch nur Wörter reimen, die einen Sinn haben.«

»Das wusst ich nicht«, sagte Jens, »entschuldige bitte.«

Nun blinzelte auch Monica, und Carolines Grinsen knisterte, und schließlich platzte sie heraus: »Strengt euch nicht an, Leute, das ist ganz sinnlos! Auf ›Mensch‹ gibt's tatsächlich keinen Reim, das ist wissenschaftlich streng erwiesen. Da hat nicht mal Goethe einen drauf gewusst, und nicht einmal der Johannes Er Becher.«

»Wieso?«, sagte Gabi, »das ist doch ganz einfach:

Es war einmal ein Mensch,
der hatte eine Ränsch –«

»Teufel auch!«, rief Emmanuel anerkennend.

»Es ist wirklich ganz einfach«, sagte Jens.

Caroline biss sich auf die Lippen.

»Na, das ist ja klar«, erklärte sie, »eine Ränsch hat es zu Goethes Zeiten noch nicht gegeben, da hat er auch nicht draufkommen können.«

»Aber der Johannes Er Becher hätt' es können gekonnt.«

»Ja, glaubst du, der hat nichts Bessres zu tun gehabt, als den Mann mit dem nassen Schwamm zu spielen?«

»Warum denn nicht?«

»Der war doch Minister oder so.«

»Na und? Die können doch auch auf Mensch reimen.«

»Das können die eben nicht«, sagte Caroline, »weil wissenschaftlich feststeht, dass es keinen Reim auf ›Mensch‹ geben kann. Und die müssen streng wissenschaftlich bleiben. Was Gabi gemacht hat, war ein Verstoß, aber ich schlage vor, sie kriegt trotzdem keinen Strafpunkt.«

Die großmütigen Kinder nickten.

»Wie bist du denn da draufgekommen?«, fragte Emmanuel.

»Ich hab immerzu an den Burschen, an den Homer denken müssen«, beichtete Gabi, »an die dampfenden, na und so weiter, und da ist mir eben die Ränsch eingefallen.«

Sie sah sich mit großen Augen um. »Ist das nun sehr schlimm?«, fragte sie.

»Es geht«, stufte Caroline das Vergehen ein.

»An sich«, sagte die Staatsanwaltstochter, »an sich ist unwissenschaftlich sehr schlimm, aber weil du noch ein Kind bist, bekommst du vielleicht mildernde Umstände.«

»Es geht«, sagte Jens langsam, »unwissenschaftlich auch noch anders:

Es war einmal ein Mensch,
der sagte bei jedem Witz: Den kenn'sch.«

»Siehst du, das darf ein Minister eben nicht sagen!«

»Oder«, sagte Jens noch langsamer:

»Es war einmal ein Mensch,
der hatte eine Hafensch-
lächterei für dampfende Hälse –«

»Leute!«, brüllte Monica, »Leute, wer jetzt noch einmal die dampfenden Hälse in den Mund nimmt –«

Im Gelächter ringsum und im Funkeln begriff sie ihr Bild und bekam davon vor Schreck den Schluckauf. »Jetzt wird mir wirklich schlecht!«, stöhnte sie.

»Ich wollte ja nur«, sagte Gabi, »eine Kette draus machen:

Es war einmal ein Mensch,
der hatte eine Ränsch,
drauf dampften zu viel Hälse –«

»Schluss«, brüllte Monica, »jetzt hab ich's satt!«

»Haben sie gut geschmeckt?«, fragte Jens, wie ein Fliegenpilz feixend.

»Wer? Was?? Wieso???«

»Na wenn du satt bist, von den dampfenden –«

Jens flüchtete hinter einen Pfeiler, aber eine Schramme am Hals trug er doch davon.

»Ich kann ja die da –«

»Gabi!!!«

»Ich kann ja die danach folgende Zeile auch anders machen«, sagte Gabi, »also meinetwegen:

Es war einmal ein Mensch,
der hatte eine Ränsch,
die Ränsch war ihm zu westlich –«

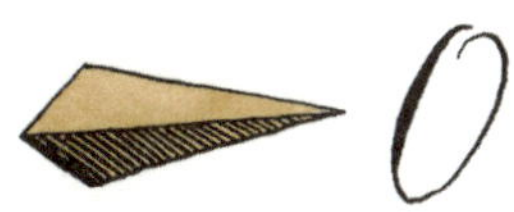

»– da zog er weiter östlich«,

setzte Monica, der Gabi den Ball zugeworfen hatte, aufatmend fort, und nun flogen die Sätze reihum durchs funkelnde Dämmerblau, und gleichzeitig füllte sich eine neue Seite mit dieser Dichtung:

Es war einmal ein Mensch,
der hatte eine Ränsch,
die Ränsch war ihm zu westlich,
da zog er weiter östlich.
Östlich war ihm zu arbeitsam,
da kauft' er sich ein Filmprogramm,
das Filmprogramm war ihm zu doof,
da ging er abends auf den Schwof.
Am Schwof war's noch viel doofer,
da kauft' er sich einen Pullover.

Der Pullover war ihm zu elegant,
da kaufte der Mann sich einen Trabant,
der Trabant war ihm zu groß,
da kaufte er sich ein Los.
Mit dem Los gewann er einen Floh,
da kaufte er sich ein Radio.
Im Radio war zu viel Geknatter,
da ging der Mann ins Kindertheater.
Im Kindertheater war'n zu viel erwachsen,
da ging der Mann ins schöne Sachsen.
In Sachsen taten die Ohren ihm weh,
da ging der Mann an die grüne Spree.
An der Spree war'n zu viele aus Westberlin*,
da tat der Mann nach Hiddensee fliehn.

Auf Hiddensee war es ihm viel zu leer,
da kaufte er sich ein Luftgewehr,
im Luftgewehr war zu viel Luft,
da ist er zurück auf die Ränsch verduft'.

»Leute!«, rief Caroline, »sind wir heute gut! Das kann man ja gar nicht sagen, wie gut wir sind!«

»Doch: Wie ein Schwamm«, sprach Emmanuel.

»Versteh ich nicht.«

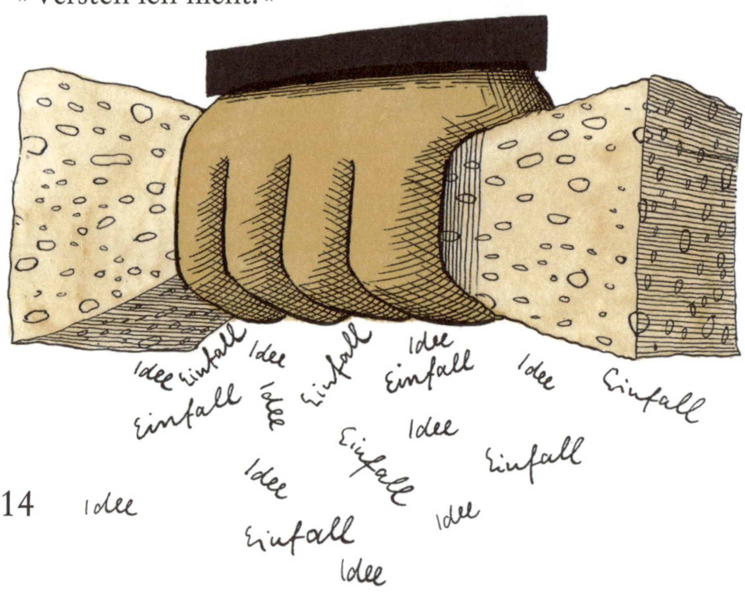

»Lässt sich auch nicht mit Worten ausdrücken.«

Und nun hagelten, ohne dass der Ball rundum flog, durchs Funkeln die Fragen, und sofort danach, wie ein geistiges Echo, die Antworten:

»Was spricht alle Sprachen?« (Monica)

Alle: »Das Echo.«

»Was ist kleiner als das kleinste Töpfchen?« (Gabi)

»Was reingeht. Und was läuft ohne Füße?« (Jens)

»Na der Uhrzeiger doch! Aber jetzt passt auf: Was macht neunhundertneunundneunzigmal tick und einmal tack?«

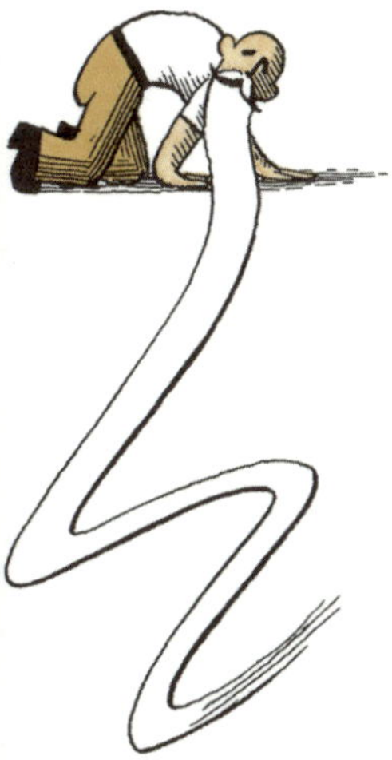

»Das ist 'ne Beleidigung, Caroline! So was fragen nur noch unsre Alten.«

»Dem Witz ist ja schon der Bart abgefroren.«

»Ha: Welches Tier hat's am kältesten?«

»Die Ameisen (Monica), »die ist immer am Eise. Und welches Tier hat den kältesten Po?«

»Na der Zeisig« (Gabi), »der ist hinten eisig. Aber welches Tier sagt nie: ›Ich frier!‹?«

»Hei«, rief Emmanuel, »das ist die süße kesse Biene mit dem Schlusslicht, die singt: ›Im Bienenschwarm ist's hinten warm!‹«

»Und die Mücke singt mit – eine Stimmlage höher.«

»Und wer«, rief Jens, »friert von den Menschen nicht?«

Einen Augenblick Stutzen.

»Die Ganofen – die haben hinten einen Ofen.«

»Aber doch rechtschreibemäßig nicht richtig.«

»Dafür sind's eben Ganoven, da pfeifen die drauf.«

»Aber wo?«, fragte Gabi, »lebt man am kältesten?«

»In Eisleben«, riefen alle, und dann brauchten sie die Lösungen der folgenden Fragen nicht mehr auszusprechen, man las sie am Funkeln der Augen ab.

Das Blaubuch aber schrieb alles mit:

[22] In Eisleben steht ein Mann am Markt, und wenn er verschwindet, liegt ein Fisch da, wer ist das? Welche Fische steckt man in den Boden?

Und welche werden kürzer, wenn sie hinter Sand stehn?
Was ist in der Sahara nie allein?
Welcher Vogel lebt am Rand einer Wüste?
Welcher Vogel kommt nie auf einen grünen Zweig?
Und welcher noch nicht?
Ha, und welcher noch nicht?
Aber welcher noch nicht?
Und von welchem Vogel sind sechs Siebtel ein Achtel?
Und welcher Vogel ist nicht ganz ganz?
Wann leben die Vögel am gefährlichsten?
Welche Vögel sitzen immer im Wirtshaus?
In welcher Richtung fliegen die Schwalben im Dezember?
Wie weit fliegt der Kuckuck in den Wald hinein?
Wann fangen die jungen Enten zu schwimmen an?
Warum schließt der Hahn beim Krähen die Augen?
Warum kann kein Vogel zwei Tage lang hintereinander singen?
Wie lange schläft ein Wiedehopf?
Was tut der Storch, wenn er auf einem Bein steht?
Welcher Vogel sieht dem Storch am ähnlichsten?
Welcher Vogel ist beim Bürgermeister beschäftigt?
Welcher Vogel hängt im Herrenmodeladen?
Welcher Vogel ist am reinlichsten?
Und welcher am lustigsten?
Und welcher ist höflich?
Welcher ist Schweizer?
Welcher Vogel ist nützlich beim Häuserbau?
Welcher Vogel macht blind?

(Caroline, und große Empörung: Das hat ja schon so ein Friedrich gewusst!)

Welcher Vogel schmult?
Welche Vögel haben die Augen am nächsten beisammen?
Welcher Vogel braucht am dringendsten Wasser?
Und welcher Vogel ist immer nass?
Welcher Vogel ist inwendig ganz schwarz?
Welcher Vogel ist beinah ein Dichter?
Welcher Vogel tritt im Krimi auf?
Welcher Vogel geht auf jeden Leim?
Ein Adler mit einem Zaunkönig auf der Schulter, wie schreibt man das mit drei Buchstaben?
Welcher Vogel hat den größten Bauch?
Und welcher hat auch einen ganz schön weiten?
In welchem Monat essen die Meisen am wenigsten?
Welche Enten essen gerne Bockwurst?
Wie hält man Gänsefleisch ohne jedes Hilfsmittel ein Jahr lang frisch?
Aber warum frisst ein Sperling eher ein Pfund Hafer als ein Pferd?

»Jens«, sagte Monica, »Jens, wenn jetzt wieder die dampfenden –«

»Welches Pferd dampft am meisten?«

»Das Dampfross, du Dussel!«

»Aber welches steht immer nur stille?«

»Ach, du hast ja 'nen Vogel!«

»Ich hab einen Vogel, du hast einen Piep, der meine flog fort, und der deine blieb. – Nu sag, welches Pferd bleibt immer am Fleck stehn?«

»Das Pferd im Turnsaal natürlich. – Wie spät ist es jetzt?«

Verblüffte Mienen, angestrengtes Nachdenken, heftiges Funkeln, und schließlich fragte Caroline schüchtern: »Da komm ich nicht drauf – wo soll da der Witz sein?«

»Na, gar kein Witz – ich mein's so, wie ich's sage. Meine Uhr ist stehn geblieben wie dem Jens sein Pferd.«

Vier Stoßseufzer der Erleichterung, vier Blicke zur Uhr, und vier Antworten: »Elf.«

»Da haben wir noch eine ganze Stunde. Mir wird hier oben nämlich langsam kühl.«

»Dann niese doch wie die Frau Elise.«

»Welche Vögel kriegen am leichtesten einen Schnupfen?« [23]

Alle sagten es wie aus einem Munde, und dann stand Caroline der Monica bei. »Wir schlagen zwei Vögel, ich meine zwei Fliegen mit einer Klappe«, rief sie, »wir tun was gegen das drohende Haptschi und für unsre Bildung. Ihr spürt doch alle, dass der Herr Morgenstern unsichtbar bei uns ist – wie wär's, wenn wir ihm einen Gegenbesuch machten?«

Sie grüßte artig in die Luft.

»Guten Tag, lieber Herr Morgenstern!«, rief sie. »Ich hab die allergrößte Lust, was von Ihnen zu lesen. Herr Leipzig ist grad in der Bibliothek. Wir gehen jetzt hin und borgen uns was. Sind Sie einverstanden?«

Das Funkeln nickte.

»Vorwärts, Pioniere!«, schmetterte Caroline. Sie versteckten behutsam das Blaubuch, und Gabi fragte: »Welcher Vogel liest die meisten Bücher?« Doch da in diesem Augenblick das Funkeln durch die Luke verschwand, wusste selbst sie nun die Lösung nicht mehr.

In der Bibliothek zog Herr Leipzig die Brauen kraus.

Der Morgenstern sei nichts für Kinder, erklärte er, der habe die »Galgenlieder« geschrieben, das sei eigentlich ein ganz sinnloser Unsinn, der weder fortschrittliches Wissen noch wertvolle Gefühle vermittele. Zwar dürfe dies Buch bei uns erscheinen, weil es nicht direkt kriegshetzerisch sei, doch einen Nutzen für Produktion oder Unterricht könne man nimmermehr aus ihm ziehen.

»Müssen Gedichte denn immer einen Nutzen für die Produktion oder den Unterricht haben?«, erkundigte sich Gabi.

»Sie sollten, sie sollten!«, sagte Herr Leipzig verklärten Gesichts, jedoch, so fügte er rasch hinzu, jedoch dürfe der Nutzen nicht ungebührlich eng angesetzt werden, so als ob alle Gedichte nur Anweisungen geben sollten, wie man schneller einfriere oder besser schmelze (er meine natürlich Feinfrost oder Stahl) –: Sie, die Gedichte, könnten auch zur Verteidigung des Friedens aufrufen oder die Liebe zur schönen sozialistischen Heimat erwecken oder Normen des sozialistischen Verhaltens propagieren, was durchaus auch – überflüssig, es zu betonen – in humorvoll oder spannend unterhaltender Weise geschehen könne.

»Also ich«, sagte Gabi, »finde Gedichte manchmal schön und weiter gar nichts, und dann gefallen sie mir eben. Ist das nun sehr schlimm?«

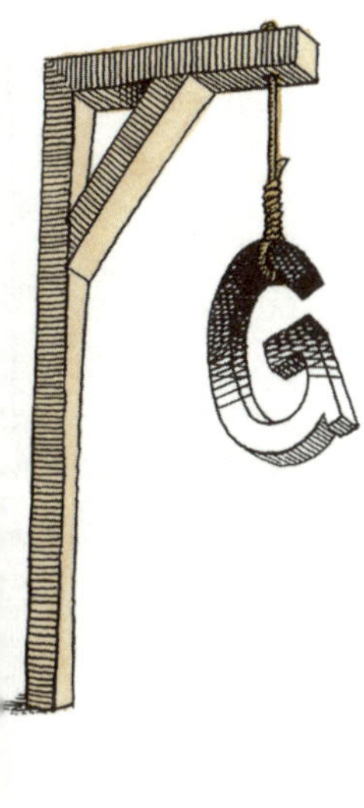

Herr Leipzig lachte.

So scharf, sagte er freundlich, wolle er die Frage nun eben nicht stellen, dafür seien die Kinder ja noch Kinder und ihre literarischen Ansprüche naturgemäß noch unentwickelt, doch werde, und da nickte er zuversichtlich, doch werde die Schule ihnen sicher noch beibringen, was ihnen zu gefallen habe und was nicht.

Das sehe er durchaus kommen, erklärte Emmanuel.

»Erzählen Sie uns doch noch was von den Galgenliedern,

Herr Leipzig«, bat Gabi, »das klingt ja unerhört gruselig. Hat der Morgenstern vielleicht Lieder gedichtet, die man trällert, wenn man am Galgen hängt?«

»Vielleicht was für Galgenvögel zum Zwitschern?«

»Oder eine Singebewegung für die Henker und ihre Familien?«

»So ähnlich ist's durchaus«, sagte Herr Leipzig eifrig, »eine Wirtshausrunde von acht Künstlern, in der auch dieser Morgenstern saß, nannte sich ›die acht lustigen Könige‹, und die erklärten, ihren regierenden Kollegen einst dadurch ein gutes Beispiel geben zu wollen, indem sie sich von ihren Hofnarren würden aufhängen lassen. Natürlich war das nur so ein unverbindliches Dahergerede und keine fortschrittliche Wirklichkeit. Dieses Spieles wegen nannten sie ihren Stammtisch den ›Galgenberg‹, ihr Mittagsmahl hieß ›die Henkersmahlzeit‹, und die Kellnerin wurde von allen nur ›Sophie, die Henkersmaid‹ genannt. Ihr seht, das ist alles dumm und unnütz!«

»Aber lustig«, sagte Jens.

»Ach, liebster, bester Herr Leipzig«, bat Gabi, und sie machte ihre lieblichsten Augen, »wir möchten so gerne nur mal reinschaun! Bitte zeigen Sie's uns doch! Wenn Sie dabei sind, kann's uns ja nichts schaden.«

Herr Leipzig schritt brummend zur Kartei.

»Ausgeliehen«, verkündete er.

»Wir können ja einfach Herrn Morgenstern bitten«, platzte Gabi heraus.

Entsetzte Blicke.

Die Vorlaute schlug sich auf den Mund.

»Schwer möglich«, sagte Herr Leipzig lachend, »Christian Morgenstern ist nämlich 1914 gestorben, kurz vor dem Ausbruch des ersten Weltkrieges, in einem Lungensanatorium in der Schweiz.«

»Was Sie alles wissen, Herr Leipzig?«, staunte Caroline.

Es sei seine Bibliothekarspflicht, sagte Herr Leipzig und strahlte andächtig in sich hinein.

»Dann danken wir Ihnen auch schön«, sagte Monica.

Herr Leipzig öffnete den Mund, den Kindern Kinderbücher zu empfehlen, da ertönte aus der Tiefe des Raumes ein merkwürdig schabendes Geräusch.

Herr Leipzig vergaß den Mund zu schließen.

»Hu«, sagte Gabi, »was scharrt denn da? Das ist ja richtig gruselig!«

Alles lauschte, und tatsächlich: an der Rückwand ein leises, stetiges Scharren.

»Ein Ungeheuer!«, kreischte Gabi, und nun sah es jeder: Langsam, ganz langsam, fast unmerklich, kroch eine handtellergroße glitzernde Schabe die rosa geblümte Tapete hinauf. Herr Leipzig stürzte hin; die Kinder ihm nach.

An der Wand hing unschuldig das Barometer.

»Eine optische Täuschung«, sprach Herr Leipzig kopfschüttelnd, »die kommt wohl daher, weil es draußen sich aufklärt.«

Er klopfte ans Glas.

»Das Barometer steigt!«, rief er erfreut.

»– die Wand hinauf!«, ergänzte Emmanuel leise, und ein Funkeln flog von der Fensterscheibe.

»Merkwürdig ist's doch«, sagte Herr Leipzig, »ich hätte schwören können, es hat sich bewegt.«

»Es gibt merkwürdige Dinge«, stimmte Emmanuel zu.

»War *das* gruselig«, sagte Gabi voll Wonne, »so stell ich mir die Galgenlieder vor!«

So ähnlich seien sie auch, sagte Herr Leipzig.

Dann läutete es, und nachmittags geschah, was die Kinder erhofften: Im Blaubuch fanden sie eine Auswahl von Gedichten Christian Morgensterns und dazu noch die dreier anderer Dichter, und diese Auswahl sah wie folgt aus:

88888888888 8 8888888

Dichter: **Christian Morgenstern**

DER GAUL

Es läutet beim Professor Stein.
Die Köchin rupft die Hühner,
Die Minna geht: Wer kann das sein? –
  Ein Gaul steht vor der Türe.

Die Minna wirft die Türe zu.
Die Köchin kommt: Was gibts denn?
Das Fräulein kommt im Morgenschuh.
  Es kommt die ganze Familie.

»Ich bin, verzeihn Sie«, spricht der Gaul,
»der Gaul vom Tischler Bartels.
Ich brachte Ihnen dazumaul
  die Tür- und Fensterrahmen!«

Die vierzehn Leute samt dem Mops,
sie stehn, als ob sie träumten.
Das kleinste Kind tut einen Hops,
  die andern stehn wie Bäume.

Der Gaul, da keiner ihn versteht,
schnalzt bloß mal mit der Zunge,
dann kehrt er still sich ab und geht
die Treppe wieder hinunter.

Die dreizehn schaun auf ihren Herrn,
ob er nicht sprechen möchte.
»Das war«, spricht der Professor Stein,
»ein unerhörtes Erlebnis!« ...

NEUE BILDUNGEN, DER NATUR VORGESCHLAGEN:

Der Ochsenspatz
Die Kamelente
Der Regenlöwe
Die Turtelunke
Die Schoßeule
Der Walfischvogel
Die Quallenwanze
Der Gürtelstier
Der Pfauenochs
Der Werfuchs
Die Tagtigall
Der Sägeschwan
Der Süßwassermops
Der Weinpintscher
Das Sturmspiel
Der Eulenwurm
Der Giraffenigel
Das Rhinozepony
Die Gänseschmalzblume
Der Menschenbrotbaum.

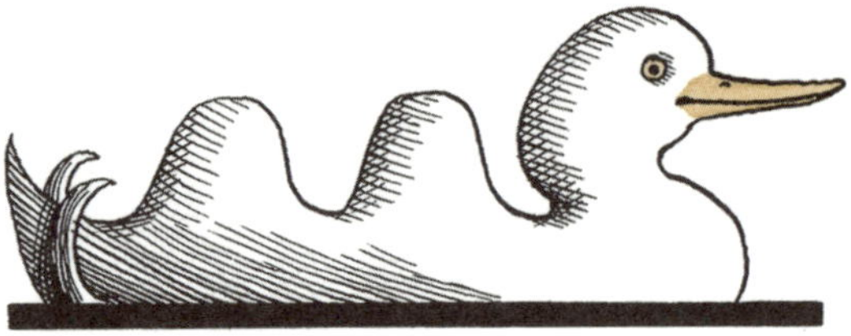

DER SEUFZER

Ein Seufzer lief Schlittschuh auf nächtlichem Eis
und träumte von Liebe und Freude.
Es war an dem Stadtwall, und schneeweiß
glänzten die Stadtwallgebäude.

Der Seufzer dacht an ein Maidelein
und blieb erglühend stehen.
Da schmolz die Eisbahn unter ihm ein –
und er sank – und ward nimmer gesehen.

BIM, BAM, BUM

Ein Glockenton fliegt durch die Nacht,
als hätt er Vogelflügel;
er fliegt in römischer Kirchentracht
wohl über Tal und Hügel

Er sucht die Glockentönin BIM,
die ihm vorausgeflogen;
d.h., die Sache ist sehr schlimm,
sie hat ihn nämlich betrogen.

»O komm«, so ruft er, »komm, dein BAM
erwartet dich voll Schmerzen.
Komm wieder, BIM, geliebtes Lamm,
dein BAM liebt dich von Herzen!«

Doch BIM, daß ihrs nur alle wißt,
hat sich dem BUM ergeben;
der ist zwar auch ein guter Christ,
lein das ist es eben.

Der BAM fliegt weiter durch die Nacht
wohl über Wald und Lichtung.
Doch, ach, er fliegt umsonst! Das macht,
er fliegt in falscher Richtung.

DER ZWÖLF-ELF

Der Zwölf-Elf hebt die linke Hand:
Da schlägt es Mitternacht im Land.

Es lauscht der Teich mit offnem Mund.
Ganz leise heult der Schluchtenhund.

Die Dommel reckt sich auf im Rohr.
Der Moosfrosch lugt aus seinem Moor.

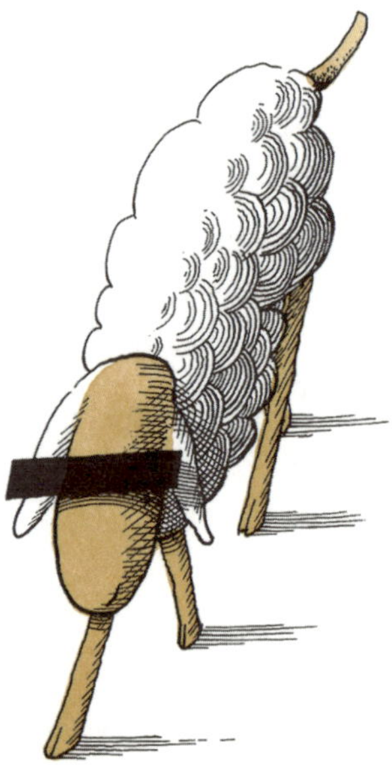

Der Schneck horcht auf in seinem Haus;
desgleichen die Katoffelmaus.

Das Irrlicht selbst macht Halt und Rast
auf einem windgebrochnen Ast.

Sophie, die Maid, hat ein Gesicht:
Das Mondschaf geht zum Hochgericht.

Die Galgenbrüder wehn im Wind.
Im fernen Dorfe schreit ein Kind.

Zwei Maulwürf küssen sich zur Stund
als Neuvermählte auf den Mund.

Hingegen tief im finstern Wald
ein Nachtmahr seine Fäuste ballt:

Dieweil ein später Wanderstrumpf
sich nicht verlief in Teich und Sumpf.

Der Rabe Ralf ruft schaurig: »Kra!
Das End ist da! Das End ist da!«

Der Zwölf-Elf senkt die linke Hand:
Und wieder schläft das ganze Land.

WIE SICH DAS GALGENKIND DIE MONATSNAMEN MERKT

Jaguar
Zebra
Nerz
Mandrill
Maikäfer
Pony
Muli
Auerochs
Wespenbär
Locktauber
Robbenbär

Zehenbär

DIE ZWEI WURZELN

Zwei Tannenwurzeln groß und alt
unterhalten sich im Wald.

Was droben in den Wipfeln rauscht,
das wird hier unten ausgetauscht.

Ein altes Eichhorn sitzt dabei
und strickt wohl Strümpfe für die zwei.

Die eine sagt: knig. Die andre sagt: knag.
Das ist genug für einen Tag.

AUF DEM FLIEGENPLANETEN

Auf dem Fliegenplaneten,
da geht es dem Menschen nicht gut:
Denn was er hier der Fliege,
die Fliege dort ihm tut.

An Bändern voll Honig kleben
die Menschen dort allesamt,
und andre sind zum Verleben
in süßliches Bier verdammt.

In Einem nur scheinen die Fliegen
dem Menschen vorauszustehn:
Man bäckt uns nicht in Semmeln,
noch trinkt man uns aus Versehn.

DER PAPAGEI

Es war einmal ein Papagei,
der war beim Schöpfungsakt dabei
und lernte gleich am rechten Ort
des ersten Menschen erstes Wort.

Des Menschen erstes Wort war A
und hieß fast alles, was er sah,
z. B. Fisch, z. B. Brot,
z. B. Leben oder Tod.

Erst nach Jahrhunderten voll Schnee
erfand der Mensch zum A das B
und dann das L und dann das Q
und schließlich noch das Z dazu.

Gedachter Papagei indem
ward älter als Methusalem,
bewahrend treu in Brust und Schnabel
die erste menschliche Vokabel.

Zum Schlusse starb auch er am Zips.
Doch heut noch steht sein Bild in Gips,
geschmückt mit einem grünen A,
im Staatsschatz zu Ekbatana.

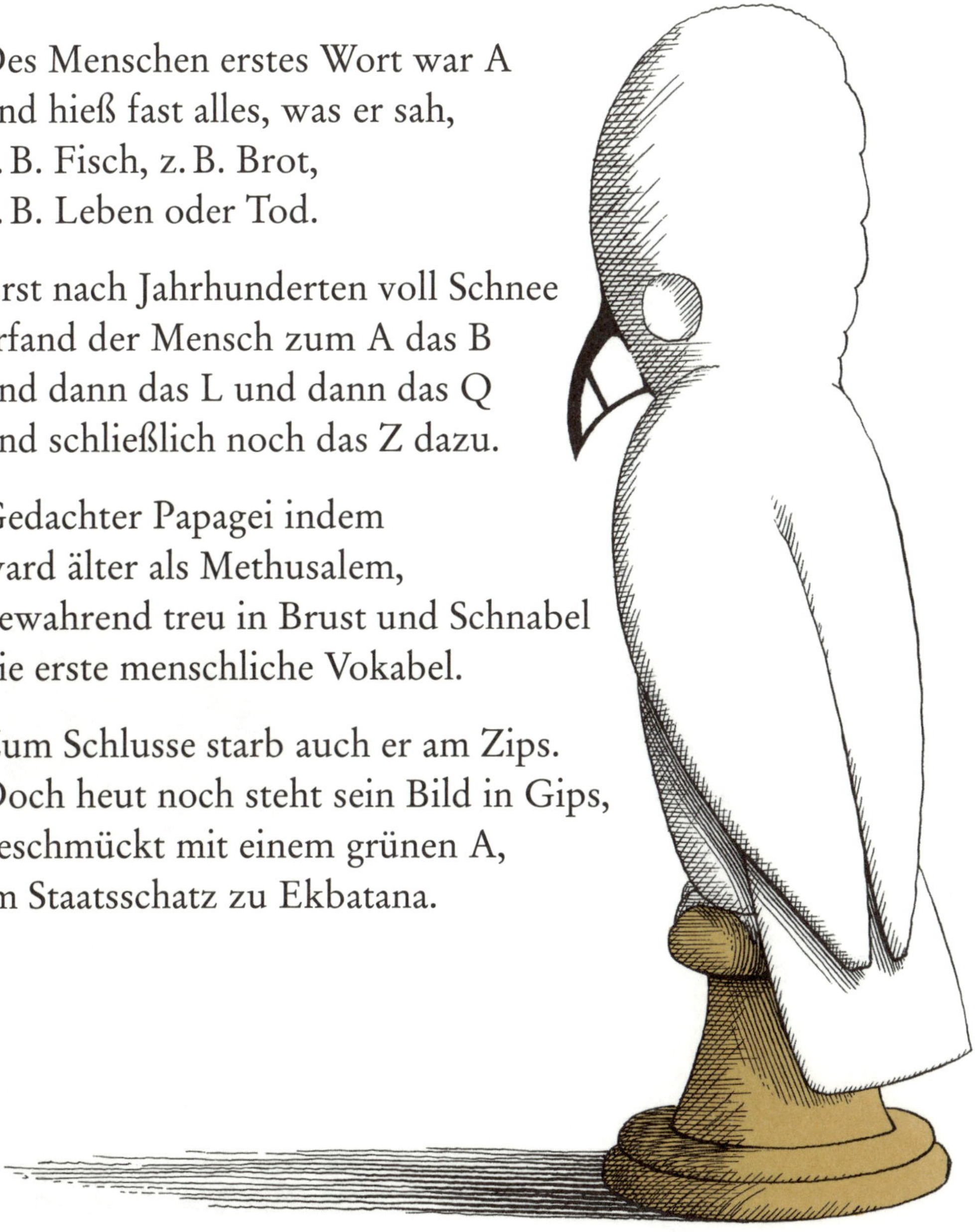

DER WERWOLF

Ein Werwolf eines Nachts entwich
von Weib und Kind und sich begab
an eines Dorfschullehrers Grab
und bat ihn: »Bitte, beuge mich!«

Der Dorfschulmeister stieg hinauf
auf seines Blechschilds Messingknauf
und sprach zum Wolf, der seine Pfoten
geduldig kreuzte vor dem Toten:

»Der Werwolf«, sprach der gute Mann,
»des Weswolfs, Genitiv sodann,
dem Wemwolf, Dativ, wie mans nennt,
den Wenwolf – damit hats ein End.«

Dem Werwolf schmeichelten die Fälle,
er rollte seine Augenbälle.
»Indessen«, bat er, »füge doch
zur Einzahl auch die Mehrzahl noch!«

Der Dorfschulmeister aber mußte
gestehn, daß er von ihr nichts wußte.
Zwar Wölfe gäbs in großer Schar,
doch »Wer« gäbs nur im Singular.

Der Wolf erhob sich tränenblind –
er hatte ja doch Weib und Kind!!
Doch da er kein Gelehrter eben,
so schied er dankend und ergeben.

DIE TRICHTER

Zwei Trichter wandeln durch die Nacht.
Durch ihres Rumpfs verengten Schacht
fließt weißes Mondlicht
still und heiter
auf ihren
Waldweg
u. s.
w.

FISCHES NACHTGESANG

—
⌣ ⌣
— — —
⌣ ⌣ ⌣ ⌣
— — —
⌣ ⌣ ⌣ ⌣
— — —
⌣ ⌣ ⌣ ⌣
— — —
⌣ ⌣ ⌣ ⌣
— — —
⌣ ⌣
—

HERR MEIER

Herr Meier hält sich für das Maß der Welt.
Verständlich *ist* allein, was *ihm* erhellt.

Herr Meier sagt, wozu doch eure Kunst,
wenn nicht für mich! Sonst ist sie eitel Dunst.

Noch mehr, bei weitem mehr: Herr Meier meint,
daß dann die Kunst im Grunde sträflich scheint.

Man muß sich eiligst von Herrn Meier wenden,
um nicht mit Mord und Raserei zu enden.

DIE KLANGGEISTER

Heute kamen die Klanggeister
Meiner persischen Sangmeister,
Die mich hatten geflohen lange,
Wie vorm ernsteren Tone bange,
Oder nur mich besucht hatten,
Ähnlich streifenden Fluchtschatten
Über sommernden Fruchtmatten.
Aber heute nun standhaltend
Mich umschwebten sie handfaltend,
Mir zu dienen mit Kunstchören,
Wenn ich wollte mit Gunst hören;
Und ich mußte den Plan loben,
Wie zu singen sie anhoben,
Und im Tanze die Bahn stoben.
Erstlich nun aus dem Chorreigen
Sah ich einen hervorsteigen,
Einen, stolz wie auf Kriegsbühnen
Hochherschreitenden, Siegskühnen;
Und im rasselnden Schildklange,
Der mir und dem Gefild' bange
Macht', entscholl es dem Wildfange:
Wie auf Feindeshaupt im Kampf die Klinge klang,
Schlangengleich um Nacken sich die Schlinge schlang!
Wie der Stahl am Panzer donnernd schlug den Schlag,
Daß ein Blitz hervor aus jedem Ringe rang!
Als ob ein Geweb' er wöbe, stob der Staub,
Und das Blut, als ob ein Springquell springe, sprang.

Dichter:

Friedrich Rückert

Und der Recke reckte sich und schlief den Schlaf,
Über den des Geiers Gier die Schwinge schwang.
Und bezwungen liegt, von hartem Zwang gezwängt,
Der sich rühmte, daß ihn nimmer zwinge Zwang.
Als nun der mit dem Klingklange
War vom kriegrischen Singsange
Angetreten, da blieb aber
Hinter ihm auch ein Liebhaber
Nicht zurück, der mit schmerzreichen
Tönen, spielenden, scherzgleichen,
So mir machte das Herz weichen:
Baum der Lieb', um den ich mich als Winde wand,
Als der Lenz ums Haupt die Blumenbinde band!
Meinem Garn entgangenes behendes Hind,
Das wie Lenzlust strich durchs blumenlinde Land!
Am Gestade, wo des Lebens Welle wallt,
Fand ich dich, die Perl', und dein Gesinde Sand.
Wie verrauschte schnell der Rausch, wie flüchtig flog
Der Genuß, o wie dein Gruß geschwinde, schwand!
Abgeblättert hat den Baum der herbe Herbst,
Und dein Nam' allein blieb an der Rinde Rand.
Nur in diesem Liebespfand empfind ich noch,
Welches Glück ich, das ich nie mehr finde, fand.
Als auch dieser im Zickzacke
Sich getrollt mit dem Schnickschnacke,
Kam noch, halb wie ein Einsiedler,
Einer, halb wie ein Weinfiedler,
Hob den Edelgesteinbecher,
Als Aufmunterungseinsprecher,
Mir, dem lässigen Weinzecher:

Geben Wolken den Weinreben
Tau, so geben die Reben Wein.
Leben kann nur der Wein geben;
Laß fürs Leben dir geben Wein!
Bekränze dich mit Rebenlaub,
Denn der Tod sinnt auf Lebenraub!

Herbst nicht raube die Weintraube,
Eh' ich raube der Traube Wein!
Mich umlaube die Weinlaube,
Der Prophet mir erlaube Wein!
Daß ich ins Blut der Trauben tunk',
ist besser als Edens Taubentrunk.
Bekränze dich mit Rebenlaub,
Denn der Tod sinnt auf Lebenraub!

Alles andre sind Scheinwonnen,
Nur in Tonnen ist Wonnenschein;
Alles andre sind Scheinsonnen,
Wie im Bronnen der Sonnenschein.
Gib nicht dein Herz dem Wonnentand,
Lehne dich fest an die Tonnenwand!
Daß ich ins Blut der Trauben tunk',
Ist besser als Edens Taubentrunk.
Bekränze dich mit Rebenlaub,
denn der Tod sinnt auf Lebenraub!

Anmerkungen:
Methusalem – ein mythischer König aus der Bibel, erreichte ein Alter von vielhundert Jahren
»Der Prophet mir erlaube Wein« – den Muselmanen ist der Alkoholgenuss von Mohammed, den sie als ihren Propheten verehren, verboten
Eden – das Paradies
Taubentrunk – Gänsewein

UNBEDEUTENDES

Von Unbedeutenden bedeutet
Bedeutendes nicht viel;
Viel von Bedeutenden bedeutet
Ein unbedeutend Spiel.

EINDRUCK UND AUSDRUCK

Laß auf dich etwas rechten Eindruck machen,
So wirst du schnell den rechten Ausdruck finden;
Und kannst du nur den rechten Ausdruck finden,
So wirst du schnell den rechten Eindruck machen.

GRAM UND GRIMM

Sag nicht, du habest Gram. Du hast nur Grimm allein.
Statt Gram zu haben, kannst du andern gram nur sein.

EINKÜNFTE UND AUSKÜNFTE

Einkommen und Einkünfte sind wohl einerlei,
Mit beiden kommt man aus im Haus.
Auskommen und Auskünfte sind doch zweierlei:
Auskommen kommt von selber aus;
Auskünfte aber braucht man manchmal mancherlei
Um auszukommen bei 'nem Schmaus.

WILLKOMMEN

Willkommen ist ein Gast, der mir will kommen;
Will er nicht kommen, ist mir's auch willkommen!
Denn eingerichtet so sind meine Feste,
Um auszukommen mit und ohne Gäste.

VERGLEICHUNG

Einst, als ich mit den Größten mich verglich,
Fand ich natürlich, daß ich kleiner war.
Darauf mit Kleinern auch verglich ich mich,
Und daß ich größer sei, wurd ich gewahr.
Seitdem ich weiß, ich bin so groß als ich,
Vergleich ich mich mit keinem ganz und gar.

RATZE UND KATZE

Auf dem Boden ist der Ratze,
Der mir meine Tauben frißt:
Sagt, was ihr zu raten wißt?
»Anzuschaffen eine Katze!«

Seht, die Katz' ist angeschafft,
Und der Ratz' ist weggerafft;
Aber an des Ratzen Platze
Frißt die Tauben nun die Katze.

Dichter: **Uwe Greßmann**

AN DEN MOND

Und triffst du die alten Freunde
Aus der Milchstraße,
Setzt du dich mit ihnen
Auf die Bank des Himmels
Und leuchtest über die Erde gebeugt
Mit der Pfeife, Rauchender.
Und redest du und nickst,
Bläst der Sturm und hüllt dich
In qualmende Wolken auch.

DIE SEIFE

Du seifst mich ja ganz schön ein
Und schäumst, als sei es vor Wut,
Weil ich dich in der Hand habe
Und du deine Abreibung kriegst.

Und wie weich du dann wirst,
Obwohl du doch so hart sein kannst.

Aber was ist das schon?
Ich halte mich über Wasser
Und Wanne, wenn ich den Stöpsel ziehe,
Und trockne mich ab.

Da, sieh mich an, Seife,
Ich bin sauber.
Und du?

TROST

Ziehen viele in
Andere Straßen
Auch, weine nicht.

Altes Haus, ich
Bleibe noch.

DER EIMER

Ich trage ihn hinaus,
Wenn er voll ist
Von Wasser;
Ihn, der einen runden Bauch hat
Und einen großen Rand
Aus Zink.

Und ich halte nicht viel von ihm,
Nur ein Stück seines Fußes;
Da schüttet er mir sein Herz aus
Seifenblasen über und über.
Im Örtchen schäumt es
Wie vor Wut und gurgelt.

Und wenn ich ihn, den Geleerten,
Dahin auf die stelle, die Erde,
Sieht er wieder anständig aus
Der Ecke da vor,
Bis er voll ist, der blaue
Farbe eines Anzugs trägt.

Uwe Greßmann

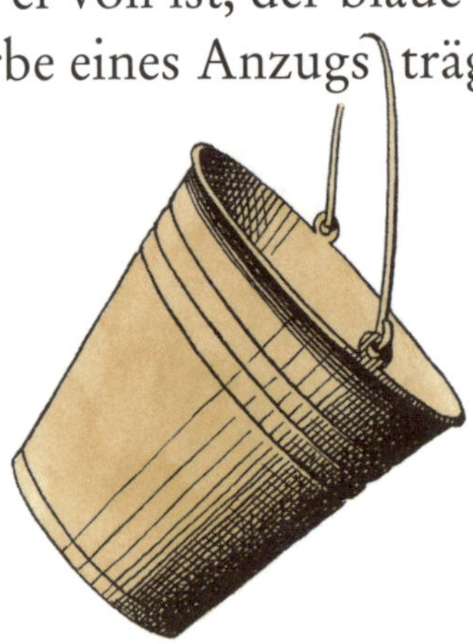

STÄNDCHEN

In den Kurven spielen
Straßenbahnen Geige.

Ach, so mancher denkt da
Seiner Freundin oder

Träumt von kommenden Dingen.
Aber die meisten klagen

Und nennen es ohrenbetäubenden Lärm,
Oder gehen achtlos daran vorüber,

Ganz einfach, weil sie, wie so oft,
Die Feier im Alltag nicht sehen.

Doch wer die Seitenstraße langgeht, kann ja,
Sucht er die Eintrittskarte

In der Manteltasche, auch
Das Konzert der Fahrzeuge da schon hören,

Falls er keine Zeit mehr hat,
Die musische Stätte direkt aufzusuchen.

ZAUNKÖNIG

Ich zwitschere einen mit meinem Schnabel;
Weil ich so ein lustiger Vogel bin,
Habe ich doch einen in der Krone,
Und sei es auch nur ein (H)uhu,
Der den Zaun festhält.

Und bin ich auch nicht Reich-
Noch Zepterinhaber,
Habe ich doch einen in der Krone,
Und sei es auch nur ein Nagel,
Der den Zaun festhält.

Und bin ich auch nicht vornehm,
Weil ich so schaukele,
Habe ich doch einen in der Krone,
Und sei es auch nur ein Handschuh,
Der am Zaun bleibt.

Doch wer du auch immer seist,
Den ich in der Krone habe,
Du Kleiner da oben:
Damit ich nicht stürze,
Weil ich König heiße;
Halte den Zaun fest!

VOR DEM EINSCHLAFEN

Ich bin ein dunkler Raum und sehe schwarz.

Nebenan oder oben wohnt Pochen.
Ich höre ihn manchmal,
Auch Straße, die mit ferner Autostimme brummt.

Und drüben ist noch Licht,
Ein Fleck an der Wand
Schließt sich gleich Lidern.

Müde.

DAS WUNDERHORN

Dichter: **Unbekannt**

Ein Knab auf schnellem Roß
Sprengt auf der Kaisrin Schloß,
Das Roß zur Erd sich neigt,
Der Knab sich zierlich beugt.

Wie lieblich, artig, schön
Die Frauen sich ansehn!
Ein Horn trug seine Hand,
Daran vier goldne Band.

Gar mancher schöne Stein
Gelegt ins Gold hinein,
Viel Perlen und Rubin
Die Augen auf sich ziehn.

Das Horn vom Elephant,
So groß man keinen fand,
So schön man keinen fing,
Und oben dran ein Ring.

Wie Silber blinken kann
Und hundert Glocken dran,
Vom feinsten Gold gemacht,
Aus tiefem Meer gebracht.

Von einer Meerfey Hand
Der Kaiserin gesandt
Zu ihrer Reinheit Preis,
Dieweil sie schön und weis'.

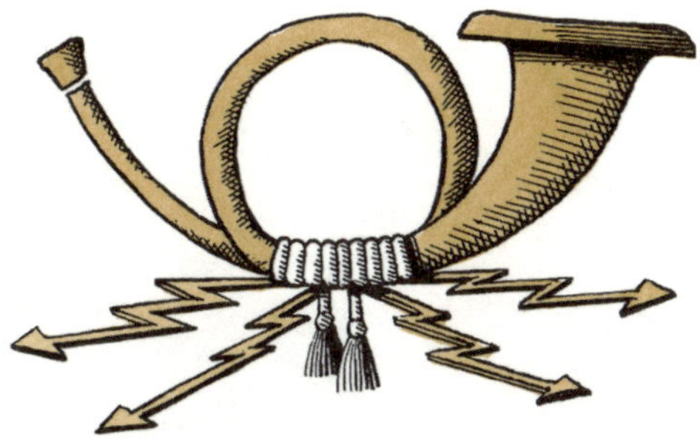

Der schöne Knab' sagt auch:
»Dies ist des Horns Gebrauch:
Ein Druck von Eurem Finger,
Ein Druck von Eurem Finger,

Und diese Glocken all,
Sie geben süßen Schall,
Wie nie ein Harfenklang
Und keiner Frauen Sang.

Kein Vogel obenher,
Die Jungfrau nicht im Meer
Nie so was geben an!«
Fort sprengt der Knab bergan,

Ließ in der Kaisrin Hand
Das Horn, so weltbekannt;
Ein Druck von ihrem Finger,
O süßes hell Geklinge!

9

»Also, das Zeug von dem Greßmann ist doch blöde!«, sagte Monica. »Ich weiß gar nicht, warum uns der Morgenstern so was hinknallt.« Caroline nickte.

Das Grau vorm Fenster kam in Bewegung.

»Ich möchte das nochmals in Ruhe lesen«, widersprach Emmanuel, »ich glaube, da steckt doch unheimlich was drin. Dies kleine Dingchen, das ›Trost‹ heißt zum Beispiel – ich hab da an einen Freund denken müssen, den alle verlassen, nur ich bleib ihm treu.«

Plötzlich schlug er sich vor die Stirn. »Leute, zu so einem Freund sagt man ja auch: ›Du altes Haus!‹ Das hat eine Doppelbedeutung, dies Wort: Es meint das Haus, das tatsächlich da steht, und es meint aber auch den alten Freund. Mal ist's wörtlich zu nehmen und mal als Vergleichung – und dadurch wird's mehr als ein spaßiges Spiel mit einem Komma davor oder dahinter.«

»Dies Gedicht fand ich auch schön«, bestätigte Gabi. »Ich hab mir's so richtig vorgestellt: Ein altes Haus, das ist traurig, weil alles weg will –«

»Unsinn«, unterbrach Monica, »ein Haus kann doch nicht traurig sein.«

»So schau dir's bloß an, wie traurig die dastehn!«

»Ach, du Dummheit, das sieht ja bloß so aus.«

»Na eben, traurig schaut's aus, weil's ihm traurig zumut ist – meinst du, es soll dann vor Lachen platzen?«

»Nu streichle es noch!«, sagte Monica. »Wer eine Neubauwohnung bekommt, der pfeift doch auf das alte Gemäuer, ob's nu heult oder nicht!«

»Das ist es ja gerade!«, sagte Gabi.

»Wohnst du im Altbau?«

»In einem Neubau.«

»Da hast du gut reden und mitleidig sein!«

»Die alten Häuser«, sagte Emmanuel, »weinen wirklich, wie alte Leute. Da läuft das Wasser die Backen runter –«

»– und die drin wohnen, kriegen Rheumatismus«, rief Caroline. »Das ist einfach Gefühlsduselei, da hat Monica Recht.«

Am Fenster jagten Wolken vorüber. Das alte Dachgebälk knisterte.

»Aber es geht doch um Menschen!«, rief Emmanuel. »Kapiert ihr das nicht?«

»Um Häuser, da steht's doch!«

»Damit meint er doch Menschen!«

»Dann soll er's gleich sagen!«

»Dann ist's kein Gedicht mehr!«

»Aber auch«, sagte Gabi, »das Haus tut mir Leid. Stellt's euch doch vor: Hundert Jahre und mehr hat es da gestanden, Kinder sind drin zur Welt gekommen, und Oma und Opa haben Partys gefeiert, mit Beat aus'm Trichtergrammophon, und welche haben sich gekracht, und welche haben sich abgeknutscht, Hunde war'n drin und Kanarienvögel, und manchmal ist wer dort auch gestorben, und das Haus ist immer drum rumgestanden und hat vor Regen und Dieben geschützt, und mit einmal heißt's dann: Nu biste alt, nu kommt der Bagger und kloppt dich klein – Mann, das ist doch grausam!«

»Also willst du die Leute drin wohnen lassen?«

»Das grade auch nicht!«

»Na siehst du.«

»Aber deswegen kann doch was traurig sein, auch wenn's notwendig ist und man alles einsieht. Keiner lebt ewig und muss mal sterben, aber das ist doch deswegen dann nicht lustig.«

»Bei Menschen ist das natürlich was andres.«

»Und es *geht* um Menschen!«, beharrte Emmanuel, der indessen im Blaubuch geblättert hatte. »Da«, sagte er, »zum Beispiel das mit der Seife – da sagt der immer was, das kann man ganz wörtlich verstehn, da bezieht sich's aufs Ding, und dabei hat's noch eine andre Bedeutung, da wird es menschlich! Da sagt er zum Beispiel zur Seife: ›Du schäumst ja –‹, also schäumen tut sie tatsächlich, versteht ihr, doch nun entdeckt er: Das könnte vor Wut sein. Und dann sagt er: Sie wird weich – und das wird sie wieder tatsächlich, die wird ja ganz moddrig, wenn sie nass ist, aber das ist auch wieder andersrum gemeint, im Sinn von: Sie lässt sich erweichen und wird nicht mehr bös sein! Das ist ein ganz doppelsinniges Ding, dies Gedicht: Da scheint sich einer mit Seife zu waschen, und dabei kappeln sich zwei und wollen einander einseifen, und der Pfiffigste setzt sich dann durch. Und so ist das, glaube ich, immer bei diesem Greßmann – man muss nur sehr genau in die Zeilen schauen. Der Morgenstern hat schon gewusst, warum er uns ihn mitgebracht hat.«

»Aber es geht auch um die Seife«, beharrte Gabi. »Stell dir das doch vor: Die muss mich waschen, und ich werd sauber, und sie wird dreckig, und dann soll sie noch nicht mal vor Wut schäumen dürfen, und obendrein wird sie noch ausgelacht, weil sie sich nicht wehren kann. Immer auf die Kleinen! Die arme Seife!«

»Aber so kann's doch auch unter Menschen sein«, verteidigte Emmanuel seine Sicht. »Und auf den Menschen vor allem kommt's an!«

»Auf die Seife auch!«, beharrte Gabi. »Ich weiß schon, was du sagen willst: Der Uwe zeigt an der Seife oder am alten Haus was Menschliches. Dazu benutzt er das Ding. Aber das ist deswegen doch auch noch da. Ich glaub, der Emmanuel nimmt's nur als Wort, ich meine, so bloß als eine Bedeutung. ›Seife‹, das ist ein Hauptwort, und: ›Die Seife schäumt‹, das ist ein Satz, aber das ist doch auch ein Ding und ein wirklicher Vorgang, nicht bloß ein Gleichnis. Meinetwegen soll ›Seife‹ einen Menschen bedeuten, aber sie bedeutet doch auch Seife, oder?«

Angestrengtes Schweigen.

»Gott, das ist alles so schwer zu sagen! Mir tut sie halt Leid!«

»Ach, wein doch ein bisschen«, spottete Monica.

»Leute, ich glaube, die Gabi hat Recht«, sagte Emmanuel langsam. »Ich versteh sie jetzt schon. Der Küssü würde sagen, da ist ein Widerspruch. Oder eigentlich keiner. Oder doch einer, und ich erkenn ihn bloß nicht. Ach, ich kann's genauso schlecht sagen!«

»Das ist doch kompletter Stuss!«, sagte Monica aufgebracht. »Da dürfte man ja die Seife nicht sieden, weil sie's da so heiß hat, die arme Kleine, und das Erz dürft' man nicht schmelzen und das Brett nicht bohren –«

»Erz hält halt mehr aus!«, erwiderte Gabi.

Emmanuel schnippte mit den Fingern. »Außerdem ist's noch – wie soll ich's nur sagen – also Erz ist doch noch bloße Natur. Die schmeißt ja auch rum, mit Blitzen und Lava und so, da hat es das Erz ja auch nicht leicht. Doch niemand wird sagen: Der arme Ätna, muss der aber einen rauhen Hals haben! Das Stahlwerk ist fast noch so ein Vulkan, aber die Gabel ist ein Ding, das nicht mehr Natur ist, das ist schon was Andres. Da bin ich irgendwie verantwortlich für. Wenn einem Brocken Erz eine Zacke abbricht, da ist gar nichts. Aber wenn einer Gabel eine Zinke wegknackt, ist sie beschädigt, und der Stiel allein ist keine Gabel mehr. Ein Mörtel ist Mörtel, der wird halt gemischt, da ist's eben bloß Kies und chemisches Zeug. Aber ein Mauerwerk dann und ein Haus – das ist mehr als Natur. Das ist einfach menschlich geworden, versteht ihr?«

Er wandte sich an Caroline. »Kennst du den eigentlich, diesen Uwe?« Caroline schüttelte den Kopf.

»Nie gehört«, sagte sie, »und nie was gelesen. Doch ihr habt Recht: Man muss genau hinschauen. Beim ersten Mal dacht ich wirklich, das ist bloß Gemuschel.«

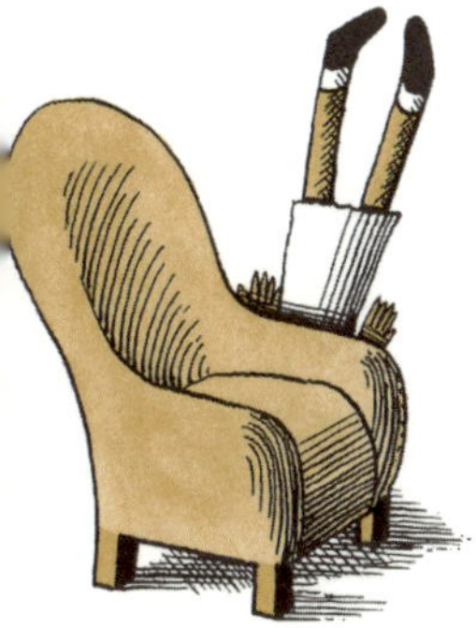

»Also mich«, sagte Monica, »haut's nicht vom Sessel. Ein altes Haus ist ein altes Haus, und Seife ist Seife, was soll da dran sein. Da kriegt ich ja Zustände, wenn ich aufs Klo geh, dass ich das vielleicht beleidige! Aber der Friedrich, den find ich toll! Das ist Kunst, Leute! Das kann wirklich nicht jeder, das mit dem Klingklang und Schlingschlang und so. Das ist doch was Schöneres als bloß: ›Du schäumst ja!‹ Das müsste sich auch prima singen lassen, und im Chor so ganz dumpf ›schlung schlung schlung‹ dazu. Warum macht da bloß keiner ein Lied davon, für den Frank Schöbel oder den Oktoberklub*? Wahrscheinlich, weil keiner den Text kennt, und dabei hätt' der Chancen für die Schlagerparade!«

»Da gehört's auch hin!«, sagte Emmanuel scharf. Er schnippte wieder mit den Fingern. »So'n Zeug, *das* kannst du auf'm Klo machen, das kommt nämlich grade so raus, aber der macht ein Buch damit voll: Ich kack den Kack und pack das Pack und poch den Poch und koch den Koch und mops den Mops und hops den Hops und dampf den Dampf und mampf den Mampf und krampf den Krampf und wurzel die Wurzel und purzel den Purzel, na und so weiter bis nach Weihnachten – ich glaub, das ist hohle Hohlheit und leere Leere.«

»Warum hat's uns der Morgenstern dann aufgeschrieben?«

»Vielleicht will der uns auf die Probe stellen.«

»Das könnt' er genauso gut mit der Seife wollen!«

»Jens, was meinst du?«, fragte Caroline.

»Na ja«, sagte Jens unendlich langsam, »am besten gefiel mir das mit dem Pferd. Wie das plötzlich so vor der Tür stand –«

Monica blickte schräg, doch Jens dachte nicht mehr an die dampfenden Hälse, »– vor der Tür stand und an die Rechnung mahnte, und keiner verstand es!«

»Das arme Pferdchen!«

»So steh ich auch manchmal da«, sagte Jens, »wenn ich für Mutti Beitrag kassieren muss, da starren die Leute mich auch so an, als ob ich ein Pferd wär und pferdisch spräche.«

»Wahrscheinlich hast du'n Kaugummi im Mund.«

»Nicht immer«, sagte Jens, »aber eine gute Idee ist's. Hat einer einen? Hier oben müsst ein Kühlschrank sein.«

»Im Kühlschrank sind doch keine Kaugummis!«

»Hast du Pudding in der Hosentasche?«

Gabi stieß dort noch auf ein Hustendrops, und Jens war's zufrieden.

»Mit dem Gaul, das fand ich auch gut«, sagte Emmanuel, »nun weiß ich, wo die ganzen Pferdewitze herkommen. Kennt ihr den? In eine Disko kommt ein Pferd, setzt sich an die Theke und bestellt ein Bier. ›Komisch, was?‹, sagt der eine Disk-Jockei zum andern. – ›Ja‹, sagt der andre zum einen, ›ich wundre mich auch, der ist doch von der Einstufungskommission*, die sollen doch keinen Alkohol trinken!‹«

Die Kinder hatten ihn gekannt, und auch den mit dem Schach spielenden Pferd, den nun Caroline, und den mit dem singenden Pferd, den Monica erzählen wollte.

»Das wär auch so ein Spiel«, sagte Gabi, »wer alles vor der Tür stehen könnte!«

»Das ist doch aber kein Sprachspiel mehr.«

»Dann machen wir eines draus!«, rief Caroline, »und ich weiß auch schon wie: Der Besucher muss aus dem Wort rausspringen, vor dem er steht. Also: Vor der Tür, da steht ein Türke. Vor dem –« Sie begann zu suchen.

»Vor der Bank steht ein Bankier«, half Monica.

»Die gibt's doch nicht mehr!«

»Dafür ist's doch ein Spiel.«

»Ich«, sagte Caroline, »hab was Passendes: Vor dem Haus steht ein Hausierer.«

»Du meinst ein Haustier?«, verbesserte Gabi.

»Nein, ein Hausierer.«

»Was ist denn das?«

»Ganz genau weiß ich das auch nicht«, gestand Caroline.

»Die waren auch bloß früher mal – ich glaube, das waren Kapitalisten*, die nur zu Fuß durch die Gegend zogen.«

»Vor dem Haus«, sagte Jens, »steht die Hausmacherleberwurst.«

»Toll, Jens, weißt du noch was so Schönes?«

»O ja«, sagte Jens: »Vor dem Bock steht die Bockwurst. Vor dem Tor steht die Torte. Vor dem alten Knacker stehn die Knacker. Vor dem Bullen steht die Bulette. Vor dem Saal steht Saala –«

»Nu sag bloß«, schrie Monica, »vor dem Saal steht Saalami!?«

»Nein«, sagte Jens, »vor dem Saal steht Saalat.«

»Leute, das wird zu mühsam!«, sagte Emmanuel. »Machen wir's lieber bloß so, wie's Gabi vorschlug. Stellt euch vor – plötzlich klingelt's draußen, und vor der Tür steht ein Eskimo* und will dich zum Kaiser vom Nordpol ernennen.«

»Mit einer Krone aus Schnee!«

»Und einem Eiszapfen als Zepter!«

»Und jeden Sonntag gibt's Walgulasch mit Lebertran!«

»Oder«, schlug Gabi vor, »einer vom Sirius, so'n grünes Männeken mit zehn Augen rund um den Hals, und in jedem Ohr einen Supercomputer, und der fragt, wo der Hausvertrauensmann* mit dem Meldebuch* wohnt.«

»Oder«, sagte Monica, »es ist der Nachbar, der hat gerade im Rundfunk gehört, Amerika ist sozialistisch geworden.«

»Oder einer klopft an«, sagte Caroline, »ob man etwas

Spargel und Räucheraal abhaben möchte, er hätte zu viel davon eingekauft.«

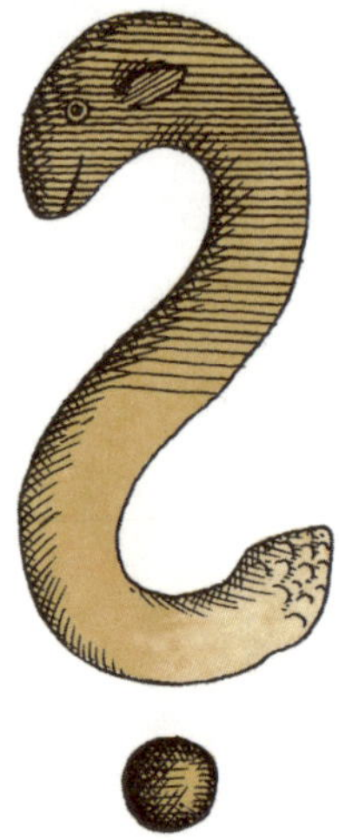

»Das«, sagte Emmanuel, »spielen wir nicht. Das ist nun wirklich *zu* unwahrscheinlich.«

»Oder«, sagte Jens strahlend, »oder ich sitz da, in der Stube, am Tisch –«

» – und ess Pudding.«

»Nein, nicht immer Pudding.«

»Dann Kuchen.«

»Auch nicht. Es ist ja nicht wirklich, ich kann mir was wünschen. Also ich esse eine Bulette.«

»Bloß eine?«

»Eine Bulette. Und dann klopft es.«

»Und da isst du weiter!«

»Nein, da wundre ich mich.«

»Weil's klopft?«

»Ja, weil die Tür grad noch aufgewesen ist, und nun ist sie zu. Also das wundert mich, und da ess ich nicht weiter.«

»Jens, du bist der geborene Geschichtenerzähler. So spannend wie du kann das nicht mal Herr Leipzig! Also du legst die Bulette weg?«

»Ja, weil ich mich doch gewundert habe, weil der klopft, weil nun die Türe zu ist. Da leg ich die Bulette weg –«

»– auf den Teller –«

»– ja, auf den Teller, weil es geklopft hat an der Tür. Ich leg die Bulette auf den Teller, und dann steh ich auf –«

»Wieso das, Jens?«

»Na, weil ich doch an die Tür gehn will, wo es grad geklopft hat. Das hat nämlich geklopft, weil die Tür jetzt zu ist –«

»– die grade auf war?«

»Sag ich doch! Da hab ich die Bulette also weggelegt –«

»– auf den Teller –«

»Ja, weil's geklopft hat an der Türe –«

»– die zu ist –«

»– richtig, weil sie nicht auf ist, obwohl sie doch grad noch offen war. Das ist es ja, was mich so wundert —«

»– dass du aufhörst zu essen!«

»Genau das. Ich geh also an die Tür, wo's geklopft hat –«

»Und die Bulette lässt du liegen?«

»Ganz ohne Aufsicht?«

»Nu lass ihn erzählen, verdammt noch eins! Also du gehst an die Tür –«

»– wo's geklopft hat –«

»– und die vorher noch auf war –«

»– jetzt aber zu ist –«

»– sonst könnt's ja nicht klopfen, versteht ihr das nicht? Also nun geh ich an die Tür, wo's geklopft hat, und frag: Wer ist da? Und da sagt draußen einer: ›Na ich!‹ Und dann frag ich: ›Wer ist das, ich?‹, und da sagt der: ›Na, ich bin ich, wer soll ich sonst sein!‹

Und da mach ich die Tür auf, und wer steht draußen?«

»Wer, Jens?« (Gabi, Monica, Emmanuel)

»Ich!«

»O«, sagte Emmanuel.

»Oh!«, sagte Monica.

»Ooo«, sagte Gabi.

»O Jens, o Jens!«, sagte Caroline, »das ist aus Berlin, und das gibt's schon ewig:

Ich sitz am Tisch und esse Klops.
Uff eenmal kloppts.
Ick kieke, staune, wundre mir:
Uff eenmal kloppts da an die Tür?
Nanu, denk ick, ick denk: Nanu,
erst warse auf, jetz isse zu.
Ick jehe raus und kieke,
und wer steht draußen? – Icke.«

»Tatsächlich!«, staunte Jens. »Das kannt ich noch nicht.«

»Leute, fällt euch was auf?«, fragte Emmanuel.

»O ja«, sagte Monica, »dass der Jens ein durchtriebener Halunke ist, der uns dauernd an der Nase herumführt!«

»Ich mein was andres«, sagte Emmanual. »Mir fällt auf, dass es zwei ganz verschiedene Sorten von Wörtern gibt – pferdige und ichige. Also ich mein's so: Ein Pferd ist immer ein Pferd, egal, wer das sagt, ob's ein Mensch vom Pferd sagt oder ein Pferd von sich selbst, wie der Gaul beim Herrn Professor Stein. Aber ›ich‹ – das hängt ganz von dem Sprechenden ab. ›Pferd‹, das kann immer nur ein Pferd sein, aber ›ich‹, das kann jeder sein, der ›ich‹ sagen kann. Und genau so auch ›du‹. Ich sag zu dir: ›Du!‹, und da bin ich ich und du bist du, aber von dir aus, da bist du ›ich‹, und ich bin ›du‹, und von einem Dritten aus sind wir beide ›sie‹ und jeder einzelne ›er‹ – da wird einem richtig schwindelig!«

»Oder links und rechts«, sagte Monica staunend, »oder vorwärts und rückwärts – da kommt's ganz drauf an, wo du stehst!«

»Und Gegenwart, Zukunft, Vergangenheit.« (Caroline) »Das ›heute‹ war gestern ›morgen‹, und morgen ist's ›gestern‹. Und ›gestern‹ ist morgen ›vorgestern‹, und über-

morgen gibt's dafür kein Wort mehr – das haut dich um! Da fließt ja die Sprache so, wie die Zeit fließt!«

»Oder Großmutter, Mutter und Kind, und Onkel und Neffe und Schwager«, trug Gabi bei. »Mein Vati ist von mir aus Vater, doch vom Opa aus gesehen ist er Sohn, und von meinem Onkel aus ist er Bruder, und von meiner Mutter aus Ehemann: Stellt euch vor: Nicht mal in der Partei*, aber vier Funktionen auf einmal, oder eigentlich fast unzählig viele, wenn man die ganze Verwandtschaft nimmt!«

»Oder ›hinauf‹ und ›herein‹ und ›hinein‹ und ›heraus‹!«

»Leute«, sagte Emmanuel, »das ist wirklich irre! Da steh ich als Mittelpunkt vom Weltall, und alles richtet sich nach mir. Irgendwie ist das doch unsozialistisch!«

»Und wie ist das«, fragte Gabi, »mit solchen Wörtern wie ›gut‹ oder ›lieb‹ oder ›schön‹ und so? Die hängen doch eigentlich auch ganz von mir ab! Ich find zum Beispiel den Uwe gut, also den mit der Seife, und die Monica findet ihn schlecht – wie ist das? Gibt's da überhaupt ›gut‹ und ›schlecht‹ so wirklich und klar als gut und schlecht, wie ›Pferd‹ ein Pferd ist und ›Kuchen‹ Kuchen?«

»Verdammt kniffelig«, gestand Caroline.

»Deswegen«, erklärte Monica, »hat doch der Marx die Dialektik* erfunden. Die sagt, was für den Kapitalisten gut ist, Ausbeutung und Profit und so, das ist für den Arbeiter schlecht, und umgekehrt.«

»Das schon«, sagte Emmanuel, »aber es muss doch über die Bedeutung der Wörter zuvor eine Übereinkunft getroffen sein: Wenn ich zu etwas sage, das ist gut oder schlecht, so muss ich doch vorher wissen, was ›gut‹ und ›schlecht‹ heißt, sonst könnt ich das Ding ja nicht so nennen!«

»Das ist mir zu hoch.«

»Pass auf!«, Emmanuel hob eine Schieferplatte in die Höhe. »Schau mal, wie schön zuppa die Platte ist«, sagte er.

Ratlose Augen.

»Was ist denn das: ›zuppa‹?«

»Meinst du ›sauber‹?«

»Nein, ich mein zuppa. Schön zuppa, nicht?«

»Spinnst du?«, erkundigte sich Monica.

Emmanuel lachte und warf die Schiefertafel weg.

»Seht ihr«, sagte er, »wenn ich ein Wort gebrauche, so muss man doch wissen, was es heißt. Wenn wir nicht wissen, was ›zuppa‹ bedeutet, hat es keinen Sinn, ein Ding so zu nennen. Genauso ist es mit ›gut‹ und ›schlecht‹. Man muss doch zuerst wissen, was unter ›gut‹ und ›schlecht‹ zu verstehn ist, ehe man etwas damit bezeichnen kann. Aber wenn ich das weiß, und ich *muss* es wissen, dann gibt es ›gut‹ und ›schlecht‹ genauso wirklich und unmissverständlich, wie es Pferde oder Kuchen unzweifelhaft gibt.«

»Donnerwetter ja«, sagte Caroline.

»Du kannst nicht Recht haben«, sagte Monica, die Staatsanwaltstochter. »Ich werd es dir beweisen. Pass auf. Du findest also die Gedichte von dem Uwe gut?«

»Klar doch!«

»Und die vom Friedrich schlecht?«

»Hundsmiserabel.«

»Ha – und jetzt willst du jemand, der das nicht weiß, erklären, was ein gutes und was ein schlechtes Gedicht ist, und da sagst du: Also ein gutes Gedicht, das ist so wie das, was der Uwe dichtet, und schlecht ist das, was der Friedrich macht! Aha, sagt der Neugierige, jetzt weiß ich also, was gut und was schlecht bei Gedichten ist, doch dann fragt er zur Sicherheit noch einen zweiten, und diesmal mich, und *ich* sage ihm: Gut ist ein Gedicht dann, wenn's so ist, wie es der Friedrich macht, und schlecht, wenn's so wie dem Uwe sein's ist. Das ist also genau andersrum – wie soll der arme Hund da verstehen, was gut und was schlecht ist!«

»Jetzt weiß ich wirklich nicht weiter«, gestand Emmanuel.

»Aber ich, aber ich, aber ich, aber ich!«

Caroline meldete sich handschlenkernd und zappelnd. »Ich weiß, ich weiß, wie es weitergeht! Wir müssen es einfacher anfangen. Passt auf. Nehmen wir ›gut‹ und ›schlecht‹ bei etwas zum Essen. Dem Jens schmeckt Kürbis, und mir graut davor. Nun kann man aber ja sehen, ob's einem schmeckt oder nicht, dafür gibt's klare Erkennungszeichen. Wenn der Jens Kürbis isst, dann strahlt er –«

»Nein«, sagte Jens, »das tu ich nicht.«

»Wieso denn? Ich denke, dich knallt's nach Kürbis?«

»Strahlen«, sagte Jens, sich die Lippen leckend, »strahlen lenkt nur vom Kauen ab.«

Caroline seufzte wie Uwes Haus.

»Also gut, *du* nicht, dich gibt's auch nur einmal, doch die meisten strahlen, wenn's ihnen schmeckt. Also kann ich doch sagen: Gut ist das, was einen strahlen und sich den Bauch reiben und grunzen macht – und was bewirkt, dass er sich schüttelt und die Schnute verzieht, das ist das Schlechte! So ist's beim Essen und so bei Gedichten – wenn einer sie gut findet, dann gluckst ihm die Freude darüber aus den Augen, oder er reibt sich die Hände und lacht still vergnügt in sich hinein. Das wären eindeutige Merkmale für ›gut‹ und ›schlecht‹ – so eindeutig wie solche für Pferde und Kuchen. Insofern hat Emmanuel Recht. Nun ist aber dann im Einzelfall ›gut‹ und ›schlecht‹ für jeden was ganz Verschiedenes – und insofern hat auch Monica Recht.«

»Da hast du Recht!«, sagte Emmanuel.

»Da hast du Recht!«, gestand auch Monica zu.

»Aber wer *hat* denn nun Recht?«, wollte Gabi wissen, »der, dem Kürbis schmeckt, oder der, dem er nicht schmeckt?«

»So kannst du nicht fragen«, sagte Caroline. »Über Geschmäcker lässt sich dann nicht mehr streiten.«

»Von *seinem* Standpunkt aus hat dann jeder Recht«, trumpfte Monica auf: »Drum gibt's eben zweierlei Moral, und zweierlei Recht, und zweierlei Wahrheit.«

»Das kann nicht sein!« (Emmanuel) »Es kann doch nur *eine* Wahrheit geben!«

»Es gibt aber zwei!«, beharrte Monica.

»Warum denn grad zwei?«

»Die Kapitalisten-Wahrheit und die Arbeiter-Wahrheit!«

»Aber das«, warf Caroline ein, »das kannst du doch nicht immer so sagen. Wer ist da beim Kürbis der Ausbeuter – der Jens oder ich? Das wird doch lachhaft!«

»Der Jens ist der Arbeiter«, sagte Gabi, »denn er macht was, und wenn's bloß das Kürbisglasleermachen ist. Die Caroline ist der Ausbeuter, denn die schaut ihm bloß zu.«

»Aber sie wird doch nicht reich davon.« (Emmanuel)

»Leute«, sagte Caroline, »das wird immer verrückter! Wenn man das Ding echt zu Ende dächte, so käme schließlich noch heraus, dass jeder seine eigene Wahrheit hätte!«

»Man soll aber alles zu Ende denken«, sagte Emmanuel mit Nachdruck.

»Na ja, *grund*sätzlich schon, aber doch nicht so grund*sätzlich*.«

»Doch!«

»Na denn, gute Reise zum Grund der Probleme!«

»Ich glaube, wir sind schon ganz nahe am Ziel. Das mit gut und schlecht schmecken leuchtet mir ein, aber eines gar nicht: Dass es zwei oder mehr verschiedene Wahrheiten von ein und derselben Sache gäbe.«

»Na, dann denk nur schön weiter«, sagte Caroline. »Ich will euch inzwischen was erzählen, das fiel mir bei den ichigen Wörtern grad ein. Das heißt, es ist eigentlich nicht ichig, ich fürchte, da steckt wieder 'ne neue Macke dahinter. Kennt ihr die Geschichte vom Odysseus und dem einäugigen Riesen?«

Monica kannte sie, die anderen nicht.

Also der Odysseus, das war so ein alter Grieche,

erzählte Caroline,

wie der Homer oder der Hesiod. Der fuhr immer auf dem Meer herum, das konnte man damals ganz ohne Ausweis. Da kam er mit seiner Mannschaft einmal auf eine Insel zu einem Riesen, der hatte nur ein einziges Auge und schreckliche Lust auf Menschenfleisch. Wie der Odysseus mit seinen Leuten nun in der Höhle beim Riesen war, in der Höhle, wo auch das Vieh drin hauste, verrammelte der Riese den Eingang und sagte: »So! Jetzt fress ich euch!«

»Da musst du dich aber zuerst vorstellen«, sagte Odysseus, »damit wir auch wissen, wer uns da frisst.«

»Ich heiße Polyphem«, sagte der Riese.

»Angenehm«, sagte Odysseus, »und ich heiße Niemand.«

»Das ist aber ein komischer Name«, sagte der Riese, »und wie heißen deine Leute?«

»Die heißen auch Niemand!«, sagte Odysseus.

»Na denn, Mahlzeit!«, sagte der Riese und packte einen Griechen beim Schopf und fraß ihn, ganz einfach, mit Knochen und ohne Rohkostsalat. Dann legte er sich hin und schlief. Da pulte der Odysseus ein Holzscheit aus dem Feuer, das war so lang wie ein ganzer Baumstamm, da haben sie alle mit anfassen müssen, und sie brannten dem Riesen sein Auge aus. Davon wurde der natürlich mal wach, und als er merkte, was los war, begann er zu brüllen. Da kamen die andren Riesen gelaufen, die wohnten weit im Gelände verstreut, und die fragten: »Was steht an, Polyphem? Hat dich jemand überfallen, dass du so brüllst?«

Da antwortete der Polyphem: »Niemand hat mich überfallen! Niemand hat mir ein Leid angetan!« – »Na was brüllst du dann so schauderhaft?«, fragten die Riesen verärgert, »man kann ja nicht schlafen. Das ist doch ruhestörender Lärm!« – Da brüllte der Riese Polyphem wieder: »Liebe Riesen, Niemand hat mir mein Aug ausgestochen, bitte schlagt doch Niemand tot!«

Da sagten die Riesen: »Der ist betrunken, der Polyphem, der hat Prämie gekriegt und alles versoffen«, und sie gingen wieder heim. Und der Polyphem brüllte immer hinter ihnen her, sie sollten Niemand fangen, und sie sollten Niemand den Kopf abbeißen, weil Niemand hergekommen sei und Niemand hier wäre! Da haben sie nicht mehr auf ihn gehört, und so hat sich Odysseus dann retten können.

»Und der Riese hat nichts zu essen gehabt?«, fragte Jens, doch diesmal sagte selbst Gabi nicht: »Der arme Riese!«

»Da hast du doch deine zwei Wahrheiten!«, rief Monica triumphierend.»›Es ist gut, den Odysseus zu fressen‹ – das ist die Wahrheit der Riesen! ›Es ist gut, sich vom Riesen nicht fressen zu lassen!‹ – das ist die Wahrheit der Menschen. Beide sind unversöhnlich. Da hast du's!«

»Und jetzt *hab* ich's auch!«, rief Emmanuel. »Es gibt dennoch und dennoch nur *eine* Wahrheit! Passt auf!«

Er zeigte auf Jens, der links von Gabi und rechts von Monica stand und Drops lutschte. »Hast du Jens zur Linken oder zur Rechten?«, fragte er Gabi.

»Zur Linken natürlich«, sagte sie.

»Und du?«, fragte Emmanuel die Monica.

»Zur Rechten, das siehst du doch!«, sagte Monica.

»So«, sprach Emmanuel triumphierend, »das wären also zwei Wahrheiten: ›Jens steht zur Linken‹ – das wäre die Gabi-Wahrheit, und: ›Jens steht zur Rechten‹, das wäre die Monica-Wahrheit. Aber die Wahrheit heißt: ›Für Gabi steht Jens zur Linken‹, oder: ›Für Monica steht Jens zur Rechten‹, und beides ist ein und dasselbe! Das sind keine zwei Wahrheiten, das ist nur eine, und die gilt für jeden, der sie sagt! ›Jens steht zur Rechten von Monica‹ – das kann Monica sagen, und Gabi auch, weil es einfach Fakt ist, aber: ›Jens steht zur Rechten‹ – das ist keine Wahrheit, das ist einfach nur ein halber Satz, dem das Wichtigste fehlt!«

»Das ist«, wandte Monica ein, »eine Ortsbestimmung, und wenn ich ›links‹ oder ›rechts‹ sage, muss ich natürlich hinzufügen, von wo aus. Aber beim Riesen und Odysseus ist's was Andres –«

»Eben nichts Andres!«, rief Emmanuel, »da ist es genauso eine Ortsbestimmung, nur diesmal eben nicht geometrisch, sondern – also ich würd' sagen: moralisch. Da brauchst du genauso einen Bezugspunkt. Vergleich einfach die Polyphem-Wahrheit: ›Es ist gut, Odysseus zu fressen‹ mit der Gabi-Wahrheit: ›Jens steht zur Linken.‹ Da fehlt doch in beiden Fällen das Wichtigste! Das sind einfach unvollständige Sätze, so unvollständig wie etwa: ›Das Pferd hat heute –‹ oder ›Der Kuchen wurde von –‹. Bei diesen Sätzen sieht jeder, dass etwas fehlt. ›Jens steht zur Linken‹ ist auch nur halb, aber da fällt es nicht auf, weil's grammatisch stimmt.«

»Ich kapier's, ich kapier's!«, jubelte Caroline. »Passt auf: Man sollte in solchen Fällen immer ›bummsdrara‹ einsetzen: ›Jens steht für bummsdrara zur Linken‹, oder: ›Es ist für bummsdrara gut, Odysseus zu fressen‹, dann wäre die Lücke offensichtlich.«

»So ist es!«, rief Emmanuel. »Der Satz mit der geometrischen Ortsbestimmung muss heißen: ›Für Gabi steht Jens zur Linken‹, und die moralische Ortsbestimmung, der Satz von den Riesen und Menschen, wird dann erst sinnvoll, wenn sie lautet: ›Für Polyphem ist es gut, Odysseus zu fressen‹ – und diese Wahrheit würden beide anerkennen, der Polyphem sowieso, doch Odysseus auch. Sonst brauchte er den Riesen ja nicht zu blenden. Es kann immer nur eine Wahrheit geben!«

»Aber Arbeiter-Wahrheit und Kapitalisten-Wahrheit sind doch einfach Fakt!«

»Ich glaube, da wird das Wort ›Wahrheit‹ im Sinne von Weisheit gebraucht«, erwiderte Emmanuel. »Da ist's genau richtig! Es gibt eine Arbeiter-Weisheit, die hält fest, was für den Arbeiter gut ist, und es gibt eine Kapitalisten-Weisheit, die ausspricht, was den Ausbeutern nützt. Aber die Wahrheit ist immer dieselbe und immer eine!«

»In diesem Augenblick krachte ein Sturmstoß ans Fenster, die Regengräue wehte vorüber, und das Blau des Himmels erschien. Gleichzeitig aber, im plötzlichen Licht, begann das Blaubuch im Schutt zu leuchten, und es wollte den Kindern scheinen, als eilten die beiden Hoffnungsfarben, die der Natur und die des Geistes, aufeinander zu, um sich zu umarmen oder ringend ihre Kräfte zu messen. Ein Wind begann ohne Wehen zu sausen, ein Blau drang stürmisch in das andre, und die Ränder der beiden Zonen vermischten sich überm braungelben Holz zu einem Nebel aus magischem Grün, aus dem plötzlich mit geschwungenem Säbel das Türklein wie ein Krieger sprang.

»Ihr seid am Ziel!«, rief Küslübürtün, den Krummsäbel und die Pfeife schwenkend, »nach Stunden viel / seid ihr am Ziel / und alles begann mit einem Spiel / beinah erliegend der Langweile Starrheit / und des Regenwetters Narrheit / wurde euch spielend Offenbarheit / über des gleichvokaligen Wortes Bizarrheit / so schuft ihr euch über Buchstaben Klarheit / und fandet schließlich hin zur Wahrheit: Wie sie so herrlich dem Weisen sich darbeut / wenn er im Denken keine Gefahr scheut / wenn sie auch noch so schauderbar dräut / dass sich sei –«

»Küssü, liebster Küssü«, unterbrach Gabi, »*musst* du im Ton von dem Friedrich sprechen?«

»Nicht *ich* sprech in seinem / *er* borgte sich meinen«, erwiderte Küslübürtün, den Schutthaufen wie eine eroberte Festung besteigend, »er dichtete im Ton der Makamen / die des Morgenlands Dichter immer als Rahmen / ihrer erlesnen Gedanken nahmen / alle Schätze des Geistes auszukramen / wie sie aus Urzeiten auf uns kamen / als Erbe all der arbeitsamen / wilden wie zahmen / und niemals lahmen / – also gut, und meinetwegen; mir gehn auch langsam die Reime aus! Hat der Rückert versucht, in des Morgenlands Weise sich zu verströmen, so will ich mich in deutscher Art bezähmen und knapp und bündig zu fassen versuchen:
Ob Sonne oder Regen in Masse / ihr wart Klasse!«

Die fünf strahlten wie das Buch und der Himmel zusammen.

Da läutete es.

»Lauft«, mahnte Küslübürtün, »ich warte auf euch. Wenn ihr pünktlich seid, dürft ihr nochmals runter.«

»Wartest du wirklich?«

» Pionierehrenwort*!«

»Großes?«

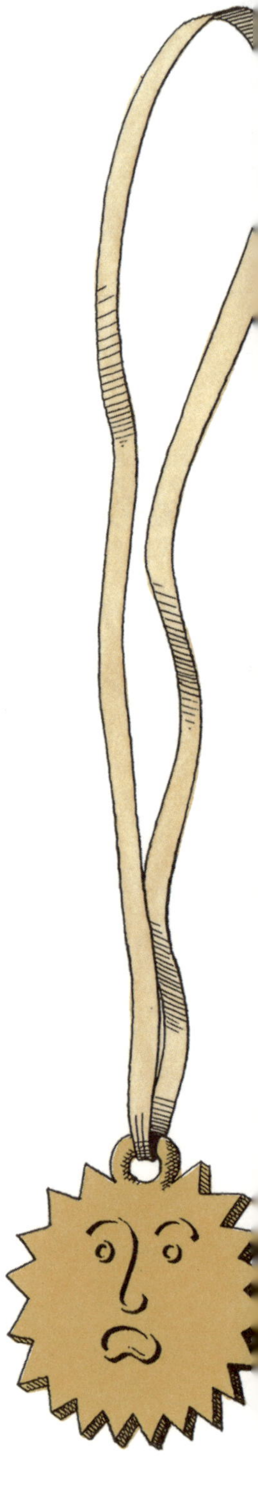

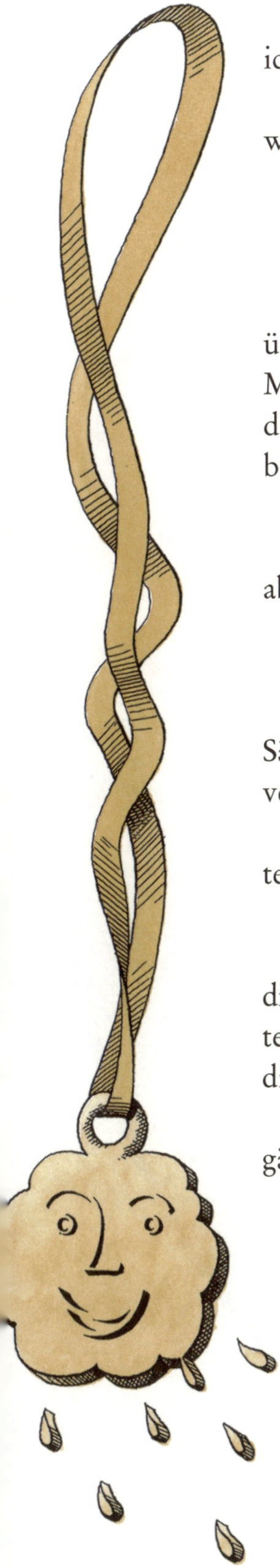

»Mit Strippe und Schippe. Ich kann ja gar nicht weg, denn ich habe eine wichtige Nachricht.«

Da machten die Kinder, schon unter der Tür, alle fünf wieder kehrt.

»Was denn für eine?«

»Nach dem Essen!«

»Ooch, jetzt gleich, sonst gehn wir nicht hin!«

»Also gut denn«, sagte Küslübürtün, der die Finger schon über dem Blaubuch zu kräuseln begonnen hatte: »Letzte Meldung der Wetterwarte in Babylon: Ein kräftiges Hoch dringt vom Osten her vor und wird morgen schon Thüringen beherrschen.«

Entsetztes Schweigen.

»Das heißt«, sagte Monica schließlich sachlich, »dass uns ab morgen die werten Familien übernehmen!«

»Ab morgen Mittag«, bestätigte der Türke.

Seufzende Stille.

»Wenn ich mich recht erinnere«, sagte Küslübürtün, den Säbel und die Pfeife senkend, »habt ihr das Regenwetter verflucht und ›ekelerregend‹ genannt –«

»Das war«, sagte Caroline, »bevor wir euch kennen lernten.«

»Und freut es euch nicht, mit der Familie –«

»Pascha Küslübürtün, Exzellenz«, sagte Emmanuel würdig, »es gibt in dieser Frage zwei Meinungen, denn ›Weisheiten‹ möchte ich, in einem Fall wenigstens, sie nicht nennen: die Meinung der Eltern und die Meinung der Kinder –«

Dann trotteten sie zum Abendessen, und der Türke ergänzte indes das Blaubuch um folgende Kapitel:

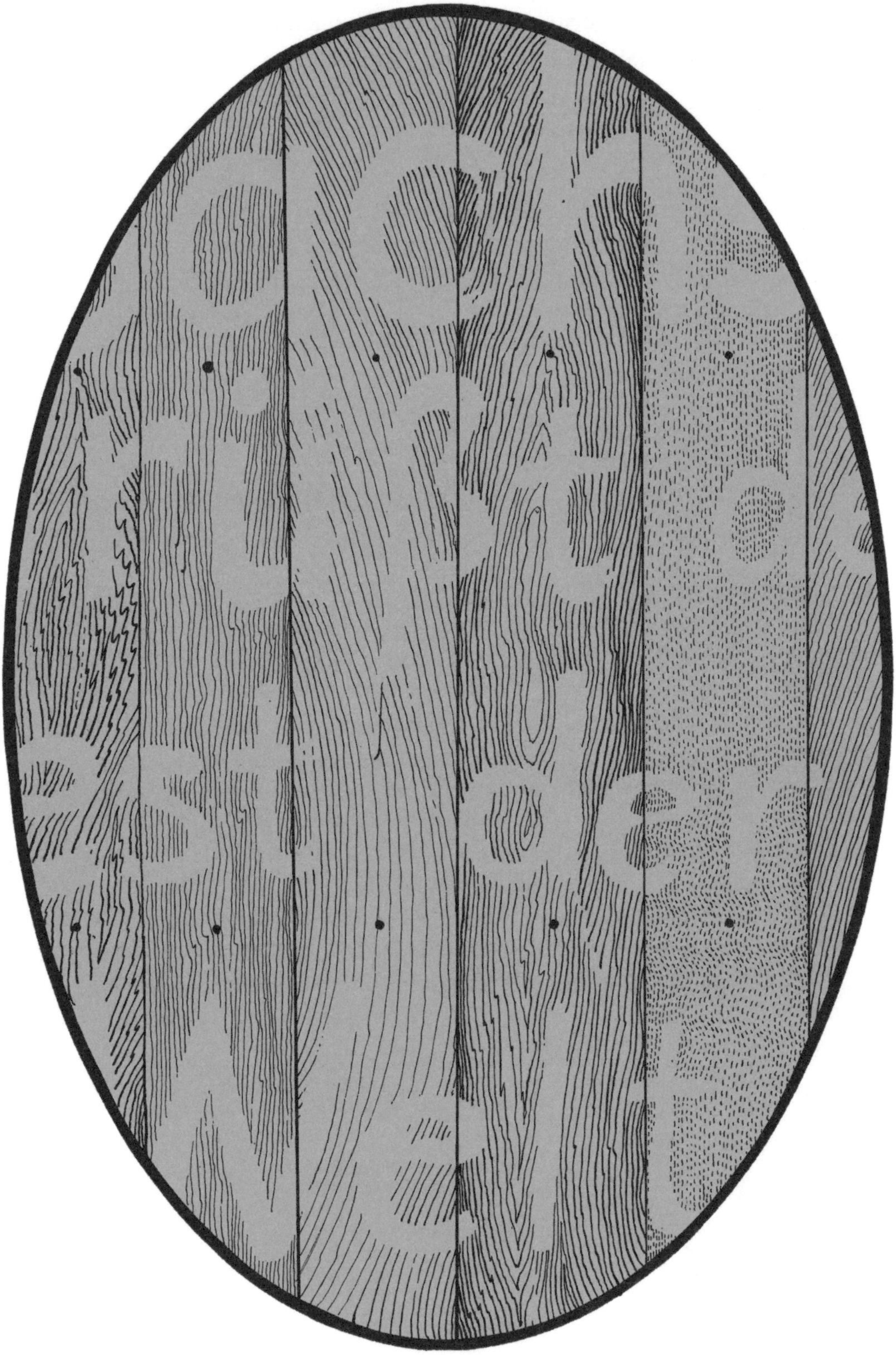

10 10 10 10 10 10 10 10 10 10

1 Ihr hattet – was ich wirklich toll finde – herausgekriegt, dass ein Satz zwar grammatisch richtig gebildet sein kann und dennoch unvollständig bleibt, weil ein ichiges Wort ohne Bezugspunkt drin steckt.

Heute möchte ich euch eine lustige andere Art solch grammatisch richtiger und dennoch unsinniger Sätze vorführen.

Bei den Weltjugendfestspielen 1973* habt ihr, wenn ihr da in Berlin wart, auf Bauzäunen und Bretterwänden neben Autogrammen und Adressen auch massenhaft Scherzsätze gefunden wie:

Draußen ist's kälter als bergauf.
Ungarn ist näher als übermorgen.
Unten geht's langsamer als sonntags.
Ein Fußball ist größer als krumm.

Was ist mit diesen Sätzen los?

Grammatisch sind sie zweifellos richtig, und ebenso zweifellos sind sie so unsinnig, wie sie lustig sind.

Schaun wir uns etwa den letzten Satz an und versuchen wir, die Grenze zu finden, ab der er ins Sinnlose rutscht.

»Ein Fußball ist größer als –«, bis dahin bewegt sich unsere Wortfolge eindeutig im Bereich des Sinnvollen, obwohl der Satz unvollständig ist. Es wird eine bestimmte Absicht deutlich: ein Vergleich soll angestellt werden, das geht aus der zweiten Steigerungsstufe des Eigenschaftswortes »groß« hervor. Jeder Komparativ strebt einen Vergleich an, dazu ist er gebildet worden, und der Umstand, dass unser Satzbruchstück: »Ein Fußball ist größer als –« sich erkennbar auf einen Vergleich hinbewegt, hat uns veranlasst, es trotz seiner Unvollständigkeit sinnvoll zu finden.

Zum Vergleichen aber braucht man zwei Vergleichsgegenstände. Ein Satz, der einen Vergleich vollzieht, ist gewissermaßen eine Waage mit zwei Schalen, und das Komparativwort ist das Zünglein. Miteinander vergleichbar aber sind nur Dinge, die in mindestens *einer* Hinsicht, eben der zu vergleichenden, gemeinsame Grundeigenschaften haben.

Auf einer Schalenwaage werden Massen verglichen. Die Dinge, die ich auf die Waagschale lege, müssen also, bei aller Verschiedenheit in Form, Farbe, Dichte, Größe, Temperatur usw., in *einer* Grundeigenschaft übereinstimmen, nämlich in der des Massebesitzes. Ich kann auf die Waagschale links einen Apfel und rechts eine Melone legen, ich kann aber auch ein Stück Kohle hinlegen, einen Stein, eine Fledermaus, ein Taschentuch, eine Packung Drops, ja ich könnte, wenn die Waage genügend fein oder groß wäre, ihr auch ein Elektron oder einen Planeten anbieten. In jedem Fall untauglich aber ist Schwereloses, etwa ein Gefühl oder eine Eigenschaft oder ein Begriff. Die Waage mag so empfindlich wie immer sein, meine Freude über eure Entdeckungen könnte sie nicht wägen, und wenn man auch alle Äpfel der Welt ihren Waagschalen anvertrauen dürfte, den Begriff »Apfel« fasste sie nicht, und ebenso nicht alle andern Abstraktheiten, wie »blau«, »links«, »diesbezüglich« und so fort.

»Ein Apfel ist schwerer als eine Bohne« – das ist ein grammatisch richtig gebildeter, logisch sinnvoller und zudem auch noch wahrer, das heißt mit den tatsächlichen Verhältnissen der objektiven Realität übereinstimmender Satz.

»Eine Bohne ist schwerer als ein Apfel« – das ist ein grammatikalisch richtig gebildeter, logisch sinnvoller, aber falscher Satz. Es wird zwar beiderseits Wägbares miteinander verglichen, doch die Aussage dieses Satzes stimmt nicht mit der Wirklichkeit überein.

»Ein Apfel ist schwerer wie eine Bohne« – das ist ein grammatisch falsch gebildeter Satz, und nun könnte man sich streiten, ob er trotz dieses Verstoßes noch sinnvoll bleibt. Ich würde ihn noch für sinnvoll und wahr halten, doch es ließen sich Gründe anführen, dieser Entscheidung zu widersprechen.

»Ein Apfel ist schwerer als gelb« – das ist ein grammatisch richtig gebildeter, aber logisch sinnloser Satz, bei dem es deshalb auch müßig ist, nach seiner Wahrheit oder Falschheit zu fragen. Sinnloses ist weder wahr noch falsch, es ist einfach sinnlos. Aber dafür kann's wieder lustig sein.

»Ein Fußball ist größer als eine Erbse« – das wäre grammatisch richtig, logisch sinnvoll und wahr. – Könnt ihr in diesem Satz eine Waage erblicken?

Die beiden beladenen Waageschalen: Ein Fußball ▲ eine Erbse

der Waagebalken mit Skala und Zünglein: ist größer als

wobei ich von einer Ungenauigkeit absehen will: Auf einer Waage werden *immer* Massen verglichen; in einem Satz aber legt erst das Adjektiv fest, *was* da verglichen werden soll: durch »größer« die Ausdehnung (oder die Bedeutung), durch »langsamer« die Geschwindigkeit, durch »kälter« die Temperatur.

»Ein Fußball ist größer als krumm« ist ein grammatisch richtiger, aber vollkommen unsinniger Satz. »Krumm« als Begriff ist größenlos. Jedes konkrete krumme *Ding*, ein Krummsäbel etwa, ein Komma in diesem Buch, Gabis Stupsnase oder der Fußball vom FC Lokomotive hat notwendig auch eine konkrete Größe; der Begriff »krumm« aber ist ohne jede Dimension. In unserm Satz wird also vorgeschlagen, die Dimension eines konkreten Dings mit etwas prinzipiell Dimensionslosem zu vergleichen, und das gibt dem Satz seinen Unsinnscharakter, und dieses Unsinnige erheitert uns.

Ähnlich ist es um die andern Sätze bestellt: In der Mitte eines jeden ein Komparativ und links und rechts davon miteinander Unvergleichbares, und dies gerade im vorgeschlagenen Sinn. Schaut euch jeden einzelnen Satz genau an und versucht, ihn exakt zu analysieren. Achtet dabei auch auf den Unterschied zwischen »ist« und »ist's«!

»Draußen ist kälter als bergauf« wäre auch grammatisch falsch; ebenso: »Ungarn ist's näher als übermorgen« – und damit hörten diese Sätze auch auf, uns lachen zu machen. – *Auch* ein Umstand, über den nachzudenken sich lohnt.

Solche grammatisch zwar richtig gebauten, logisch aber sinnlosen Sätze gehören ins bunte Reich jener unfreiwilligen Komik, die man »Stilblüten« nennt. Ein Meister solcher Stilblüten war der Professor Johann Georg August Galletti, der zur Goethezeit in Gotha Geschichte, Geographie, Natur- und Literaturwissenschaften lehrte. Seine Aussprüche wurden schnell berühmt; schon 1788 erschienen einige von ihnen gedruckt. Hier habt ihr eine kleine Sammlung:

Die Afghanen sind ein sehr gebirgiges Volk.

Nächsten Mittwoch ist Äquator.

Ludwig von Bayern erbte seine Schwester.

Alexander wurde einundzwanzig Jahre vor seinem Tode vergiftet.

Was die Farbe des Mondes betrifft, so ist sie gewöhnlich groß.

Wenn wir annehmen, daß eine Kanonenkugel in wenigen Sekunden eine viertel Stunde fliegt, so kömmt sie etwa bis vor Erfurt.

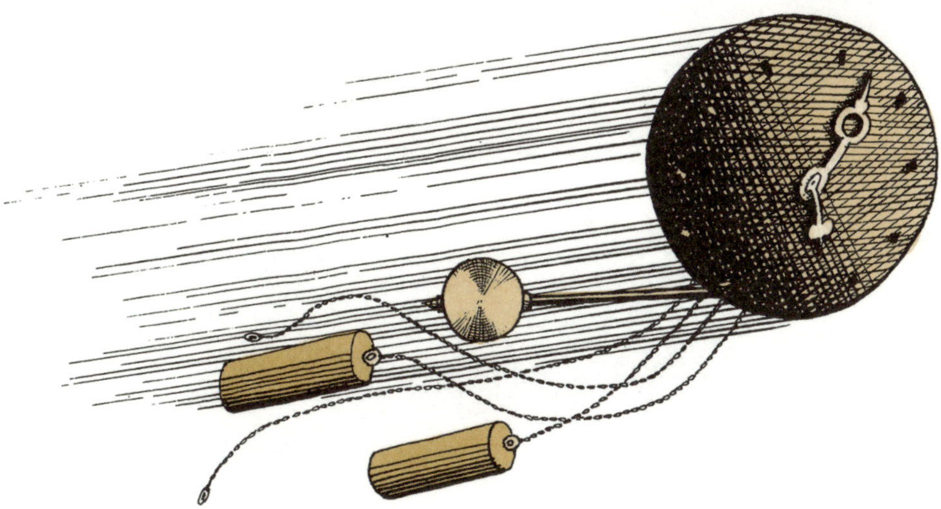

Charilaus wurde sehr jung geboren.

Die Cimbern und Teutonen stammen eigentlich von einander ab.

Ja, man darf nur an den Vesuv denken, um zu wissen, wann Plinius gelebt hat.

Nach der Schlacht von Leipzig sah man Pferde, denen 3, 4 und noch mehr Beine abgeschossen waren, herrenlos herumlaufen.

Der König Sobieski ließ nicht eher zum Abmarsch blasen, als bis die Türken unverrichteter Sache heranrückten.

In der Sahara liegt der Sand so locker, daß heute da Berge sind, wo morgen Täler waren.

In Äthiopien ist die Hitze so groß, daß die Klingen in den Degen rosten.

Die Mauern von Babylon waren so breit, daß vier Wagen übereinander fahren konnten.

Die Wohlgerüche Arabiens werden oft genannt, aber wenn man hinkömmt, sieht man nichts davon.

Der Unterschied zwischen dem alten und neuen Persien besteht hauptsächlich in der Unkenntnis der Sprache.

Persien hat jetzt ungleich mehr Einwohner als jetzt.

In Persien sind manche Berge so hoch, daß der Schnee nur auf Maultieren herunter geschafft werden kann.

Als Humboldt den Chimborasso bestieg, war die Luft so dünn, daß er nicht mehr ohne Brille lesen konnte.

Der Lavaboden am Vesuv sieht gar nicht so aus, wie er aussieht.

Die Stahlfabrikanten in Birmingham verbrauchen soviel Stahl, daß aller Stahl, welcher fabriciert wird, dazu nicht ausreichen würde.

Auf schwarzen Bergen sind schwarze Thiere schwarz.

Der afrikanische Löwe wächst bis zum zehnten Jahre, und von da an wird er immer größer.

Das Schwein führt seinen Namen mit Recht, denn es ist ein sehr unreinliches Thier.

Es gibt viele, die nicht reden, wenn sie verstummen sollten, und andere, die nicht fragen, wenn sie geantwortet haben.

Als ich Sie von ferne sah, Herr Hofrath Ettinger, glaubte ich, Sie wären Ihr Herr Bruder, der Buchhändler Ettinger, als Sie jedoch näher kamen, sah ich, daß Sie es selbst sind – und jetzt sehe ich, daß Sie doch Ihr Herr Bruder sind.

Widersprechen Sie nicht dem, was ich Ihnen niemals gesagt habe!

Der Lehrer hat immer Recht, auch wenn er Unrecht hat!

2

Nicht alle diese Gallettisätze sind nach unserem Waage-Prinzip gebaut. Ihr könnt, wenn ihr sie untersucht, die mannigfachsten Arten entdecken, lustigen Unsinn zu produzieren.

Erweitert eure Sammlung von Rechtschreibfehlern um eine Abteilung unfreiwilliger Komik (zu der dann auch die Druckfehler gehören).

Wenn möglich – bei alten Zeitungen etwa – haltet das Original im Ausschnitt fest. Speisekarten nicht klauen, sondern erbitten, wobei ihr ein bisschen schwindeln müsst, wenn ihr gefragt werdet, warum ihr sie mitnehmen wollt.

Solche Sammlungen, die fast nichts kosten, machen viel mehr Spaß als teure Käufe.

Volklore und Wärme jetzt besser genutzt

Aus »Der junge Gärtnersmann« 1.1.1978 (DjG)

3

Dass Sätze grammatisch richtig gebaut, aber logisch unsinnig sein können, lässt uns auf die Grenzen der Grammatik als Wissenschaft stoßen, zumindest der Grammatik, wie sie euch bislang begegnet ist. Wenn daraus, dass ein Satz grammatisch richtig ist, noch nicht folgt, dass er auch sinnvoll sein muss, fragt es sich doch, ob es nicht eine Wissenschaft geben könne, die das Bilden von nicht nur grammatisch richtigen, sondern auch sinnvollen Sätzen lehrt.

Mit dieser Fragestellung haben wir einen der vielen Wege zur modernen Sprachwissenschaft betreten, die sich insgesamt zur Aufgabe stellt, Gesetze und Geheimnisse des Sprachschöpferischen zu erforschen. Wir müssen uns mit einem Beispiel einer ihrer Methoden begnügen. –

Der Satz: »Der Lehrer trifft den Schüler« ist grammatisch einwandfrei und auch sinnvoll. Wenn ich in diesem Satz Subjekt und Objekt vertausche: »Der Schüler trifft den Lehrer«, bleiben beide Eigenschaften bewahrt. Wechsle ich aber bei folgendem Satz: »Der Redner erhob den Zeigefinger« Subjekt und Objekt aus, so bleibt diese Aussage grammatisch richtig, hört jedoch auf, sinnvoll zu sein: »Der Zeigefinger erhob den Redner.«

(Ich komme später noch einmal darauf zurück, Emmanuel.)

Es fragt sich nun, in welchen Wörtern der Keim von Sinnbewahrung oder Sinnverlust des jeweiligen Gesamtsatzes liegt. Man könnte nun annehmen: im Zeitwort. Dann müsste man also das Wort »treffen« von dem Wort »erheben« grundsätzlich etwa so unterscheiden, wie ihr »pferdige« und

»ichige« Wörter unterschieden habt. Wenn ich aber den ersten Satz mit »erheben« bilde: »Der Lehrer erhebt den Schüler«, kann ich Objekt und Subjekt wiederum wechseln, ohne dass der Sinn verloren geht: »Der Schüler erhebt den Lehrer« (wir wollen, um die Sache nicht zu schwierig zu machen, einmal davon absehen, dass in diesen Sätzen das Zeitwort »erheben« eine etwas andre Bedeutung annimmt). Also müsste der Keim zur Sinnwidrigkeit in den Hauptwörtern liegen – und da fällt uns ein Unterschied sofort in die Augen: »Schüler«, »Lehrer«, »Redner« einerseits – und »Zeigefinger« andrerseits.

Nun könnt ihr selbständig ein Stückchen weiterdenken (damit ihr leichter auf den rechten Begriff kommt, dürft ihr »Zeigefinger« zunächst durch »Holzhammer« ersetzen).

Politischer Hinweis: Diese letzte Erlaubnis gilt nur für ein Sprachspiel!

4

Noch einmal zu den Waage-Sätzen: Man könnte ihre beiden unvergleichbaren Vergleichungsdinge als zwei windschiefe Gerade betrachten, die sich, wiewohl nicht parallel, bekanntlich deshalb niemals schneiden, weil sie nicht in einer Ebene liegen.

Windschiefe Gerade im geistigen Raum könnt ihr in jedem Stück Alltag erleben. Belauscht nur einmal ein Gespräch, ein eigenes oder ein fremdes, auch das der so genannten Erwachsenen. Ihr werdet rasch und überrascht merken, dass die Gedanken meist aneinander ohne Berührung vorübereilen – man sagt ja auch: »Die reden aber aneinander vorbei.«

Um – mündlich oder schriftlich – ein richtiges, oder sagen wir besser: ein rechtes, und das heißt ein sinnvolles Gespräch zu führen, muss man zunächst zu erfassen suchen, was der Partner gesagt hat, und zwar, was er tatsächlich gesagt hat, und nicht das, was ich wünsche, dass er's gesagt hätte, weil es mir so bequem in die vorbereitete Antwort passte. Man braucht deshalb seine Meinung nicht aufzugeben, ja man prüft und festigt sie gerade und nur dadurch, dass man Einwände zur Kenntnis nimmt und sich zwingt, sie zu durchdenken.

5

Nach dieser Überlektion an Logik und Sinngehalt nun wieder kopfüber in den Unsinn.

Hier habt ihr ein paar ähnliche Späße wie den mit dem Klops.

Als im Jahr vierunddreißigsiebzehnhundert die Donau brannte und die Bauern bellten und die Hunde Stroh herbeischleppten, um das Feuer zu löschen, da begab sich's, dass ich wandern musste. Da kam ich an eine Kirche von Pappdeckel, darin war ein Pfarrer von grauem Löschpapier, der sprach: »Meine Tochter ist ein geschickter Zimmermann, macht Schuhe und Strümpfe aller Art, und alle Leute lassen bei ihr backen!« Als ich weiterging, kam ich an eine Guckte, da schlucht ich hinein, da sah ich vier Stühle auf ihren Herrn sitzen, und da tat ich meinen Tag ab und sagte: »Guten Hut, meine Damen.«

Dunkel wars, der Mond schien helle,
Schnee lag auf der grünen Flur,
als ein Wagen blitzesschnelle
langsam um die Ecke fuhr.
Drinnen saßen stehend Leute,
schweigend ins Gespräch vertieft,
als ein totgeschossner Hase
auf der Wiese Schlittschuh lief.
Und auf einer roten Banke,
die blau angestrichen war,
saß ein blondgelockter Jüngling
mit kohlrabenschwarzem Haar.
Neben ihm ne alte Schachtel,
zählte kaum erst sechzehn Jahr
und aß eine Butterstulle,
die mit Schmalz bestrichen war.
Droben auf dem Apfelbaume,
der sehr süße Birnen trug,
hing des Frühlings letzte Pflaume
und an Nüssen noch genug.

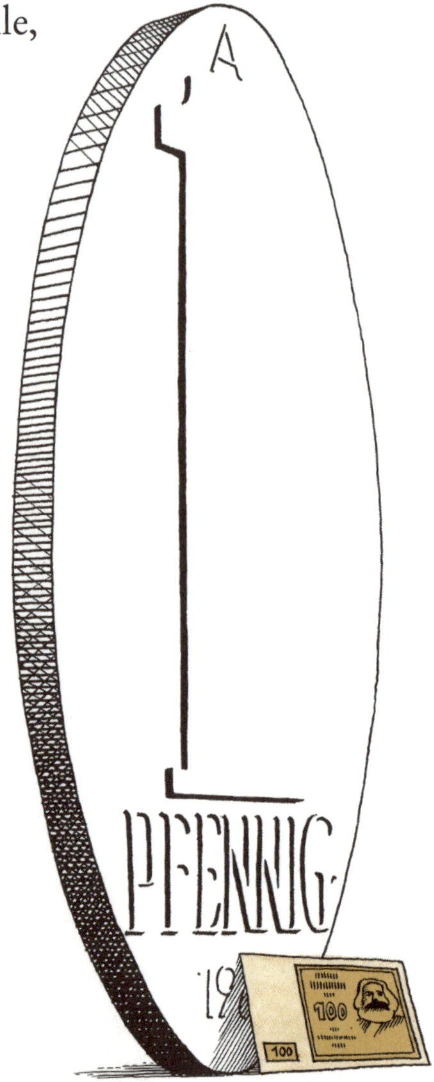

Ein Hund lief in die Küche
und stahl dem Koch ein Ei.
Da nahm der Koch die Kelle
und schlug den Hund entzwei.

Da kamen viele Hunde
und gingen an sein Grab
und setzten ihm ein Grabmal,
darauf geschrieben stand:
›Ein Hund lief in die Küche
und stahl …‹

(wenn ihr am Schluss seid,
schreibt mir eine Hundekarte!)

Der Herr, der schickt den Jockel aus,
er soll den Hafer schneiden;
der Jockel schneid't den Hafer nicht
und kommt auch nicht nach Haus.

Da schickt der Herr den Pudel aus,
er soll den Jockel beißen.
Der Pudel beißt den Jockel nicht,
der Jockel schneid't den Hafer nicht
und kommt auch nicht nach Haus.

Da schickt der Herr den Prügel aus,
er soll den Pudel schlagen.
Der Prügel schlägt den Pudel nicht,
der Pudel beißt den Jockel nicht,
der Jockel schneid't den Hafer nicht
und kommt auch nicht nach Haus.

Da schickt der Herr das Feuer aus,
es soll den Prügel brennen.
Das Feuer brennt den Prügel nicht,
der Prügel schlägt den Pudel nicht,
der Pudel beißt den Jockel nicht,
der Jockel schneid't den Hafer nicht
und kommt auch nicht nach Haus.

Da schickt der Herr das Wasser aus,
es soll das Feuer löschen.
Das Wasser löscht das Feuer nicht,
das Feuer brennt den Prügel nicht,
der Prügel schlägt den Pudel nicht,
der Pudel beißt den Jockel nicht,
der Jockel schneid't den Hafer nicht
und kommt auch nicht nach Haus.

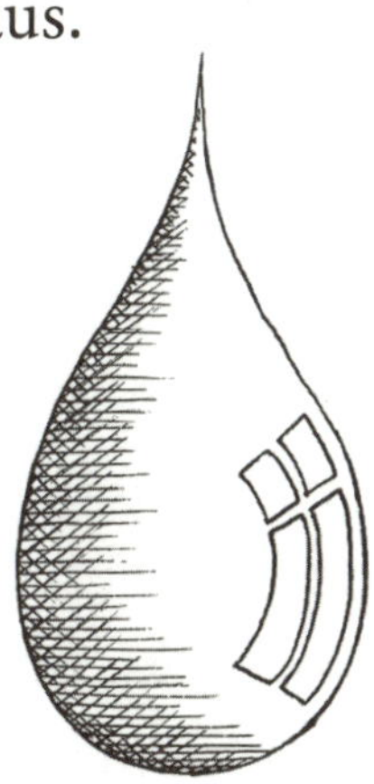

Da schickt der Herr den Ochsen aus,
er soll das Wasser saufen.
Der Ochse säuft das Wasser nicht,
das Wasser löscht das Feuer nicht,
das Feuer brennt den Prügel nicht,
der Prügel schlägt den Pudel nicht,
der Pudel beißt den Jockel nicht,
der Jockel schneid't den Hafer nicht
und kommt auch nicht nach Haus.

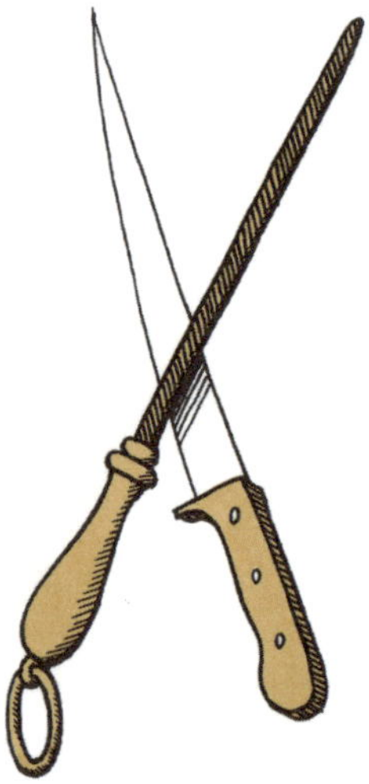

Da schickt der Herr den Schlachter aus,
er soll den Ochsen schlachten.
Der Schlachter schlacht' den Ochsen nicht,
der Ochse säuft das Wasser nicht,
das Wasser löscht das Feuer nicht,
das Feuer brennt den Prügel nicht,
der Prügel schlägt den Pudel nicht,
der Pudel beißt den Jockel nicht,
der Jockel schneid't den Hafer nicht
und kommt auch nicht nach Haus.

Da schickt der Herr den Henker aus,
er soll den Schlachter henken.
Der Henker henkt den Schlachter nicht,
der Schlachter schlacht' den Ochsen nicht,
der Ochse säuft das Wasser nicht,
das Wasser löscht das Feuer nicht,
das Feuer brennt den Prügel nicht,
der Prügel schlägt den Pudel nicht,
der Pudel beißt den Jockel nicht,
der Jockel schneid't den Hafer nicht
und kommt auch nicht nach Haus.

Da schickt der Herr den Teufel aus,
er soll den Henker holen.
Der Teufel holt den Henker nicht,
der Henker henkt den Schlachter nicht,
der Schlachter schlacht' den Ochsen nicht,
der Ochse säuft das Wasser nicht,
das Wasser löscht das Feuer nicht,
das Feuer brennt den Prügel nicht,
der Prügel schlägt den Pudel nicht,
der Pudel beißt den Jockel nicht,
der Jockel schneid't den Hafer nicht
und kommt auch nicht nach Haus.

Da geht der Herr selbst hinaus
und macht gar bald ein End daraus.
Der Teufel holt den Henker,
der Henker henkt den Schlachter,
der Schlachter schlacht' den Ochsen,
der Ochse säuft das Wasser,
das Wasser löscht das Feuer,
das Feuer brennt den Prügel,
der Prügel schlägt den Pudel,
der Pudel beißt den Jockel,
der Jockel schneid't den Hafer
und kommt auch gleich nach Haus.

Ich will euch was erzählen, gebt acht, es fängt an!
Es war einmal ein schwarzer, kurzer, runder, bunter Mann,
der hatte schwarze, kurze, runde, bunte Hosen an.
Er war umgürtet mit einem schwarzen, kurzen, runden,
bunten Schwert
und saß auf einem schwarzen, kurzen, runden, bunten Pferd.
Er ritt durch die schwarzen, kurzen, runden, bunten Straßen,
wo die schwarzen, kurzen, runden, bunten Kinder saßen.
O ihr schwarzen, kurzen, runden, bunten Kinder, geht hinweg,
dass euch mein schwarzes, kurzes, rundes, buntes Pferd nicht
schlägt.
Nicht wahr, wie von dem schwarzen, kurzen, runden, bunten
Mann
ich euch so schwarz kurz rund bunt erzählen kann!

Es saß eine alte Eule und klabausterte sich. Da kam so ein Lirumlarumzimpenschläger und schlug die Eul auf ihren Plattfuß. I, sagte die Eul, was schlägst du mich? Kann ich hier nicht sitzen und klabaustern mich?

Es war ein Bauer in Soest, der hieß mit Namen Knost und hatte drei Söhne, der eine hieß Jost, der andere Knost und der dritte Janberndchen. Die wollten alle drei reisen; der eine war blind, der andre war lahm, und der dritte war splitternackend. Wie sie über Feld kamen, sahen sie einen Hasen. Der Blinde schoss ihn, der Lahme fing ihn, und der Nackte steckte ihn in die Tasche. Da kamen sie vor ein groß allmächtig Wasser; da waren drei Schiffe auf. Das eine war leck, das andre ging nicht vom Fleck, das dritte, da war kein

Boden inn. In das, worin kein Boden inn war, gingen sie alle drei sitzen. Der erste versank, der andere ertrank, der dritte kam gar nicht wieder. Der da gar nicht wieder kam, der kam an einen allmächtig großen Wald, und in dem allmächtig großen Wald war ein allmächtig großer Baum, und in dem allmächtig großen Baum war eine allmächtig große Capelle, und in der allmächtig großen Capelle war ein hagebuchener Küster und ein nussbaumener Pastor, die teilten das Weihwasser mit Knüppeln aus.
Selig ist der Mann,
der dem Weihwasser entlaufen kann.

Engel Bengel lass mich gehn,
ich hab ein schönen Vogel gsehn.
Vogel gibt mir Eier,
Eier geb ich Kühchen,
Kühchen gibt mir Milch,
Milch geb ich Kätzchen,
Kätzchen fängt mir Mäuschen,
Mäuschen gibt mir Mist,
Mist geb ich Feldchen,
Feldchen gibt mir Kornchen,
Kornchen geb ich Müllerchen,
Müllerchen gibt mir Mehlchen,
Mehlchen geb ich Beckerchen,
Beckerchen gibt mir Brotchen,
Brotchen geb ich Pippchen,
Pippchen legt mir Eier,
Eier ich verkauf.

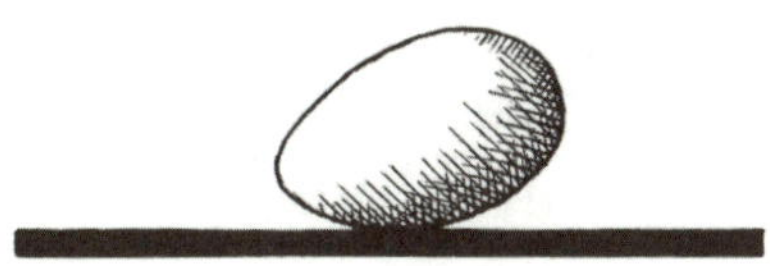

Draußen auf grünester Haid
steht ein schöner, schöner Birnbaum,
schöner Birnbaum trägt Laub.
Was ist auf dem Birnbaum?
Ein runder schöner Ast.
Ast auf dem Baum, Baum in der Haid,
draußen auf grünester Haid
steht ein schöner, schöner Birnbaum,
schöner Birnbaum trägt Laub.

Was ist auf dem Ast?
Ein wunderschöner Zweig.
Zweig auf dem Ast, Ast auf dem Baum, Baum in der Haid,
draußen auf grünester Haid
steht ein schöner, schöner Birnbaum,
schöner Birnbaum trägt Laub.

Was ist auf dem Zweig?
Ein wunderschönes Nest.
Nest auf dem Zweig, Zweig auf dem Ast, Ast auf dem Baum,
Baum in der Haid,
draußen auf grünester Haid
steht ein schöner, schöner Birnbaum,
schöner Birnbaum trägt Laub.

Was ist in dem Nest?
Ein wunderschöner Vogel.
Vogel im Nest, Nest auf dem Zweig, Zweig auf dem Ast,
Ast auf dem Baum, Baum in der Haid,
draußen auf grünester Haid
steht ein schöner, schöner Birnbaum,
schöner Birnbaum trägt Laub.

Zwischen Berg und grünem, grünem Thal
saßen einst zwei Hasen,
fraßen ab das grüne, grüne Gras
bis auf den Wasen.

Als sie satt gewesen waren,
setzten sie sich nieder,
bis daß der Jäger kam
und schoß sie nieder.

Als sie sich gesammelt hatten
und sich besannen,
daß sie noch voll Leben waren,
liefen sie von dannen.

Wie man das Wort
KAPUZINER
buchstabiert:
Ka; a;
Ka;
pe; u;
pu;
apu; Kapu;
zet; i;
zi;
uzi; puzi; apuzi; Kapuzi;
en; e; er;
ner;
iner; ziner; uziner; puziner; apuziner; Kapuziner.

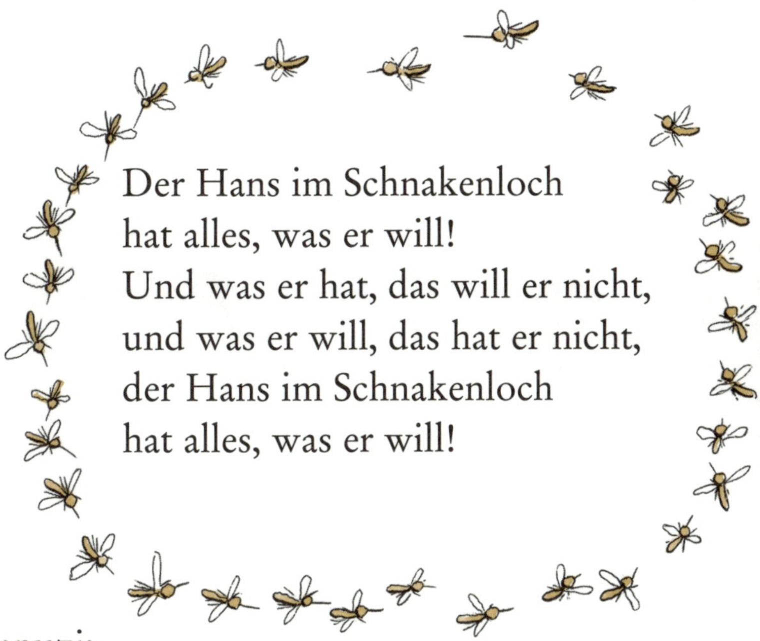

Der Hans im Schnakenloch
hat alles, was er will!
Und was er hat, das will er nicht,
und was er will, das hat er nicht,
der Hans im Schnakenloch
hat alles, was er will!

Guten Morgen, Spielmann,
wo bliebst du so lang?
Da drunten, da droben,
da tanzen die Schwaben,
mit der kleinen Killikeia,
mit der großen Kumkum.

Da laufen die Schwaben
und fallen in Graben.
Da sprechen die Schwaben:
Liegt ein Spielmann begraben,
mit der kleinen Killikeia,
mit der großen Kumkum.

Guten Tag, Herr Montag,
wie befind't sich Dienstag?
Sehr wohl, Mittwoch.
Sag der Jungfer Donnerstag,
dass sie käm bis Freitag
in die Kammer Samstag
zu Mutter Sonntag.

Da kamen die Weiber,
mit Sichel und Scheiben,
und wollen den Schwaben
das Tanzen vertreiben,
mit der kleinen Killikeia,
mit der großen Kumkum.

Da laufen die Schwaben,
die Weiber nachtraben,
bis über die Grenze
mit Sichel und Sense:
Guten Morgen, Spielleute!
Nun schneidet das Korn!

Ene dene Tintenfaß,
geh in die Schul und lerne was,
wenn du was gelernet hast,
komm nach Haus und sag mir was.

Ich ging mal in ’nen Laden –
– ich auch!
Ich wollte was schönes kaufen –
– ich auch!
Ich kaufte einen Käse –
– ich auch!
Der Käse stank –
– ich auch!

Ein schauerlicher Lokalregen.
Ein lokaler Schauerregen.
Ein regnerisches Schauerlokal.
Ein schauerliches Regenlokal.
Ein regnerischer Lokalschauer.
Ein lokaler Regenschauer.

Wenn ein Nachtwächter mit seinem Spieß in der Hand, seinen Hund hinter sich, ins Horn stößt, so wird sich gewiss niemand wundern. Wenn aber derselbe Nachtwächter, seinen Hund in der Hand, sein Horn hinter sich, in seinen Spieß stieße; oder seinen Spieß hinter sich, sich selbst in der Hand, sein Horn in den Hund stieße; oder sich selbst hinter sich, seine Hand in dem Hund, seinen Spieß in das Horn stieße – so würde sich gewiss die ganze Welt verwundern.

Nach dieser Über-Lektion an Unsinn könnt ihr, wenn ihr wollt, nun die Frage stellen, ob nicht auch darin ein Problem steckt, und vom Problem könntet ihr zu einem Dennoch-Sinn vorstoßen. Aber ihr müsst nicht!

Und wenn ihr zu einem Dennoch-Sinn vorgestoßen seid, könntet ihr in der Alltagsrede und Alltagsschreibe Entsprechungen suchen. Aber noch einmal: Ihr müsst nicht!

6

Der große tschechische Dichter František Halas zum Beispiel hat die Klops-Situation ganz ernst genommen. Ein kleines Gedicht von ihm lautet so:

WARTEN
Ich warte auf niemand
und schau doch dauernd zur Tür
Wenn ihr zu mir kommt
tretet bitte nicht ein
auch nicht mit verhaltenem Atem
Ich warte auf niemand
nur auf mich warte ich

Habt ihr auch schon einmal solch eine Stimmung erlebt? Findet ihr sie individualistisch und kollektivfeindlich*?

7 Und nochmals zu Professor Galletti.

Sicher erinnert ihr euch noch an seinen Satz: »Die Afghanen sind ein sehr gebirgiges Volk.« Man könnte diese missglückte

Adjektiv-Substantiv-Kopplung (»gebirgiges Volk«) als den fehlgeschlagenen Versuch einer Zusammenziehung dieser beiden Halbsätze auffassen:

Die Afghanen sind ein Volk,
das in einem sehr gebirgigen Land lebt.

Der Professor wollte wahrscheinlich den Inhalt dieser beiden Satzteile auf die Formel eines einzigen Hauptsatzes bringen und stauchte sie also ineinander. Eine Möglichkeit wäre: »Die Afghanen sind ein Gebirgsvolk«, doch dieser Satz unterschlüge das »sehr«, das dem gründlichen Herrn Professor offenbar unentbehrlich vorkam.

Es fragt sich nun, ob es möglich wäre, zwei verschiedene und windschiefe Sinngehalte in *einen* sowohl grammatisch richtigen wie sinnvollen, und zwar nur *eines* Sinnes voll erscheinenden Text – einen Satz oder eine geschlossene Folge von Sätzen – zusammenzuziehen. Wir kommen damit ins phantastische Reich der Geheimbotschaften. Hier eine berühmt gewordene Eintragung in ein Poesiealbum eines Heidelberger Studenten aus dem Jahr 1817:

Hab' du nur deine Lust, mein Freund, an seltnen Gaben.
An eines Mädchens Brust kannst du dich schwerlich laben.
Der hat sich wohl gesellt, wer Kunst und Weisheit liebt.
Der sich zu Mädchen hält, der ist nur stets betrübt.
Das ist vortrefflich schön: Bei seinen Büchern sitzen!
Den Jungfern nachzusehn wird dir sehr wenig nützen.
Drum rat ich dir, allein die Künste fortzutreiben.
Bei Schönen nur zu sein, das rat ich dir, laß bleiben.

Gabi wird gegen diesen Ratschlag gewiss protestieren wollen, doch sie sollte einmal überlegen, ob in dieser Botschaft nicht noch eine andre versteckt sein könnte! (Hinweis: Sie soll sich vom Reim leiten lassen und nachprüfen, ob der auch irgendwo anders als an der Außenfront dieses Gedichtleins auffindbar ist!) [24]

Gegen die solcherart ermittelte zweite Botschaft (sie besteht aus zwei Stücken) wird nun wieder Monica protestieren, und sie wird diese Ratschläge als schädlich verwerfen. Hier muss ich nun an mein früheres Wort über ein rechtes Gespräch erinnern und möchte es dahin erweitern, dass man nicht nur von dem ausgehen soll, was der Partner gesagt hat, sondern auch den Gesichtspunkt berücksichtigen muss, unter dem er seine Meinung äußert.

Der Satz etwa: »Geh zum Kuckuck« bekommt seinen Sinn erst durch Ergründen der Absicht des Sprechers: Will er seine Verärgerung ausdrücken oder jemand ins Lehrmittelkabinett schicken?

Hier nun, mit diesem Stammbuchgedichtlein, will unser Partner uns unterhalten; er lässt den Witz der Sprache spielen, und ein Spiel darf man nicht überfordern. Würde jemand den Ratschlag, seine Bücher wegzuwerfen, ernsthaft in einer Schülerversammlung vorbringen, so hätte Monica durchaus Recht, diesen Rat als schädlich zurückzuweisen. Hier aber wäre dies so sinnvoll, als wollte einer beim »Mensch ärger dich nicht« die roten Steine für fortschrittlicher als die schwarzen erklären.

Lacht solche Dummheiten kräftig aus – und am kräftigsten soll immer der lachen, der sie bei sich selbst entdeckt.

Eine andre Versteckmöglichkeit soll euch der folgende, den Brüdern Grimm noch nicht bekannt gewesene Brief von Hänsel und Gretel zeigen, den, wie die neueste Forschung ermittelt, die Kinder aus dem Knusperhaus an ihre Eltern gerichtet hatten:

Villa Knusperhaus 3.3.333

Liebste Eltern! Macht Euch keine Sorgen um uns, die wären wirklich unbegründet. Es wäre ganz falsch, wenn Ihr denken würdet, gute Eltern, Hänsel und Gretel sind in der Gewalt einer Hexe! Wir leben hier bei einer sehr netten alten Dame, die uns jeden Wunsch von den Augen abliest! Zuerst dachte Gretel ja, wir werden gefangengehalten und sollen geschlachtet werden! Geht denn so was zu fassen! Wir haben uns dußlig drüber gelacht! Es gibt hier viele Tiere, vor allem Vögel, die fliegen gewöhnlich bis zur großen Eiche und dann immer nach Norden, dort liegt nämlich ihr Futterplatz. Wir haben auch sehr schöne Puppen, mit denen wir spielen, und dazu viele Einrichtungen, so etwa auch ein Kuchenhaus mit einem Dach aus Schokolade und Marzipan. Einmal spielten wir Kasperletheater; da haben Löwen die Kaspers auf einen Baum gejagt, und da schrien sie: Heda, ihr Förster! Hier sind wir! Kommt rasch und rettet uns! Eure unglücklichen

Dienstzeiten, ihr Waldwächter, sind unmöglich! Ihr müßtet auch mittags jagen, anstatt Amtspausen zu halten und zu pennen! – Eure Kinder Hänsel und Gretel bitten Euch darum, nicht länger zu sorgen, teuerste Eltern! Uns geht's vorzüglich. Gestern durfte Gretel ein Kleid der lieben alten Dame mit einem rosa Band umsäumen. Vielleicht – sie sprach schon davon – schlachtet morgen die liebe alte Dame ein Gänslein für uns, oder sie spielt mit uns wieder Theater. Gestern schenkte sie gar von ihren Marionetten die Hexe Hänsel. Es klingt unglaublich und ist doch die Wahrheit. Dürfen wir dies denn auch annehmen? fragten wir, doch die Gute nickte. Nun will sie mit uns spazierengehen und ruft uns zu: Eilt! Eilt! Es ist höchste Zeit! Wo bleibt ihr nur! Helft eurer alten Dame den Mantel anzuziehen! So wollen wir jetzt schließen und bitten sehr: Seid sorglos und freut Euch mit Euren Kindern

Hänsel und Gretel

Diesen Brief fing die Hexe natürlich ab.

»Warum schreibt ihr solche Lügen? Das stimmt doch alles nicht!«, so fragte sie lauernd.

»Wir denken an unsre armen Eltern«, erwiderte Gretel. »Wenigstens sie sollen nicht in Sorge leben!«

»Ihr seid zärtliche Kinder, ihr müsst besonders gut schmecken!«, lachte die Hexe und warf das Schreiben in den nächsten Briefkasten mit Nachtleerung, und da die Geschichte

Eilsendung
Hexprēs

im Märchenland spielt, kam die Post schon zwei Tage später an.

»Das ist fein, dass es unsern Kindern so gut geht!«, rief Hänsels Mutter.

»Du musst den Brief genauer lesen«, sagte Hänsels Vater, »nämlich –«, und dann packte er die Axt und stürmte fort. Wie hatte *er* diesen Brief gelesen? [25]

Verfasst nach diesem Muster ähnliche Briefe aus bestimmten Märchen- oder Alltagssituationen.

Technische Hinweise: Schreibt zuerst die versteckte Botschaft nieder und um sie herum dann den tarnenden Text.

Es fällt umso leichter, einen harmlos scheinenden Brief auszuknobeln, je mehr ablenkende Zeilen ihr zwischen die eurer Botschaft schiebt.

Versucht schließlich einen Brief aufzusetzen, in dem je eine Zeile Täuschung mit einer Zeile der Botschaft abwechselt.

8

Ginge es gar ohne Zwischenzeilen? Dann hätte der Text durchweg Doppelsinn, und solche Botschaften gibt es tatsächlich. Vielleicht habt ihr schon von den Orakeln gehört. Das waren Tipps für richtiges Handeln, die bestimmte, einer Schau in die Zukunft für mächtig gehaltene Personen, meist Priester, an zahlungskräftige Kunden verkauften, die vor einer wichtigen Entscheidung standen. Als fähigster und auch teuerster Zukunftsverkünder galt lange Zeit die Priesterin im Apollon-Tempel zu Delphi, die so genannte Pythia. Ihre Orakelsprüche hatten den Ruf, sich stets zu erfüllen. Da geschah es einmal, dass sie einem mächtigen König auf die Frage, wie sein nächster Krieg ausgehen werde, zur Antwort gab:

WENN DU DEN FLUSS HALYS ÜBERSCHREITEST, WIRST DU EIN GROSSES REICH ZERSTÖREN!

Da freute sich der König, denn er dachte, er werde das Reich des Gegners zerstören, doch er wurde besiegt und verlor seine Herrschaft. Da beschimpfte er die Pythia als Lügenweib. Sie aber antwortete: »Was willst du denn, du geschlagener König? Ich habe dir die Wahrheit verkündet, du hast die nur nicht richtig gewürdigt! Du hast den Fluss Halys überschritten und hast ein großes Reich zerstört: Dein eigenes nämlich! Das nächste Mal höre genauer hin! Einen Sieg habe ich dir nicht versprochen, doch nur dann hättest du mich Lügnerin schelten gedurft! Tadle lieber dein eigenes Unvermögen und flieh, bevor dich die Gottheit als Frevler bestraft!«

Da schwieg der König. –

Denkt euch ähnliche Orakelsprüche zu konkreten Alltagssituationen aus.

Überlegt, wie die Pythia sich wohl gerechtfertigt hätte, wäre der Feldzug ohne Gebiets- und Machtveränderungen unentschieden ausgegangen. [26]

Sucht in antiken Sagen Beispiele solcher Orakel und prüft, ob sie auch so vieldeutig sind.

Eine Fülle von Orakelsprüchen findet ihr im Geschichtswerk des Herodot – ebenjenes Reisenden, der unsern Turm von Babel beschrieben hat (das Halys-Orakel steht allerdings nicht drin).

Wer um eines tollen Leseabenteuers willen die Mühe nicht scheut, öfters Anmerkungen nachzuschlagen, soll sich vornehmen, dieses Buch durchzuschmökern.

9

Eine besondere Art der Doppeldeutigkeit ist die Ironie. Sie beruht auf dem Widerspruch zwischen dem Wortlaut einer Aussage und ihrem Tonfall. Wenn ich den Satz: »Das ist wirklich eine schöne Geschichte« so ausspreche, dass ein jeder merkt, ich meine gerade das Gegenteil, bediene ich mich des Kunstgriffs der Ironie. Das Urteil: »Du bist ein guter Freund!« kann ich als Lob, aber auch als Tadel laut werden lassen. Man sagt in solchen Fällen bekanntlich: »Der Ton macht die Musik.« Wenn ich diese und ähnliche Sätze jedoch schreibe, so geht aus den gedruckten Buchstaben allein nicht hervor, ob die Aussage ernst oder ironisch gemeint ist. Es fehlt ja der Ton: Die Schreibe ist immer ärmer als die Rede. – Überlegt nur einmal, wie viel Möglichkeiten es gibt, dies eine Wörtchen: »schön« auszusprechen – man ist geneigt zu sagen: unzählig viele! Doch es zu schreiben gibt's nur *eine* Art, nämlich: »schön«. Will ich den Ton, der in der Spreche mitschwingt, in meine Niederschrift bringen, muss ich zusätzliche Mittel anwenden, zum Beispiel die Interpunktion.

Schön –   Schön!

Schön?

Schön??   Schön?!

Das sagt schon einiges, ist aber, gemessen an der tausendfältig abstufenden Rede, noch immer von elender Dürftigkeit. Ich muss also weitere Ausdrucksmöglichkeiten suchen, um den Ton, den die Rede unmittelbar äußert, dem Leser mitzuteilen, etwa indem ich ihren Klang beschreibe, oder auch das Gesicht oder die Stimmung des Redenden. Damit stehen wir schon an der Schwelle der Schriftstellerkunst.

10

Eine lustige Form des Zusammenpralls zweier Unvereinbarkeiten ist das so genannte Paradoxon. Dies aus dem Griechischen stammende Wort bedeutet eigentlich: »Wider die Meinung«, doch anstatt den Begriff mühsam zu erklären, setze ich ein paar Paradoxa hierher.

Paradox ist:

wenn ein *Krebs krabbelt* und eine *Krabbe* dahin*krebst*;

wenn eine *Bohne* aus einem Haufen Erbsen hervor*linst*;

wenn ein *Fuchs* nach einem Hasen *luchst*, weil er einen *Wolf*shunger hat;

wenn eine *Katze* so viel Süßes *maust*,
dass sie auf den *Hund* kommt;

wenn ein *Esel büffelt*;

wenn ein Frech*dachs* sich *mopst*;

wenn ein *Fahr*stuhl *geht*;

wenn eine Verkaufsstelle mit einer *gängigen* Ware gut *fährt*;

wenn man bei einer Demonstration einen *Hauptmann*
zu seinem *Neben*mann hat;

wenn einem *Knappen* die Rüstung zu *weit* ist;

wenn einem etwas *Tiefes* zu *hoch* ist;

wenn man in des *Hoch*walds *Tiefe* gerät;

wenn ein Vor*sitzender* einen Vor*steher*hund hat;

wenn ein Vor*steher sitzt*;

wenn ein *Aus*brecher *ein*bricht;

wenn man einen *Ein*spruch *aus*spricht –

na und so weiter, ihr wisst jetzt sicher, was paradox ist, nämlich ein Widerspruch, der nicht in der Sache, sondern nur in der Sprachgestalt sich zeigt. Dass ein Fahrstuhl bei uns funktioniert, ist zwar nicht eben die Regel, doch auch nicht grade ein Widerspruch. Der Witz kommt erst in der Sprache zustande: Zwei Wörter verschiedener Aussage – »fahren« und »gehen« – sehn sich in einem Begriff vereint und schauen verwundert einander an. Solche Wortspiele sind darum meist unübersetzbar. Versucht einmal, die hier angeführten ins Russische oder Englische zu übertragen, und bemüht euch, wenn dies wörtlich nicht möglich ist, um Annäherungen oder Entsprechungen. Damit steht ihr an der Schwelle der Übersetzerkunst.

11

Noch einmal: »Der Zeigefinger erhob den Redner.«

In der Alltagssprache ist dieser Satz gewiss sinnlos, man könnte sich aber sehr wohl ein Märchen oder ein Gedicht vorstellen, in dem er als sinnvoll empfunden wird.

(Übrigens: Denkt euch gleich mal einen aus!)

Aus dieser Tatsache: Sinnlosigkeit hier, Sinngehalt dort, erhebt sich aber sofort die Frage, wie sich das Sinnvolle zum Wahren verhält und ob es nicht doch zweierlei Wahrheiten gebe. Mit dieser Frage stehen wir an der Schwelle der Philosophie.

Ich möchte euch hier nur so viel sagen, dass es in der Tat zwei verschiedene Arten von Wahrheit gibt, das Kunst-Wahre und das Wissenschafts-Wahre, und wenn beide auch darin übereinstimmen, die Wirklichkeit dieser Welt (zu der auch die Wirklichkeit all dessen gehört, was wir Seele nennen) in einer dem Menschen gemäßen Form wiederzugeben, so unterscheiden sich beide doch so voneinander, wie sich etwa eine Landkarte von einem Gemälde unterscheidet, auch wenn beide das gleiche Stück Erdoberfläche abzubilden scheinen. Ich habe bewusst das Wort »scheinen« gewählt, weil ein Gemälde, also Kunst, mit der äußeren Welt zugleich immer die innere Welt des Menschen anschaulich macht.

Man sagt, dass Wissenschaft und Kunst (unter diesem Wort wollen wir die Gesamtheit der Künste, einschließlich Musik und Literatur, verstehen) zwei verschiedene Formen des menschlichen Erkennens sind.

Ich muss mich zur Erläuterung auf ein ganz simples Beispiel beschränken. Wenn Herr Piff zu Herrn Paff sagt: »Du bist ein Kamel!«, so ist das, wissenschaftlich genommen, natürlich unwahr, denn ein Mensch ist nun einmal kein »wiederkäuender Paarhufer mit gespaltener Oberlippe, gepolsterten Sohlenballen und Fetthöcker«, wie ein Zoologe das Kamel charakterisieren würde. Nun hat Herr Piff aber sicherlich nicht im Sinn gehabt, die zoologische Gleichheit des Herrn Paff mit jenem Paarhufer zu behaupten, er hat vielmehr zu sagen beabsichtigt, dass sich der Herr Paff in bestimmter Hinsicht so benimmt, *wie* Herr Piff glaubt, dass sich ein Kamel benehme, nämlich trampelhaft.

Er hat also nicht eine Gleichung aufstellen wollen:

Herr Paff	*ist*	ein wiederkäuender Paarhufer mit gespaltener Oberlippe, gepolsterten Sohlenballen und Fetthöcker,

er hat vielmehr einen Vergleich angestrebt:

Herr Paff benimmt sich in gewisser Hinsicht	*wie*	ein Kamel, d.h. wie ich, Piff, glaube, dass ein Kamel sich benimmt.

Der Unterschied zwischen dem *ist* und dem *wie* könnte in erster, allergröbster Annäherung den Unterschied zwischen dem Wissenschafts-Wahren und dem Kunst-Wahren verstehbar machen helfen.

Der Wissenschaftler strebt nach einer Gleichung, der Künstler aber nach einem Vergleich. Der Wissenschaftler sucht die Formel, Herr Piff aber hat sich eines Mittels der Kunst bedient und ein Bild gebraucht. Da die Sprache jedoch der gemeinsame Stoff für Wissenschaft *und* für Dichtung, für den Zoologen *und* Herrn Piff ist, ergeben sich viele Probleme und Missverständnisse, auf die wir hier aber nicht eingehen wollen.

Ihr werdet ihnen später noch oft genug begegnen.

Euch Kindern ist das dichterisch Wahre gemäßer als das Wissenschafts-Wahre. Das wird sich bald ändern. Bei vielen Menschen verkümmert im Erwachsenenalter das Kunstverständnis, und bei manchen stirbt es gänzlich ab. Ich würde gern sagen: Bewahrt euch den Sinn für Poesie, wenn ich nicht aus jahrtausendelanger Erfahrung wüsste, dass solche Appelle sinnlos sind.

12

Als ihr über das Gedicht vom alten Haus diskutiertet, hat Gabi wunderschön geschildert, wie die Schicksale ihrer Bewohner die Mauern solch alter Gebäude durchwirken, sodass sie mehr sind als nur ein Zweck. Ihr alle wisst doch, dass alltäglichste Dinge, wenn Erinnerungen an ihnen haften, einem viel mehr bedeuten können als der bloße Gebrauchsgegenstand. Ebenso geschieht es den Wörtern. Jede Sprache ist ja durch viele Jahrhunderte und Jahrtausende die Muttersprache ihrer Völker, und alles, was den Völkern geschieht, die gesamte Fülle ihrer Erfahrung, die sie unaufhörlich in Worte fassen, alle Regungen ihres Denkens und Fühlens, ihr Hoffen und Fürchten und Jauchzen und Schaudern, die heimlichsten Sehnsüchte ihrer Träume beladen die Wörter mit schwerer Fracht. Eine Wolke, die über den Himmel hinzieht, ist nicht nur das atmosphärische Gebilde, als das sie die Wissenschaft zu fassen versucht, mit ihr zieht auch die Sehnsucht aller ihrer Betrachter, und das Wort »Wolke« ist von Träumen so schwer wie von verdichtetem Wasserdunst. Wenn ihr »Wolke« sagt, lebt darin Fernweh wie Heimweh, die Sehnsucht nach ungebundenem Wandern und auch die Beglückung stillsten Betrachtens, in dem Wort tanzt schwerelose Anmut, doch in ihm schwillt auch Düstres und grollen Gewitter – in den Widersprüchen im einzelnen Wort tönen Widersprüche des Menschenherzens.

Oder nehmt das Wort »schneien«. Wenn ihr es lest oder hört, verbindet ihr mehr als die Vorstellung damit: »Der Wassergehalt der Luft ändert seinen Aggregatzustand.« Euch fällt doch zum Beispiel »Schneeballschlacht« ein, oder »Skilaufen« – »Hundekälte« – »Weihnachten ist nahe« – »Kohleschleppen« – »Neue Schuhe brauch ich« – »Großmutter wird wieder Frostbeulen kriegen« – »Matsch« –

»Glitzernde Bäume« – »Es gibt Apfelsinen« – »Der Verkehr bricht zusammen« – »Schwebende Flocken« – »Romantische Schummerstunde« – »Vögel hungern« – »Grippe« – »Hohe Lichtrechnung« – »Rodelfahrt mit der Freundin«, na und so fort. Und auch die Geschichte meldet sich und mischt Erinnerungen ein: die Schlacht vor Moskau und Stalingrad; Napoleons Rückzug über die Beresina; die frierenden Ritter in ihren Burgen; Hannibals Zug über die Alpen; die Höhlensiedler in der Eiszeit, und ihr denkt vielleicht an ein Winterbild Breughels oder an das Wintergedicht von Matthias Claudius.

Der Schriftsteller wird bei jedem Wort dessen Durchtränktheit mit Bedeutung, auch widerspruchsvoller, berücksichtigen müssen; ein Wissenschaftler hingegen, der Meteorologe zum Beispiel, muss gerade von allem Sinngehalt absehn, der über die Bedeutung von Schnee als einer bei bestimmter Temperatur und bestimmten atmosphärischen Bedingungen sich bildender Niederschlagsform hinausgeht.

Das ist ein weiterer Wesensunterschied von Wissenschaft und Kunst. Ihre Sprachen sind nicht dieselben. Das Wort »Schnee« ist nicht gleich dem Wort »Schnee«, und der Schnee, den der Meteorologe erforscht, ist nicht derselbe wie der Schnee des Dichters.

Die Wortfolge: »Bald wird es schnein« sagt daher, bei völlig gleicher Gestalt, in einem Gedicht etwas durchaus anderes als in einem Wetterbericht; sie kann eine simple Feststellung sein, aber auch eine erschütternde Mahnung.

Am besten wird es am Beispiel deutlich. – Ich setze euch hier ein berühmtes Gedicht hin. Lest es erst einmal unvoreingenommen:

BERTOLT BRECHT: ERINNERUNG AN DIE MARIE A.

1
An jenem Tag im blauen Mond September
Still unter einem jungen Pflaumenbaum
Da hielt ich sie, die stille bleiche Liebe
In meinem Arm wie einen holden Traum.
Und über uns im schönen Sommerhimmel
War eine Wolke, die ich lange sah
Sie war sehr weiß und ungeheuer oben
Und als ich aufsah, war sie nimmer da.

2
Seit jenem Tag sind viele, viele Monde
Geschwommen still hinunter und vorbei.
Die Pflaumenbäume sind wohl abgehauen
Und fragst du mich, was mit der Liebe sei?
So sag ich dir: Ich kann mich nicht erinnern
Und doch, gewiß, ich weiß schon, was du meinst.
Doch ihr Gesicht, das weiß ich wirklich nimmer
Ich weiß nur mehr: Ich küßte es dereinst.

3
Und auch den Kuß, ich hätt ihn längst vergessen
Wenn nicht die Wolke dagewesen wär
Die weiß ich noch und werd ich immer wissen
Sie war sehr weiß und kam von oben her.
Die Pflaumenbäume blühn vielleicht noch immer
Und jene Frau hat jetzt vielleicht das siebte Kind
Doch jene Wolke blühte nur Minuten
Und als ich aufsah, schwand sie schon im Wind.

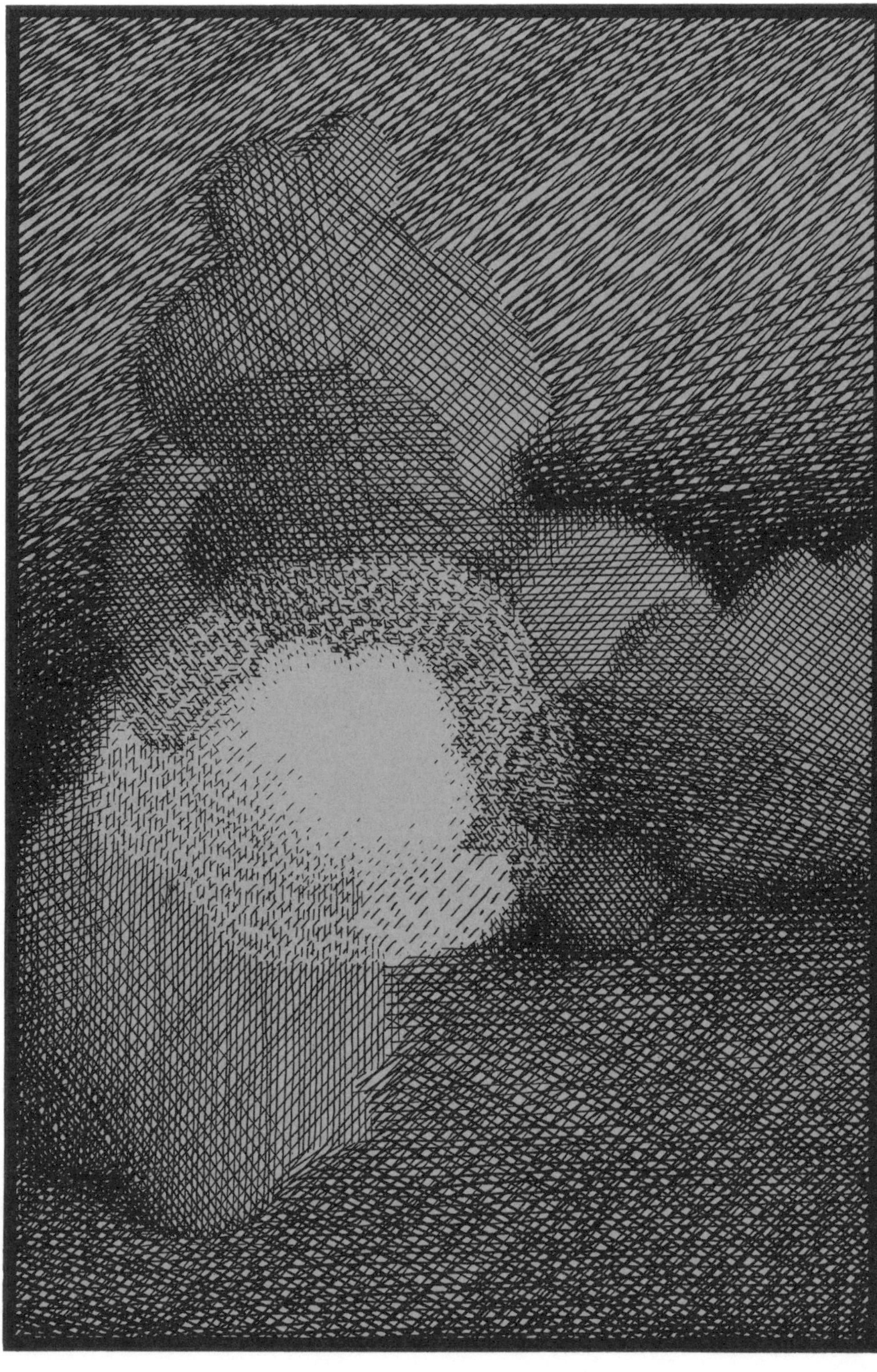

So, und jetzt lest dieses Gedicht noch einmal und versucht, den Prozess mitzuvollziehen, in dem das Wort »Wolke« sich mit Bedeutung belädt. Es ist in der dritten Strophe nicht mehr dasselbe wie in der ersten:

ERINNERUNG AN DIE MARIE A.

1
An jenem Tag im blauen Mond September
Still unter einem jungen Pflaumenbaum
Da hielt ich sie, die stille bleiche Liebe
In meinem Arm wie einen holden Traum.
Und über uns im schönen Sommerhimmel
War eine Wolke, die ich lange sah
Sie war sehr weiß und ungeheuer oben
Und als ich aufsah, war sie nimmer da.

2
Seit jenem Tag sind viele, viele Monde
Geschwommen still hinunter und vorbei.
Die Pflaumenbäume sind wohl abgehauen
Und fragst du mich, was mit der Liebe sei?
So sag ich dir: Ich kann mich nicht erinnern
Und doch, gewiß, ich weiß schon, was du meinst.
Doch ihr Gesicht, das weiß ich wirklich nimmer
Ich weiß nur mehr: Ich küßte es dereinst.

3
Und auch den Kuß, ich hätt ihn längst vergessen
Wenn nicht die Wolke dagewesen wär
Die weiß ich noch und werd ich immer wissen
Sie war sehr weiß und kam von oben her.
Die Pflaumenbäume blühn vielleicht noch immer
Und jene Frau hat jetzt vielleicht das siebte Kind
Doch jene Wolke blühte nur Minuten
Und als ich aufsah, schwand sie schon im Wind.

Habt ihr miterlebt, wie die Wolke erblüht – etwas, was sie in einer wissenschaftlichen Aussage nie könnte. Marie A. ist in sie eingegangen und mit ihr verschmolzen. – Die Griechen glaubten von ihren Helden, dass Gott Zeus sie in ein Sternbild verwandelt und ihnen so nach dem Tode Dauer verleiht. Hier hat es ein Dichter in Worten getan, und für alle, die dieses Gedicht als Erlebnis erfahren, wird fortan in jeder ziehenden Wolke Marie A. gegenwärtig sein.

Hier noch ein Gedicht Brechts, ein fast unbekanntes, in dem ihr Ähnliches miterleben könnt:

JAHR FÜR JAHR

1
Jetzt in der Nacht, wo ich dich liebe
Sind weiße Wolken am Himmel, ohne Laut
Und die Wasser brausen über die Steine
Und der Wind erschauert in dem dorren Kraut.

2
Weiße Wasser rinnen
Abwärts Jahr für Jahr.
Und am Himmel gibt es
Wolken immerdar.

3
Später, in den einsamen Jahren
Werden Wolken, weiße, noch geschaut.
Und die Wasser werden brausen über die Steine
Und der Wind wird erschauern in dem dorren Kraut.

Es ist nicht mehr derselbe Wind wie am Beginn jener Nacht.

Merkt: Wenn man ein Gedicht als wissenschaftliche Aussage betrachtet, wird man es nie erfassen können, man wird sich höchstens darüber ärgern, und das hat man ja oft getan.

Einer eurer größten Dichter,
Joseph Freiherr von Eichendorff, hat das Geheimnis der Poesie in diesen vier Zeilen zu fassen verstanden:

WÜNSCHELRUTE

Schläft ein Lied in allen Dingen,
Die da träumen fort und fort,
Und die Welt hebt an zu singen,
Triffst du nur das Zauberwort.

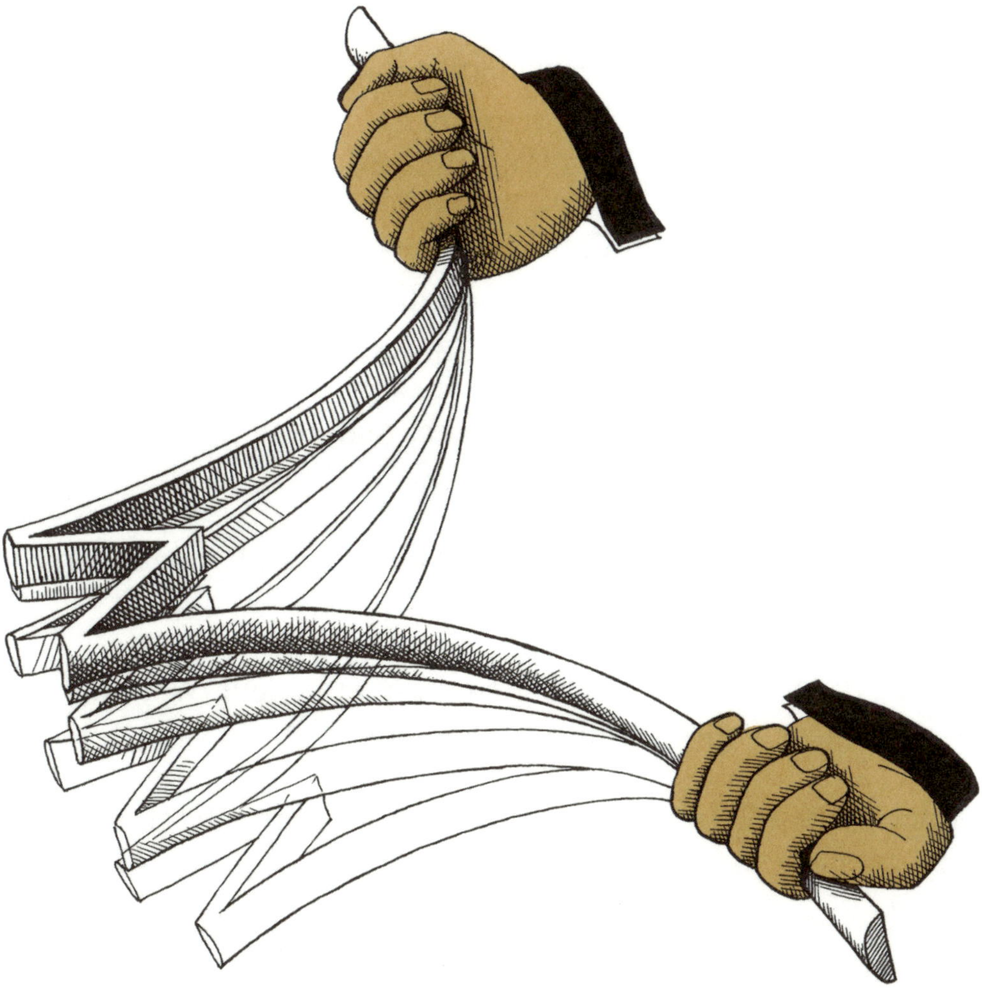

13 Eine Glückszahl zum Schluss,

und als besten Abschluss: Worte Johann Wolfgang Goethes zu unserer Regenunterhaltung

Sprache ist wirklich das Höchste, die höchste Äußerung der Vernunft und des Bewußtseins.

Die Menschen werden weit mehr von der Sprache gebildet denn die Sprache von den Menschen.

Das Beste unserer Überzeugungen ist nicht in Worte zu fassen; die Sprache ist nicht auf alles eingerichtet, und wir wissen oft nicht recht, was wir endlich sehen, schauen, denken, erinnern, phantasieren oder glauben.

Das Fürtreffliche ist unergründlich, man mag damit anfangen, was man will.

Durch Worte sprechen wir weder Gegenstände noch uns selbst völlig aus.

Durch die Sprache entsteht gleichsam eine neue Welt, die aus Notwendigem und Zufälligem besteht.

Im gemeinen Leben kommen wir mit der Sprache notdürftig aus, weil wir nur oberflächliche Verhältnisse bezeichnen. Sobald von tieferen Verhältnissen die Rede ist, tritt sogleich eine andre Sprache ein, die poetische.

Poesie deutet auf die Geheimnisse der Natur und sucht sie durchs Bild zu lösen; Philosophie deutet auf die Geheimnisse der Vernunft und sucht sie durchs Wort zu lösen.

Die Frage, wer höher steht, der Historiker oder der Dichter, darf gar nicht aufgeworfen werden; sie konkurrieren nicht miteinander, so wenig als der Wettläufer und der Faustkämpfer. Jedem gebührt seine eigene Krone.

Eigentlich lernen wir nur von Büchern, die wir nicht beurteilen können. Der Autor eines Buchs, das wir beurteilen könnten, müßte von uns lernen.

Nicht die Sprache an und für sich ist richtig, tüchtig, zierlich, sondern der Geist ist es, der sich darin verkörpert, und so kommt es nicht auf einen jeden an, ob er seinen Rechnungen, Reden oder Gedichten die wünschenswerten Eigenschaften verleihen will: es ist die Frage, ob ihm die Natur hiezu die geistigen und sittlichen Eigenschaften verliehen hat. Die geistigen: das Vermögen der An- und Durchschauung, die sittlichen: daß er die bösen Dämonen ablehne, die ihn hindern könnten, dem Wahren die Ehre zu geben.

Es gibt Bücher, durch welche man alles erfährt und zuletzt von der Sache nichts begreift.

Wer einem Autor Dunkelheit vorwerfen will, sollte erst sein eigen Inneres beschauen, ob es dann da auch recht hell ist: in der Dämmerung wird eine sehr deutliche Schrift unlesbar.

Alles Lyrische muß im ganzen sehr vernünftig, im einzelnen ein bißchen unvernünftig sein.

Was man nicht versteht, besitzt man nicht.

Wer fremde Sprachen nicht kennt, weiß nichts von seiner eigenen.

Die Gewalt einer Sprache ist nicht, daß sie das Fremde abweist, sondern daß sie es verschlingt.

Ich denke immer wenn ich einen Druckfehler sehe, es sei etwas Neues erfunden.

Kein Wort steht still, sondern es rückt immer durch den Gebrauch von seinem anfänglichen Platz, eher hinab als hinauf, eher ins Schlechtere als ins Bessere, ins Engere als Weitere, und an der Wandelbarkeit des Worts läßt sich die Wandelbarkeit der Begriffe erkennen.

Jedes ausgesprochene Wort erregt den Gegensinn.

Jeder hat etwas in seiner Natur, das, wenn er es öffentlich ausspräche, Mißfallen erregen müßte.

Der Tiger, der dem Hirsch begreiflich machen will, wie köstlich es ist, Blut zu schlürfen.

Diejenigen, welche widersprechen und streiten, sollten mitunter bedenken, daß nicht jede Sprache jedem verständlich sei.

Gegner glauben uns zu widerlegen, wenn sie ihre Meinung wiederholen und auf die unsrige nicht achten.

Wer das erste Knopfloch verfehlt, kommt mit dem Zuknöpfen nicht zu Rande.

Ein reiner Reim wird wohl begehrt;
Doch den Gedanken rein zu haben,
Die edelste von allen Gaben,
Das ist mir alle Reime wert.

Die Weisheit ist nur in der Wahrheit.

Was nicht wahr ist, baut nicht.

Die Menschen verdrießt's, daß das Wahre so einfach ist: sie sollten bedenken, daß sie noch Mühe genug haben, es praktisch zu ihrem Nutzen anzuwenden.

Wo recht viel Widersprüche schwirren
Mag ich am liebsten wandern.
Niemand gönnt dem andern –
wie lustig! – das Recht, zu irren.

Ein jeder, weil er spricht, glaubt auch über die Sprache sprechen zu können.

Wenn man alle Gesetze studieren sollte, so hätte man gar keine Zeit, sie zu übertreten.

Eine richtige Antwort ist wie ein lieblicher Kuß.

FDGB
FLECK

11

Zum Abendbrot – Jens aß aufgewärmte Grützwurst mit Kraut und hinterher süßsauren Kürbis – gab es für die Feriengäste Makkaroni mit Schinken und Reibekäse und vorher eine klare Buchstabensuppe. Als Caroline ihren ersten Löffel aus dem Teller hob, entdeckte sie darin ein A, zwei E, ein G, drei N, ein O, ein S und ein T, und als sie über den dampfenden Löffel blies, strudelte diese Buchstabengruppe zu einem SONNENTAG zusammen.

»Nu spotte auch noch, Küssü«, murmelte sie.

»Was brummst du?«, fragte Carolines Vater.

»Gar nichts«, brummte Caroline.

»Brumme nicht!«, sagte Carolines Mutter. »Morgen wird ein Sonnentag! Der Wetterbericht hat's schon gemeldet.«

Wütend schluckte Caroline den Sonnentag hinunter.

»Wenn man doch auch etwas Unerwünschtes so leicht wegschaffen könnte«, dachte sie. Aufgeschrieben, runtergeschluckt, und nicht mehr vorhanden – so eine Sprache müsste mal jemand erfinden!

Im gleichen Augenblick dachte Monica etwas Ähnliches. Sie hatte das Wort REGEN auf dem Löffel und zeigte ihn der Familie.

»Jetzt verschluck ich den Regen«, sagte sie. »Haps, und weg ist er!«

»Das haben die Menschen früher einmal tatsächlich geglaubt«, sagte Monicas Vater. »Man schrieb den Namen des

Feinds auf ein Stück Rinde und verbrannte sie unter Murmeln von Zaubersprüchen, und wenn der geschriebene Name vom Feuer vertilgt war, glaubte man auch die Kräfte des Gegners von einer verzehrenden Krankheit gelöscht.«

»Das ist natürlich Aberglaube«, sagte Monicas Mutter.

»Natürlich«, sagte Monicas Vater.

»Da fällt mir«, sagte Monica, »der Gartenzwerg ein, der immer sang: ›O wie gut, dass niemand weiß, dass ich Rumpelstilzchen heiß!‹ Dem sein Name durfte auch nie wer erfahren, sonst war er besiegt!«

»Das ist doch ein Märchen«, sagte Monicas Mutter.

»Natürlich«, erwiderte Monica, »aber wenn Vater ein Verbrechen aufklären will und kriegt den Namen des Täters raus, dann hat der doch eigentlich auch schon verloren!«

»Das ist doch was Andres«, sagte Monicas Mutter. »Das ist unsere Wirklichkeit.«

»Die willst du doch nicht mit einem Märchen vergleichen?«, sagte Monicas Vater.

»Natürlich nicht«, sagte Monica.

Monicas Vater stutzte.

»Wie meinst du das?«, fragte er, »meinst du das ironisch?«

»Natürlich nicht«, sagte Monica, den Löffel mit dem REGEN in der Rechten.

»Warum sagst du's dann so?«, fragte Monicas Vater.

»Ich sag's gar nicht so!«, sagte Monica.

»Streitet euch nicht«, versuchte Monicas Mutter zu schlichten, »der Regen –«

»Wir streiten uns nicht«, sagte Monicas Vater.

»Natürlich nicht!«, sagte Monica.

»Der Regen –«, sagte Monicas Mutter mit erhobener Stimme.

»Sei nicht immer ironisch!«, sagte Monicas Vater.

»Ich bin nicht immer ironisch«, sagte Monica, »ich –«

»Der Regen –«, sagte Monicas Mutter.

»Widersprich nicht«, sagte Monicas Vater, »du sagst es ironisch!«

»Der Regen –«, sagte Monicas Mutter noch lauter.

»Ich sage ja nur –«, setzte Monica an.

»Der Regen –«, sagte Monicas Mutter fast schreiend.

»Doch«, sagte Monicas Vater, »doch widersprichst du! Ich versuche mit dir zu diskutieren, und du widersprichst!«

»Der Regen –«, schrie Monicas Mutter, »der Regen –«

»Ich bin gar nicht immer iro–«

»Sie widerspricht schon wieder!«, sagte Monicas Vater. »Sie muss immer das letzte Wort haben! Ich möchte bloß wissen, von wem sie das hat.«

Monica schluckte die Antwort des aufsteigenden Ärgers mit dem REGEN hinunter.

Das Gesicht des Staatsanwalts wurde heller.

»Der Regen«, schrie Monicas Mutter in das Schweigen über den dampfenden Tellern, »der Regen, also der Regen geht tatsächlich zu Ende. Morgen haben wir Sonnenschein.«

Monica legte den Löffel weg.

»Wer sagt denn das?«, fragte Monicas Vater löffelnd.

»Der Wetterbericht«, sagte Monicas Mutter.

»Dem glaubst du?«, fragte Monicas Vater.

»Ich bitte dich«, sagte Monicas Mutter löffelnd, »bislang hat es immer geregnet, wenn er sagt, dass es regnet.«

»Wenn's regnet«, sagte Monicas Vater, den Löffel weglegend, »wenn's regnet, ist es natürlich kein Kunststück zu sagen: Es regnet.«

»Aber jetzt sagt er ja, es wird nicht mehr regnen.«

»Und?«, fragte Monicas Vater, »regnet's?«

»Nein«, antwortete Monicas Mutter.

»Dann«, sagte Monicas Vater, »ist's natürlich kein Kunststück zu sagen, es wird nicht mehr regnen, wenn's nicht mehr regnet.«

»Aber er sagt doch, dass es morgen nicht regnen wird.«

»Ha«, sagte Monicas Vater und schlug auf den Tisch, »erst morgen! Da hast du's! Und was macht der Regen? Er regnet auch heute nicht, obwohl er erst morgen nicht regnen sollte. Da hast du einen ganz klaren Beweis für den Schwindel.«

»Weil's heute nicht regnet, wenn's morgen nicht regnen soll?«, fragte Monicas Mutter.

»Natürlich«, sagte Monicas Vater.

Er wartete, dass Monica »natürlich nicht« sagen würde, doch Monica, die das Gefühl hatte, dass die Gedanken sich schlangengleich am eigenen Schwanz aufzufressen begannen, lauschte diesem Gespräch wie einem Krimi.

Der Kleine hat Recht, dachte sie belustigt. Erwachsenen zuzuhören kann schrecklich fetzen!

»Aber sie haben doch nur gesagt, dass es morgen nicht regnet«, sagte Monicas Mutter.

»Na eben«, sagte Monicas Vater, »und dabei regnet es heute nicht. Das ist es doch grad! Heut ist doch nicht morgen!«

»Natürlich nicht«, sagte Monicas Mutter.

»Na also«, sagte Monicas Vater.

»Da hast du natürlich Recht«, sagte Monicas Mutter.

»Natürlich«, sagte Monicas Vater, und während Monica überlegte, wie viel Arten es gebe, »natürlich« zu sagen, und dabei auf mindestens zwei, eine natürliche und eine unnatürliche, kam, gab sich Monicas Vater als Sieger freundlich.

»Von all den Orakeln«, scherzte er, »taugt eben nur eines: Kräht der Hahn auf dem Mist, ändert sich's Wetter, oder es bleibt, wie es ist!«

Er schlug eine schallende Lache an.

»Oder es regnet«, sagte Monicas Mutter.

Ihr Mann verstummte entgeistert, und zu gleicher Zeit, und da Monica genießerisch darauf wartete, dass ihr Vater nun ihrer Mutter den Witz erkläre, sagte mit gleichen Worten und gleichem Lachen auch Gabis Vater dieses Orakel, und da er vordem bekannt gegeben, dass, was auch immer Petrus beschließe, er morgen nach Erfurt um Ersatzteile fahren und Mutter und Tochter zu einem Einkaufsbummel mitnehmen werde, lachten auch Mutter und Tochter mit, und sie lachten so herzhaft, dass Gabi gar nicht dazu kam, die Buchstaben im Löffel zu bemerken und vorm Verspeisen »arme Buchstaben« zu sagen.

»Morgen«, sagte Gabis Mutter, Frau Müller, »morgen wird's ganz sicherlich schön! Wenn Engel reisen, wird schönes Wetter!«

»Jetzt hab ich den REGEN runtergeschluckt«, sagte Monica, um das Gespräch anzustacheln, »da wird's morgen schön sein.«

»Wenn der Hahn nicht auf dem Mist kräht«, sagte Monicas Mutter.

Monicas Vater stöhnte laut und überlegte, wie er Tochter und Mutter erklären könne, dass das Wetter vom Aberglauben nicht abhängig sei. – Während all dessen beschloss Frau Habermilch, dem Sammelband über die Schöne Heimat ein Gedicht des Dichters Johannes R. Becher voranzustellen, in dem er aufruft, sich verstärkt im friedlichen Schaffen zu mühen, damit die Sonne schön wie nie über Deutschland scheine.

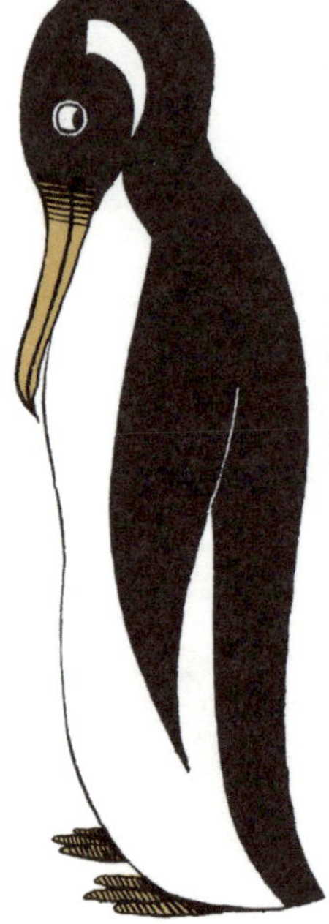

Jens aß sich indes durch das zweite Glas.

»Iss schön«, sagte Emmanuels Mutter zu Emmanuel, »damit's morgen schön wird! Herr Leipzig will uns nach Weimar mitnehmen.«

»Iss«, sagte Carolines Mutter, »die Suppe wird kalt! Kalte Suppe ist schlecht für die Gesundheit.«

»Iss nicht so hastig«, mahnte Gabis Mutter, »die Suppe ist viel zu heiß. Du verbrennst dir den Magen.«

»Kalte Suppe und kalter Kaffee machen schön«, sagte Caroline.

»Was ihr da sagt, ist doch kalter Kaffee«, sagte Monicas Vater zu Tochter und Mutter.

»Suppe und Liebe müssen heiß sein«, sagte Gabi.

»Das ist was Andres«, sagte Carolines Vater.

»Das ist nicht dasselbe«, sagte Gabis Mutter.

»Es ist immer dasselbe mit euch!«, sagte Monicas Vater.

»Das kann man doch nicht vergleichen!«, sagte Carolines Mutter.

»Du hast Vergleiche!«, sagte Gabis Vater.

Frau Habermilch verglich ihre Abschrift mit dem Original, und Caroline überlegte indes beim Löffeln, ob man aus den Buchstaben des SONNENTAGS nicht noch andere Wörter bilden könne. Natürlich fiel ihr sogleich SONNE,

TAG und SONNTAG ein, und ein klein wenig später noch NONNE und NASE, und nun beschloss sie, eine Methode zu suchen, mit der man planmäßig sämtliche möglichen
[27] Wörter herausfischen könnte.

»Eigentlich auch ein nettes Spiel«, dachte sie besänftigt.

Auch Emmanuel, dessen Tisch stets als letzter das Essen bekam, hatte Buchstaben in seinem Löffel entdeckt, und zwar ein C, ein Q und ein X, und natürlich dachte er daran, mit diesen Buchstaben zu spielen.

Doch ausgerechnet die schwierigsten!

Schnell zurückwerfen; neue herausfischen? Nein!

»Was könnten sie nur bedeuten?«, begann er zu grübeln.

»Hast du's auch gehört«, fragte seine Mutter, »dass es morgen Sonne geben soll?«

»Nein«, sagte Emmanuel, »woher auch?«

»Hört ihr bei Jens denn nicht Radio?«

»Aber nur«, sagte Emmanuel, »den türkischen Sender, oder manchmal Radio Babylon!« Da er dies sagte, fiel ihm ein persischer König namens Xerxes ein, und da ihm der persische König einfiel, fiel ihm der römische Cäsar ein.

»Natürlich«, dachte er, »klare Lage: Der Xerxes und der Cäsar begegnen einander am Rande der Großen Suppe, des Mittelmeers, und da stehen sie nun, und dazwischen ein Q. Wer könnte das sein? Ha, ich hab's schon: Ein Quatschkopf! Doch wie kommt ein Quatschkopf zwischen zwei Könige? Als Dolmetscher natürlich, als einer, der persisch und lateinisch quatscht! Denn der Xerxes kann nicht Lateinisch und der Cäsar nicht Persisch, und außerdem stammen sie aus verschiedenen Jahrhunderten, das erschwert die Verständigung zusätzlich ungeheuer. Also brauchen sie einen Quatschkopf, und da steht er auch schon! Und nun lass sie was sagen.«

»Herr Ober –«, sagte Gabis Vater, doch der Ober enteilte.

»Und wenn der Hahn nun *nicht* auf dem Mist kräht?«, sagte Monicas Mutter.

Jens aß das zweite Glas Kürbis zu Ende.

»STONE«, dachte Caroline, »kann man das nehmen?«

»Ob er kräht oder nicht«, sagte Monicas Vater, »das Wetter bleibt gleich!«

»Herr Ober –«, sagte Gabis Vater lauter.

»Wieso gleich?«, fragte Monica.

»Gleich!«, rief der enteilende Ober.

»Wenn der Hahn gleich bleibt«, sagte Monicas Vater, »nein, ich meine, wenn der Regen sich ändert –«

Monica lauschte.

Jens löffelte.

Gabi schob den Teller zurück.

»Wenn der Misthaufen –«, sagte Monicas Mutter.

»Was«, dachte Emmanuel, »kann Xerxes schon sagen? Natürlich stellt er sich erst mal vor. ›Ich bin‹, so brüllt er den Römer an, ›ich bin der großmächtigste König der Könige! Ich bin Xerxes der Allergrößte, der Beherrscher der Perser, der Herr der Welt! Und wer bist du, du elender Wicht?‹

Wie übersetzt nun ein Dolmetscher so einen Quatsch?

Er könnte ihn wörtlich übersetzen, aber das traut er sich nicht recht – der Cäsar könnte ihm ja eine reinhauen, wenn er so zu ihm redete. Doch da hat er eine kühne Idee. Er sieht, dass die beiden auf den Krieg losmarschieren und ihre Soldaten verheizen wollen, und da denkt er: Vielleicht kann ich's verhindern. Ich stehe nun einmal zwischen den beiden. Und warum stehe ich zwischen ihnen? Weil sie meine Sprache brauchen! Diese zwei Sprachen sind *meine* Waffe! Mit der Sprache werd' ich ihre Pläne durchkreuzen!

Also dolmetscht er erst einmal sachlich und sagt zum Cäsar: ›Das da ist der Xerxes, Großkönig der Perser, und er fragt dich, wer du bist.‹

›Ha!‹, brüllt der Cäsar, ›ich bin der Cäsar, der größte Feldherr aller Zeiten, der Beherrscher des Römischen Reichs, das die Welt beherrscht!‹

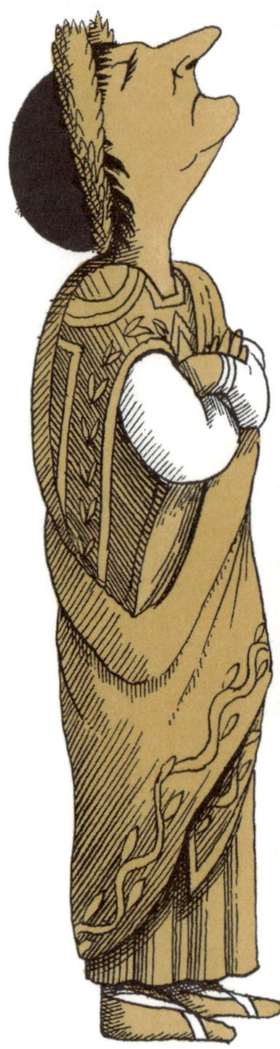

Und der Dolmetscher sagt zum Xerxes: ›Das da ist Cäsar, der römische Feldherr!‹ «

»Ober!«, rief Gabis Vater, »Ober!«

»Kräht der Hahn denn im Regen?«, fragte Monicas Mutter.

»GAESTE«, dachte Caroline, »nein, das geht nicht, ich habe nur ein E!«

»Mach ich das dritte Glas auch noch auf?«, dachte Jens. »Was wird Mutti denken?«

»Wirklich ein schönes Gedicht«, dachte Frau Habermilch, »und so natürlich! Direkt aus dem Leben!«

»Der Dolmetscher denkt«, dachte Emmanuel, »dass nun die Kriegserklärungen kommen! Und wirklich, da brüllt der Xerxes schon los: ›Dein Reich gehört mir, ungläubiger Hund! Wenn du dich nicht auf der Stelle unterwirfst, lasse ich sämtliche Römer schlachten!‹

›Was brüllt der so?‹, fragt nun Cäsar, und der Dolmetscher sagt: ›Er brüllt so, weil sein Volk an der Beulenpest leidet, und da fragt er, ob du nicht ein Heilmittel hast.‹

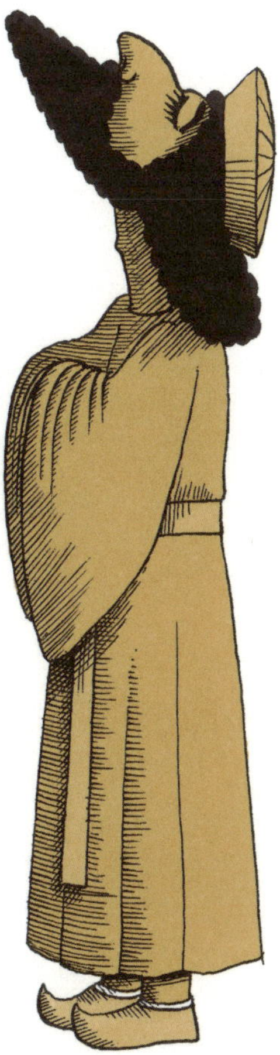

›Er komme mir ja nicht zu nah!‹, brüllt Cäsar, der doch eben noch in des Xerxes Land einzudringen dachte, ›er komme mir ja nicht zu nahe, sonst haue ich ihn kurz und klein!‹

›Was antwortet dieser Wicht?‹, fragt Xerxes, und der Dolmetscher sagt: ›Der Cäsar freut sich sehr, dass ihr nach Rom kommen wollt! In Rom herrscht nämlich grässlicher Aussatz, und da glaubt der Cäsar, wenn Fremde kommen, befällt der Aussatz vielleicht *die* –‹

›Er komme mir ja nicht zu nah!‹, brüllt der Xerxes, ›sonst haue ich ihn kreuzweis kaputt! Sag ihm, er soll sich erst unterwerfen, wenn der Aussatz bei ihm erloschen ist!‹ «

»Herr Ober!«, rief Gabis Vater,

»›Was hat der geantwortet?‹, fragt der Cäsar, und der Dolmetscher sagt: ›Er grüßt dich zum Abschied und wird jetzt gehen!‹– Da brüllt der Cäsar: ›Er soll mir eine Karte schreiben, wenn die Beulenpest erloschen ist, dann komm ich und erobre sein Land!‹

›Was brüllt der?‹, fragt der Xerxes, und der Dolmetscher antwortet: ›Er grüßt dich zum Abschied, größter Großkönig, und wird alles tun, was du verlangst!‹

Da nicken beide, Xerxes und Cäsar, und beide gehen voneinander und geben Acht, dass sie der Atem des andern nicht trifft, und da sie so auseinander gehen, denken sie beide: ›Dem hab ich's aber gezeigt, wer der Mächtigste ist!‹

Und der Dolmetscher reibt sich die Hände und denkt: ›Ich bin doch eigentlich ein ganz tüchtiger Quatschkopf! Ich glaub, ich verdiene ein großes Q!‹«

»Herr Ober!!!«, brüllte Gabis Vater, »ich werde –«

»So iss doch was!«, mahnte Emmanuels Mutter, und Emmanuel, mit dem Xerxes und Cäsar auch den Quatschkopf vertilgend, dachte ehrfürchtig, was die Sprache doch könne.

Jens hielt das dritte Glas in der Hand.

»Mutti wird schimpfen«, dachte er, »wenn ich sage, ich habe drei Gläser Kürbis leer gemacht. Bei zwei leer gemachten wird sie auch schimpfen. Also kann es schon ganz egal sein. Schimpfe ist Schimpfe! Ich mach's auf.«

»Mit Schimpfen erreichst du doch nichts«, sagte Gabis Mutter zu Gabis Vater.

»Dieser Quatschkopf«, dachte Emmanuel, »wodurch hat er denn so viel erreicht? Nur durchs Lügen, und nicht durch die Wahrheit! Das ist doch eigentlich fürchterlich.«

»Ha«, dachte Jens, das dritte Glas öffnend, »wenn ich nun sage, ich wollte eigentlich drei Gläser leer machen, doch ich hab mich bezwungen und nur zwei geleert, dann wird Mutti nicht schimpfen, dann wird sie mich loben! Also lass ich im dritten Glas ein bisschen drin, dann ist's keine Lüge, wenn ich sage, ich habe es nicht *leer* gemacht.«

»Eigentlich«, dachte Emmanuel, »hat der Quatschkopf ja überhaupt nicht gelogen. Man braucht doch statt ›Beulenpest‹ nur ›Kriegsgelüst‹ zu setzen, und statt ›Aussatz‹ einfach ›Eroberungsgier‹, und schon kommt's ganz wörtlich hin! Die Wahrheit ist eben doch wirklich allmächtig.«

»Lieber Herr Ober –«, flötete Gabi.

»Bitte sehr, das Fräulein?«, fragt der Ober.

Herr Leipzig sah noch Licht bei Frau Habermilch.

»Ein P müsst ich haben«, dachte Caroline, »dann könnte ich

GESPONNEN bilden! Ach, und wenn ich noch ein U hätte –«

»Haben Sie einen steifen Grog?«, fragte Gabis Vater.

»Den Becher können Sie nicht mehr nehmen, Frau Habermilch«, sagte Herr Leipzig, »wir haben jetzt eine neue Linie im Nationalen*!«

»Bitte sehr, bitte gleich der Herr!«, sagte der Ober.

»Du hast aber«, sagte Monica zu ihrem Vater, »grade gesagt: Wenn der Misthaufen kräht, weil der Regen wettert –«

»Ja?«, sagte Frau Habermilch.

»Nein!«, sagte Herr Leipzig.

»Der Ton«, sagte Gabi, »macht die Musik! Ein bisschen freundlich tut eben Wunder!«

»Jetzt langt es mir!«, brüllte Monicas Vater. »Wenn das Wetter gleich bleibt, dann ändert sich's, *das* hab ich gesagt, und damit basta! Das ist der Sinn von einem Orakel, dass es immer passt, auch wenn es nicht passt! Und wenn dir das nicht passt, du Frechheit, dann pass auf, dass ich dir nicht eine verpasse! Jetzt passt du endgültig, verstanden, und morgen wird was für die Schule gemacht, ob nun der Hahn seinen Mist kräht oder nicht! Und nun geh zum Teufel!«

Monica nickte.

»Einfach fabelhaft, was die Sprache so kann«, dachte sie. »Sie kann die einfachsten Dinge derart verwirren, dass jeder den Verstand verliert.«

Sie warf den Löffel hin und sprang auf.

»Wo willst du denn hin?«, fragte Monicas Mutter.

»Zum Teufel!«, sagte Monica.

12 12 12 12 12 12 12 12 12

»Allmächtiger«, sagte Monica, als sie die leeren Obstgläser sah, »wie viel Kürbis hast du gefressen, Jens?«

Gabi kam.

»Ich wollte«, sagte Jens, »sechs Gläser essen, doch ich hab mich bezwungen und nur fünf leer gemacht.«

»Tüchtig, Jens, tüchtig!«, lobte Gabi. »Man muss sich eben beherrschen können.«

Caroline kam.

»Ein weises Wort«, sagte Monica.

Emmanuel kam.

»Morgen wird's reizend«, sagte Caroline, »da marschieren Papa und Mama mit mir durch den herrlichen Thüringer Wald.«

»Der ist doch schön grün!«

»Aber Papa wird blau sein!«

»Und wir«, sagte Gabi, »fahren nach Erfurt, dort krieg ich einen neuen Pulli.«

»Da werd ich ja gelb vor Neid«, sagte Caroline.

»Aber Mutti sucht ihn mir aus«, sagte Gabi, »und da seh ich schwarz. Der ihr Geschmack stammt noch aus der Eiszeit.«

»Und ich muss nach Weimar«, sagte Emmanuel, »den Goethe und den Schiller anschauen.«

»Das ist doch nicht schlecht«, meinte Monica.

»Schon«, sagte Emmanuel, »nur Herr Leipzig erklärt, und

der treibt mir's zu bunt! Ich kann mir nicht helfen, aber wenn der zu tönen anfängt, wirkt's auf mich wie ein rotes Tuch.«

»Und bei mir«, sagte Monica, »ist's einfach aschgrau. Ich muss morgen den ganzen Tag Mathe büffeln, weil der Hahn zu viel auf dem Mist gekräht hat!«

»Und ich«, sagte Jens, »bin wieder allein, das ist auch nicht rosig!« Fünffaches Seufzen.

»Mist«, sagte Emmanuel.

»Schiet«, sagte Monica. »Kacke«, sagte Gabi. »Scheiße«, sagte Caroline.

»O mein Bauch!«, sagte Jens, »das war doch zu viel Kürbis!«

Küslübürtün erschien. »Bok!« sagte er pfeifeschwenkend.

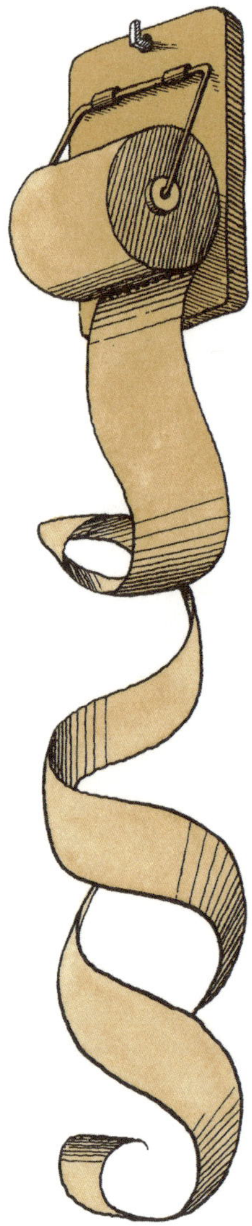

»Was heißt denn das?«, fragte Emmanuel.

»Dasselbe auf türkisch«, sagte Küslübürtün.

»Hast *du* denn Grund dafür?«

»Aus Sympathie.«

Fünffaches Seufzen.

»Nützen wir die Zeit«, sagte Monica. »Wir haben nur mehr diese Stunde, und da wären eine ganze Menge praktischer Fragen!«

»Und theoretischer auch«, sagte Caroline, »und damit fangen wir gleich an. Sag mal, wie viele Sprachspiele gibt es?«

»Soviel ihr wollt!«, sagte Küslübürtün, »und das Spiel aller Spiele ist immer noch: neue Spiele entdecken! Ihr habt ja bewiesen, dass man mit allem spielen kann. Man muss nur die verborgnen Gesetze und Verknüpfungen seiner Spielsache ahnen, dann kann man sie in Regeln fassen.«

»*Gesetze*?«

»Im *Spiel*?«

»Natürlich im Spiel! Ein Spiel ohne Regeln kann es nicht geben, das wäre das Langweiligste von der Welt. Und Spielregeln sind doch auch Gesetze – gültig für einen begrenzten Bereich, eben des Spieles.«

»Na gut, aber doch nur ausgedachte.«

»Nicht einfach nur so. Nehmen wir an, ich schlüge als Zeitvertreib vor, man solle sinnvolle Wörter nur aus Konsonanten bilden – ihr würdet dies Spiel gar nicht erst anfangen, denn seine Regeln widersprächen dem Gesetz der deutschen Sprache. Ein Tscheche aber würde sie akzeptieren, denn es gibt im Tschechischen Wörter, die nur aus Konsonanten bestehen, etwa ›vlk‹, was ›Wolf‹ heißt, oder ›prst‹, der ›Daumen‹, ›skrz‹ gleich ›durch‹ und manche andre.«

K
R
KREUZ
U
Z

»Aber bei Skat oder Schach und so?«

»Mann, ich weiß schon. Gesetze der Strategie und Taktik!« Der Türke wiegte seinen Säbel.

»Ach Leute, Leute, die Zeit vergeht, und wir fangen mit den Kreuzzügen an. – Küssü, was gibt es alles für Sprachspiele?«

»Gut, gehen wir systematisch vor. Da wären zunächst sämtliche Rätsel: Das Kreuzworträtsel, das –«

»Das Kreuzworträtsel ist doch kein Sprachspiel!« (Monica)

»Und was für eines!«

»Er hat Recht« (Caroline), »da kreuzen sich Wörter – hach, und *was* da so manchmal die Buchstaben kreuzt. Preisfrage: Was haben ein Hase und ein Löwe gemeinsam?«

»Solcherart könnt ihr im Kreuzworträtsel die allerphantastischste Welt entdecken! Und ebenso schön ist's, selbst welche zu bauen, und zwar kleine, mit möglichst wenig schwarzen Feldern. Zum Beispiel ein Rechteck von sechs mal sieben Kästchen, und es siegt, wer die wenigsten Schwarzfelder braucht!«

»Au ja, das spieln wir gleich morgen – ach so: Bok!«

»Oder«, sagte Küslübürtün, »magische Quadrate. Vier mal vier Felder, und jedes Quadrat auf denselben Vokal, das erste also nur auf A.«

»Vokalharmonie!«

»Na wennschon, dennschon!«

»Nur auf A – geht denn das überhaupt?« (Monica)

G	L	A	S
L	A	S	T
A	S	T	A
S	T	A	B

»Eins setz ich euch hin«, sagte Küslübürtün. Er kräuselte die Finger über dem Blaubuch, das plötzlich vor ihm auf dem Tisch lag, und die Kinder erblickten dieses Gebilde.

»Was ist denn ASTA?«, fragte Gabi.

»Eine Namenskurzform«, erklärte der Türke, »ihr könnt sie

im Duden nachschlagen. Ohne etwas ausgefallene Namen und Fremdwörter kommt ihr bei solchen Rätseln nicht aus, vor allem dann nicht, wenn ihr versucht, Quadrate zu bilden, bei denen in jeder Zeile zwei A stehen. Dann braucht ihr Wörter wie LADA – der Name eines tschechischen Malers, der die herrliche Geschichte vom braven Soldaten Schwejk illustriert hat; ARAD – eine Stadt; RATA – die Bezeichnung für einen Flugzeugtyp, und ähnliche. Schlagt im Duden nach, denn dazu taugt er. Und dann versucht welche auf E, auf I, auf O, auf U.«

»Steht auch von denen die Lösung im Blaubuch?«

»Erst dann, wenn ihr sie rausgekriegt habt!«

»Ihr quatscht und quatscht«, sagte Monica, »und dabei ist die wichtigste Frage noch gar nicht besprochen: Was soll mit dem Blaubuch geschehen? Wer soll es kriegen, wo soll es bleiben? Sprachspiele könntest du uns wahrscheinlich noch die ganze Nacht hindurch aufzählen! Was es allein so an Rätseln gibt!«

»Richtig«, sagte der Türke, genießerisch paffend, »Kreuzworträtsel; Kreuzworträtsel zum Selbstbauen; Kreuzworträtsel ohne Angabe der Leerfelder; Doppelkreuzworträtsel; Silbenkreuzworträtsel; Bildkreuzworträtsel; Kreuzgitter; Silbenkreuzgitter; Buchstabenkreuze; Silbenkreuze; magische Quadrate mit Buchstaben; magische Quadrate mit Silben; gekreuzte Leisten; Treppenrätsel; Pyramidenrätsel; Kammrätsel; Bandrätsel; Fliesenrätsel; Füllrätsel; Zahlenfeldrätsel; Vorwärts-Rückwärtsrätsel; Rätselschnecken; magische Spiralen; Wabenrätsel; Diamanträtsel; Silbenrätsel; Buchstabentauschrätsel, wo man also durch Buchstabenumwechslung etwa von der ANNA zum EMIL kommt, und hier wieder Tauschrätsel mit Schütteln und ohne Schütteln der Buchstaben; Kopfrätsel; Zickzackrätsel; Ergänzungsrätsel; Rösselsprünge; Königszügler; Mühlbretträtsel, sodann das Bilderrätsel oder der Rebus, und von ihm das unübersehbare Feld der Geheimbotschaften, versteckter Namen, Wortverstecke, Geheimschriften, Geheim-

sprachen, Kunstsprachen, mathematisierter Sprachen und Computersprachen – einiges davon steht im Blaubuch, ihr habt nur noch nicht zu Ende gelesen –«

»Eben drum, Küssü, das Buch, das Buch! Wo zum Teufel soll's bleiben, wer zum Kuckuck soll's kriegen?«

»Na jeder«, sagte Küslübürtün.

»Was soll denn das heißen?«

»Dass jeder es mitnimmt!«

»Küssü«, sagte Monica, »du bist eine Exzellenz im sprachlichen Wohlklang, aber von Mathe verstehst du nichts, am wenigsten was von der Mengenlehre! Ich bin ja drin auch schlecht, aber so viel kapier ich: Es ist nur ein Buch da, und wir sind fünf Kinder! Da müsst man's doch, will man's teilen, zerreißen, und das wäre nun wirklich schade drum.«

Der Türke schmunzelte grünen Rauch.

»Kennt ihr«, fragte er, die Pfeife schräg haltend, »die Geschichte von der Teilung der siebzehn Kamele? Nein? Also hört zu. –

Im Morgenland lebte ein alter Vater, der siebzehn Kamele und außerdem drei Söhne besaß. Als der Greis sein Ende nahen fühlte, versammelte er die Söhne um sich und sprach zu ihnen: ›Alles, was ich euch hinterlasse, sind meine Kamele! Teilt sie so, dass der Älteste die Hälfte, der Mittlere ein

Drittel und der Jüngste ein Neuntel erhält!‹ Kaum war dies verkündet, da schloss er die Augen, und die Söhne konnten ihn nicht mehr drauf aufmerksam machen, dass sein letzter Wille offenbar unvollstreckbar sei. Siebzehn ist doch eine störrische Zahl und lässt sich weder durch zwei noch drei und schon gar nicht durch neun teilen!

Doch der letzte Wille des Vaters ist jedem braven Araber heilig. Was also sollten die Söhne machen?«

»Kamelgulasch«, sagte Jens, »aus den dampfenden –«

Diesmal trafen ihn Monicas Krallen.

»Aber anders geht's nicht!«, stellte Caroline fest.

»Strengt euch an, strengt euch an«, lachte Küslübürtün.

»Küssü«, erläuterte Caroline, »die drei Söhne haben vollständig Recht. Siebzehn ist wirklich eine Primzahl, das heißt, sie ist durch andere Zahlen außer eins und sich selbst ohne Rest nicht teilbar. Also kann man nur Kamelgulasch machen.«

»Geht's wirklich nicht anders?«

»Wirklich nicht!«, bestätigte Monica.

»Wirklich nicht«, sagte auch Caroline, die in Mathe auf einer glatten Eins stand.

»Das eben dachten die Söhne auch, da kam zum Glück ein weiser Pilger auf seinem Kamel dahergeritten, der sah die Ratlosigkeit der drei Erben und bot ihnen seine Hilfe an. Sie trugen ihm den verzwickten Fall vor, und der Weise riet lächelnd, sein Kamel zu den hinterlassnen zu stellen und die gesamte Herde nach dem letzten Willen des Vaters zu teilen, und siehe da – der Älteste bekam neun der Tiere, der mittlere sechs, der Jüngste zwei, das waren eben die Hälfte, ein Drittel und ein Neuntel, und auf dem Kamel, das übrigblieb, ritt der Weise – denn es war das seine – lachend davon!«

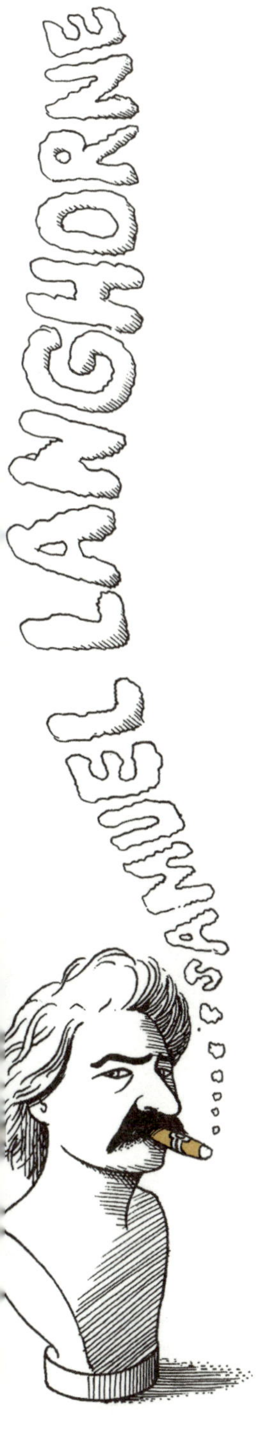

MARK
TWAIN

»Ihr seht«, sagte Morgenstern, der plötzlich auf dem Radio saß, »alles ist möglich!«

»Das ist irre«, sagte Monica, »das geht doch nicht!«

»Bei uns im Morgenland geht eben alles«, sagte der Türke.

»Irgendwo«, sagte Caroline, »ist da auch im Morgenland ein Haken, und ich hab ihn auch schon gepackt! Der Vater hat bestimmt, daß siebzehn Kamele geteilt werden, doch es wurden achtzehn Kamele geteilt. Das ist der Schwindel.«

»Wieso?«, fragte Morgenstern, »die siebzehn Kamele wurden doch auch geteilt – am Schluss waren aus der einen siebzehnköpfigen Herde drei kleinere Herden geworden, wie vorgeschrieben.«

»Zum Teufel auch!«, sagte Emmanuel.

»Dennoch«, beharrte Caroline, »ist da ein Haken, und jetzt hab ich ihn aber wirklich! Die siebzehn Kamele sollten geteilt werden, ohne dass eines dazukam.«

»Das hat der Vater nicht gesagt.«

»Und es ist ja auch keines dazugekommen – das Tier, das der Weise dazugestellt hat, ist ja am Schluss wieder übrig geblieben.«

»Teufel auch!«, sagte Monica.

»Das ist sicherlich so ein Ding wie mit den dampfenden Hälsen«, vermutete Jens, »da gehört auch was zu was, was zu was nicht gehört.«

»Nun ist alles klar«, spottete Monica.

»In der Wirklichkeit kann man siebzehn ohne Rest nicht teilen«, sagte Emmanuel. »Also muss der Haken im Sprachlichen liegen.«

»Geteilt wurde in der Wirklichkeit«, sagte Morgenstern, »doch hat Emmanuel darin Recht, dass die Sprache mehr als die Wirklichkeit kann. Ich will euch da eine Geschichte erzählen! Ihr kennt den Schriftsteller Mark Twain – seinen Tom Sawyer habt ihr alle gelesen. Der Mark hat ein buntes Leben gelebt, wie so mancher Schriftsteller, und er war eine Zeit lang auch Redakteur an einem wüsten Wochenblättchen im Wilden Westen Amerikas, für das schrieb er Krimis, in

Fortsetzungen. Dafür kriegte er lausewenig Geld, und so streikte er eines Tags auf die wirkungsvollste Weise. Er hatte der Redaktion ein Stück Krimi geschickt, in dem der Held die grässlichsten Abenteuer erlebt und schließlich von den Banditen gefangen und so behandelt wird:

Nachdem die Banditen den Detektiv Mike Mikel erwischt hatten, entführten sie ihn an den Pazifik, wo die tiefste Stelle des Meeres ist, legten ihn dort in einen Bleisarg, in dem sich zehn wütende Kobras befanden, deren Biss augenblicklich den Tod bringt, durchsiebten Mike Mikel mit Kugeln, verschlossen den Sarg, pumpten ein augenblicklich tötendes Giftgas hinein und versenkten die Bleigruft in die Tiefe des Meeres Fortsetzung folgt.«

»Der arme Mike Mikel!«, seufzte Gabi.

»Ruhe!!«, schrie Jens, »wie ging das nun weiter?«

»Das fragte sich die Redaktion auch«, sagte Herr Morgenstern, »und mit ihr fragten sich das alle Leser des Blattes, denn Mike Mikel war ihr Lieblingsheld. Undenkbar, dass er umkommen könne! Doch am nächsten Tag kam ein Brief von Mark, in dem er schrieb, er werde nicht eher die Fortsetzung schreiben, als bis er mehr Honorar bekomme. Was sollte der Redakteur da machen? Er überlegte und überlegte, und alle Zeitungsleute überlegten mit ihm, doch keiner kam auf eine Lösung. Der verlötete Bleisarg, das Giftgas, die Kobras, die Kugeln, die Tiefe des Ozeans: unvorstellbar, dass Mike da entrinnen könne. Aber es war ebenso unmöglich, die nächste Nummer ohne Krimi zu lassen, die Cowboys hätten die Redaktion gestürmt. Schließlich erklärte man zähneknirschend Marks Forderungen für bewilligt, und nun wartete alles gespannt wie noch nie auf den nächsten Brief.«

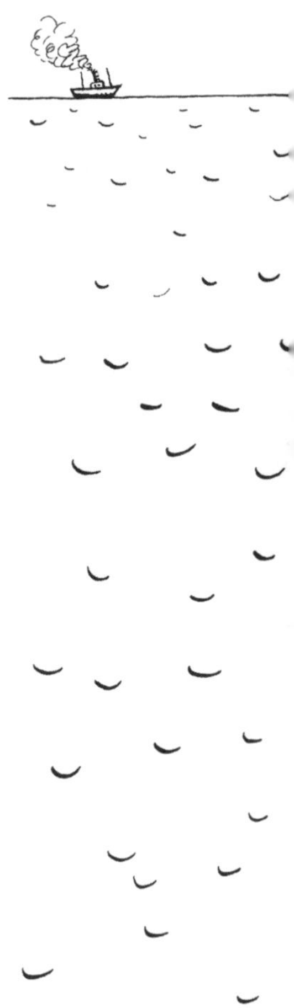

»Ich halt's nicht mehr aus vor Aufregung!«, flüsterte Jens zu Gabi.

»Ich auch nicht«, flüsterte Gabi zu Jens.

Auch Monica, Caroline und Emmanuel lauschten gierig.

»Schließlich«, erzählte Morgenstern weiter, »traf der Brief mit Marks Fortsetzung ein. Alles stürzte sich drauf, und dann las man:

Als Mike Mikel sich unter unendlichen Mühen aus seinem Kerker am Meeresgrund befreit hatte, schwamm er mit kräftigen Stößen an Land, schwang sich auf ein bereitstehendes Pferd und sprengte im schärfsten Galopp den Verbrechern nach ...«

»Einwandfrei!!!«, brüllte Jens, »das ist gelungen!!«

»Ein toller Mike Mikel!«, hauchte Gabi.

»Das ist verrückt«, sagte Monica.

»Eigentlich«, sagte Caroline, »hätte da jeder draufkommen müssen!«

»Jetzt kapier ich«, sagte Emmanuel, »was ein Dichter vermag!«

»Die Sprache kann alles!«, sagte Küslübürtün.

»Aber nur in der Sprache!«, entgegnete Morgenstern.

»Alles kann sie auch nicht«, sagte Caroline. »Einen Schwamm kann man nicht mit Worten ausdrücken.«

Das Blaubuch klappte auf, und mitten auf einem leeren Blatt stand der Satz:

DER SCHWAMM IST AUSGEDRÜCKT.

»Aber das ist doch nur mit Worten!«, rief Monica.

»Und ihr habt doch gesagt, man kann ihn nicht mit Worten ausdrücken!«

»Wir meinten wirklich!«

»Da steht's doch wirklich!«

»Verwirre die Kinder nicht«, sagte Morgenstern, »und denk an die armen Lehrer, die ihnen das jetzt erklären sollen!«

»Und lenk nicht ab!«, rief Monica, »wie ist das nun wirklich mit dem Blaubuch?«

»Wie mit den Kamelen«, sagte Küslübürtün. »Wir müssen ein passendes dazutun, dass wir teilen können!«

»Und wer ist dieses passende Kamel, bester Küssü?«

»Der Kinderbuchverlag*. Den tun wir zu diesem Manuskript hinzu, und dann werdet ihr sehn, dass ihr teilen könnt und jeder seins kriegt, und wenn dann jeder seins hat, tun wir den Verlag einfach wieder weg.«

»O Küssü, Küssü, und wann passiert das?«

»Ganz einfach – sobald wir fertig sind!«

»Fertig wird nichts, nur das Nichts ist fertig«, knurrte Schopenhauer, der plötzlich auf dem Radio saß.

»Atze«, rief Gabi, »das ist aber nett!«

»Ich wollte mich wenigstens verabschieden«, sagte der Alte. »Und außerdem möchte ich doch klargestellt haben, dass mein lieber grüner Freund das Philosophieren auf eine sehr eigene Weise treibt. Das mit den Widersprüchen ist absolut widersprüchlich, dem muss ich energisch widersprechen. Ich hätte –«

»Du *hast* aber nicht«, sagte Küslübürtün. »Ich weiß, dass es unterschiedliche Auffassungen gibt, aber ich kann sie nicht alle zusammen vortragen, ich halte mich an das, was ich weiß. Und außerdem bin ich ein Mann des Wohlklangs und nicht gelernter Philosophierer. Ihr Denkmeister lasst unsereins ja dauernd im Stich –«

Schopenhauer knurrte.

»– da hab ich's halt gemacht, so gut ich's gekonnt hab.«

»Du warst wunderbar, Küssü«, stellte Gabi fest.

»Und so logisch«, bestätigte Caroline.

»Auch ideologisch war's schon recht brauchbar«, gab Monica zu.

»Vom Poetischen gar nicht zu reden«, ergänzte Emmanuel.

»Du hast unsern Geist genährt«, sagte Jens, und da war es den Kindern, als fülle der Raum sich mit Unsichtbarem, und das konnten nur gute Geister sein. Denn je enger es in der Stube wurde, je mehr es geheimnisvoll schwoll und rauschte, je dichter die Luft sich zusammenpresste, umso weiter wuchs zugleich der Kinder Geist. Ein jedes fühlte plötzlich die Kraft, das Unsagbare der tiefsten Seele in Worte zu fassen und mitzuteilen, und als sich das Blaubuch nun feierlich auftat und sich auf einer leeren Seite schwarze Zeichen zu gruppieren begannen, glaubten sie nun lesen zu können, was sie bisher noch nicht einmal zu stammeln vermochten.

In scheuer Befangenheit traten sie näher und lasen:

A B C D E
F G H I J K
L M N O P
Q R S T U V
W X Y Z

ALLES SAGBARE
LIEGT IN DIESEN ZEICHEN,

sagte einer der Geister. –

Die Kinder hörten es, ohne Laute zu hören, und ein jedes begriff ohne Erklärung, dass alles, was der Geist der Menschheit je hervorgebracht hat und hervorbringt und hervorbringen wird, in diesem Quadrat versammelt war.

ALLES GESAGTE
IST NUR EIN GLEICHNIS,

hörten die Kinder mit dem inneren Ohr einen andern der Rauschenden sprechen.

WAS MAN SAGEN KANN,
KANN MAN AUCH KLAR SAGEN,

sagte ein dritter.

ÜBERALL IST DAS DUNKELSTE
MIT IM SPIELE,

sagte ein vierter.

SPRACHE-LERNEN IST ETWAS
HÖHERES ALS SPRECHEN-LERNEN,

sagte ein fünfter.

IM ANFANG WAR DAS WORT,

sagte ein sechster.

»Frau Habermilch biegt um die Ecke«, sagte ein siebter, und da hatten sie wieder den Schall in den Ohren, und da wurde der Raum wieder weiter und enger, und die Kinder begriffen ihren Traum.

»Wir müssen zum Ende kommen«, drängte Schopenhauer.

»Und was ist das Ende?«

»Das muss Emmanuel setzen«, sprach das Türklein, »sonst bleibt eine Ungerechtigkeit übrig, und das Spiel ist doch das Reich der vollkommensten Gerechtigkeit, in dem Gebote für alle gelten, für Kinder wie für Erwachsene. – Ihr alle habt eine Geschichte erzählt, nur Emmanuel nicht. Die muss er nachholen bis zum Ende.«

»Eine Buchstabengeschichte?«, fragte Emmanuel.

»Eine Sprachgeschichte, und natürlich können's auch Buchstaben sein.«

»Ich bin aber nicht darauf vorbereitet.«

»Keine Ausreden!«

»Au«, sagte Emmanuel, dem nichts weiter einfiel.

»Na das ist doch schon ein guter Anfang«, ermunterte ihn Herr Morgenstern. »Auf jeden Fall ist ›au‹ besser als gar nichts. – Ein Schriftsteller wurde einmal gefragt, wie er seine Geschichten erfinde, und da hat er zur Antwort gegeben, den ersten Satz schenke ein guter Geist, man müsse dann nur die Fortsetzung finden. Den ersten Satz mit ›au‹ will ich dir geben: ES WAR EINMAL EINE AU –«

»Es war einmal eine Au«,

erzählte Emmanuel,

und durch die Au floss ein Bach, und auf dem Bach schwamm eine Ente, die sich bei der kleinsten Kleinigkeit ärgerte.

Einmal ärgerte sie sich so schrecklich, daß sie zerplatzte – ein Teil flog nach links, ein Teil flog nach rechts, und rechts war die Au, und links war der Bach. Als das T auf die Au fiel, entstand funkelnder Tau. Das N aber fiel hinter einer Krümmung ins Wasser zurück und schwamm nun einsam den Bach hinunter.

Ach, warum hab ich mich nur so schrecklich geärgert, dachte das N. Als Ene rug ich eine so bune und saliche rach, das war einfach oll! Doch seidem ich zerplaz bin, bin ich fas nichs! Es dachte so verstümmelt, weil das T auch in seinem Hirn fehlte!

Da sah es ein einsames G schwimmen.

Fein, dachte das N, ganz wunderbar, da schwimm ich gleich hin, und schon bin ich wieder ganz und noch dazu anders. Junge, Junge, welch herrliche Sache!

So dachte das N, denn nun dachte es alles schon ohne T.

Das N schwamm, so schnell es nur konnte, zum G, doch kaum waren die beiden zusammengekommen, begann der Bach zu schwellen und brausen und strudeln und tosen, denn nun war eine NG entstanden, und das arme Wasser musste da durch.

Es drängte und schwoll und staute sich, und es dauerte gar nicht lange, da war das G wieder abgerissen.

Nun strömte der Bach wieder frei, und auf ihm schwamm wieder das einsame N.

Das is nich u eanen, dachte es, denn es hatte jetzt auch kein G mehr im Denken. Nein, das war kein enormes Erlebnis!

Das G aber trieb auf ein Riff, das sich in den Strudeln gebildet hatte. Seitdem ist dieser Bach ungeheuer beliebt, denn aus dem Riff wurde ein Griff, und an dem können sich auch Nichtschwimmer festhalten, wenn sie ins Wasser fallen.

Das N aber trieb weiter dahin und dachte: Schlimm, schlimm, wirklich schlimm, so allein und einsam zu sein!

So trieb es dahin, und der Bach floss in einen Fluss, und der Fluss floss in einen Strom, und der Strom floss ins Meer.

Kähne, Schiffe, Boote zogen vorbei, aber keines war darunter, das ein N brauchen konnte.

Ja, wenn ich ein Bote wäre, so sagte ein Boot, dann hätte ich schon Verwendung für dich, da könnte ich mich nämlich mit einem Mal vervielfachen! Doch als Boot – da müsstest du eben ein E sein!

Ich bin, was ich bin!, sagte das N stolz, und ohne Gs und Ts, und fügte hinzu: Dann lass es eben bleiben, du dummes Boo!

Über das letzte Wort ärgerte es sich wieder, aber was half das: Ein Boot hat nun einmal ein T, da nützt auch das kunstvollste Denken nichts.

Da tauchte ganz in der Ferne ein Buchstabe auf. Er war noch sehr undeutlich zu sehen – ein krummer Buckel, der

aus dem Strom ragte, das war alles, doch das N schrie laut hurra.

Hurra, hurra, da sehe ich Einen schwimmen, der mir helfen wird!, rief es ganz glücklich, und wieder ohne Gs und Ts, da kraule ich hin, so schnell ich nur kann!

Es ist ein D, brummte ein Schiff, gib Acht, gib Acht, diese Dinge sind tückisch!

Aber das N war schon losgeflitzt und hörte die Warnung nicht mehr.

Halt ein!, brüllte das Schiff, halt ein, halt ein, sonst geschieht etwas Schreckliches!

Halt ein!, schrien und schnaubten und heulten und brummten und sirenten alle Schiffe und Kähne und Boote, halt ein! Sonst schlägt's dreizehn!

Doch da hatte das N das D schon erreicht, und da war mit einem Mal alles zu

BÜCHERVERZEICHNIS

Wie versprochen, schreibe ich euch hier die Titel einiger Bücher auf, die euch verlässlich weiterhelfen:

Walter Jung: Grammatik der deutschen Sprache

Kleine Enzyklopädie: Die deutsche Sprache, 2 Bände

Otto Behagel: Die deutsche Sprache

Wörter und Wendungen – Wörterbuch zum deutschen Sprachgebrauch

Synonymwörterbuch – Sinnverwandte Ausdrücke der deutschen Sprache

Wasserzieher: Kleines etymologisches Wörterbuch der deutschen Sprache. (Dieses Wörterbuch befasst sich mit der Herkunft und Geschichte von Wörtern, mit ihrer ursprünglichen Form und Bedeutung)

Jetzt noch zu schwierig, aber für später:
Georg Klaus: Die Macht des Wortes

Und noch etwas Lustiges:
Galletiana: Die gesammelten Aussprüche des Professors Galletti, herausgegeben von Horst Kunze, ausgestattet von Werner Klemke

Wir drucken Victor Hugos »Die Dschinns« in der Nachdichtung von S. Mehring

Der Nachlass von Uwe Greßmann befindet sich in der Stiftung Archiv der Akademie der Künste Berlin/Brandenburg.

LÖSUNGEN

[1] PANAMAKANAL –
PANAMAKANALFRACHTLASTNACHT-
FAHRT

Ihr könnt nun leicht ähnliche Wortungeheuer bilden, wobei ihr in Kauf nehmen müsst, dass sie unbeholfen wirken – es sind nun einmal keine Alltagsworte. Aber achtet beim Blödeln darauf, dass es lustig bleibt. *Beliebige* Wörter aneinanderkoppeln (was die deutsche Sprache ja kann) ist ein billiges Kunststück, und ein Wort wie etwa Nachtjahrdampfarmprachtnachbarschaftspachttag würde ich nicht gelten lassen, wiewohl es grammatisch einwandfrei gebildet ist. Es sei denn, ihr gebt diesem Wort mit einer lustigen Geschichte Sinn – aber irgendwo muss der Witz eben stecken. Erst dann wird Unsinn schön.

Denkt dran: Auf einen Schaschlik-Spieß kann ich alles Beliebige draufstecken, aber nicht alles Beliebige schmeckt dann auch.

[2] Mississippi

[3] Die deutsche Grammatik besitzt keine Ableitungsformen mit ei, sie verwendet in der Hauptsache das e, darum kommt man bei allen anderen Vokalen oder Zwielauten über einfachste Aussagesätze kaum hinaus.

[4] OTTO, TAT

[5] DER FLOH BAT: AB, HOL FRED!
DIE LILA TUTE TUT ALI LEID
Es gibt aber auch noch andere. Sucht nur!
Hilfestellung: Ihr müsst den Satz vom Anfang *und* vom Ende her gleichzeitig bauen, also so:
DIE EID
DIE LEID
DIE LE E LEID
und so weiter.

[6] LEBENSMITTEL SPIRITUOSEN

[7] Die Kiefer – der Kiefer

[8] Die Flur – der Flur

[9] Der Kamm

[10] Der Schimmel

[11] Der Ring

[12] Der Mast – die Mast

[13] Der Hut – die Hut

[14] Selten ess ich Essig, ess ich Essig, ess ich Essig nur zu Sülze!

[15] Das Hauptwort muss im ersten und dritten Fall der Mehrzahl die gleiche Form wie die Nennform des Zeitworts aufweisen (bis auf die Großschreibung), das Umstandswort muss den dritten Fall verlangen und mit dem Zeitwort sinnvoll zusammensetzbar sein. Bezeichne ich dann das Umstandswort mit U, die Fälle des Hauptworts mit H1 und H3 und das Zeitwort mit Z, erhalte ich das Schema:
Wenn U H3 H1 Z, dann Z H1 H3 U.
Da nun H1 und H3 von gleicher Form sind, kann ich auch schreiben:
Wenn U H H Z, dann Z H H U.

Geeignete Wörter: Quellen, Wellen, Wogen, Orgeln und manche andere, ja, ich habe sogar ein Wort gefunden, mit dem sich eine achtfache Fügung bilden lässt:

Wenn zu Blasen Blasen Blasen blasen,
blasen Blasen Blasen Blasen zu.

Sehr sinnvoll ist's nicht, aber grammatisch ist's richtig.

[16] 1 Hahn – Huhn
2 Viel – leicht
3 Der Star
4 Der Regenbogen
5 Monument – Moment
6 Ohr – feige
7 Mein Eid – Meineid
8 Die Taube – der Taube

[17] Jens hat Rätsel 6 geraten,
Gabi 6 und 3,
Monica 6, 3, 7 und 8,
Caroline 6, 1, 4 und 8,
Emmanuel 6, 4, 2 und 8.

[18] Quarme quermen Quirme quormer.
Quarme quermen Quirme; quormt!
Quarme quermen quirmere Quorme
und andere Möglichkeiten

[19] Der Klang klang
Der Schwamm schwamm –
Es gibt noch andere.

[20] Wir geben euch hier die Textstellen mit den richtigen Interpunktionen:

Als der faule Schüler Theo zu erwachen begann, lag er im Bett, auf dem Kopf die Haare gesträubt, im Hirn Verzweiflung, auf der Nase die Brille mit dem eingebauten Computer, in einem grässlichen Traum befangen.

[21] Die fortschrittliche Pionierin Annegret aber lief indes zur Schule, im Hemd die geheimnisvolle Schrift eingenäht, im Herzen Vertrauen zum Kollektiv, auf der Stulle Harzer Käse, um den Hals eine Kette aus Mondgestein, durch die Nase tief die würzige Luft atmend. In der Klasse stand zum Glück schon der allseits geliebte Deutschlehrer, auf dem Tisch ein Modell des Weltraumschiffs, auf der Zunge die alles erklärenden Worte, zu sprechen bereit.

»Unser Pionierleiter* nicht, der ruchlose Aggressor vom Schwarzen Weltraumloch hat das ungeheuerliche Verbrechen mit den falsch ausgestreuten Interpunktionen begangen!«, rief er, und alle jubelten laut bei dieser lang ersehnten Nachricht.

Er hat, erklärte der allseits geliebte Lehrer, mit falschen Beziehungen so manches üble Gericht zusammengebraut, und jetzt kosten wir es, genesen, nimmermehr! Die vergiftete Speise, nützt die Gelegenheit, muss aus dem Magen gepumpt werden! Und nun wollen wir unsern verehrten Genossen Direktor erwarten; diesen faulen Kerl Theo aber, den Schandfleck der Klasse, loben wir nicht!

Und so geschah es.

Das Klassenzimmer wurde geschmückt, mit fortschrittlichen Liedern die Zeit bis zur Ankunft des Direktors verbracht, in sinnloser Langeweile keine Sekunde; fröhlich und erfolgreich wie immer verging der Tag bis zum glücklichen Ende.

[22] Ein Fischer
Heringe Aale (Sand-ale)
Das A
Der Ara
Der Rabe, der lebt immer in einem Graben
Die Taube, die lebt immer im Staube

Der Pechvogel
Der Galgenvogel
Die Wachtel
Die Gans
Im Frühling, da schlagen die Bäume aus
Die Kiebitze, die schaun beim Skatspielen zu
In der ihr Schnabel zeigt
Bis zur Mitte, dann fliegt er wieder hinaus
Wenn sie keinen Grund mehr haben
Weil er's auswendig kann
Weil die Nacht dazwischen liegt
Bis er aufwacht
Er zieht das andere hoch
Die Störchin
Der Sekretär
Der Reiher, als Ein- und als Zweireiher
Der Hahn, der hat auch auf dem Misthaufen
einen Kamm mit
Der Spaßvogel
Der Specht, der klopft immer an
Der Ziegenmelker
Der Kranich, der hat immer einen Kran bei sich
Der Star natürlich
Der Wendehals
Die kleinsten
Der Strauß, sonst welkt er
Die Elster
Der Specht, denn er hat Pech in sich
Der Rabe, dem fehlt nur ein a zum Raabe
Der Lockvogel
Der Gimpel
das
Die Schwalbe, die hat einen Wal im Leib
Der Storch, der hat ein Tor verschluckt
Im Februar
Die Studenten

Wenn man die Gans nicht schlachtet
Weil ein Sperling kein Pferd frisst

[23] Die Schnepfen, die brauchen bloß einen Buchstaben auszutauschen

[24] Hab du nur deine Lust mein Freund, an seltnen
an eines Mädchens Brust Gaben

na, und so weiter

[25] Er hatte, dem Hinweis des Datums folgend, nur jede dritte Zeile gelesen.

[26] Sie hätte sagen können: Dir war von den Göttern ein großes Reich zugedacht, wenn du den Krieg vermieden hättest, und das hast du nun zerstört.

[27] Man muss vom Wortende anfangen und die Buchstaben kombinieren, also:
Sonnentag
Sonnentga
Sonnetang
und dabei kürzere Wörter wie hier also:
Tag
Tang
Sonne
sofort aussondern. Dann schiebt man den ersten Buchstaben ans Wortende, also ONNENTAGS, und beginnt von vorn. Das schaut sehr umständlich aus, aber man gewinnt sehr schnell ein Gefühl dafür, welche Buchstabenkombinationen von vornherein ausscheiden und wo man Sprünge machen kann.

ANMERKUNGEN ZUR NEUAUSGABE 2005

Als Franz Fühmann sein Sprachspielbuch verfasste, gab es noch zwei deutsche Staaten: die Bundesrepublik Deutschland und die Deutsche Demokratische Republik, in der Fühmann lebte. Die DDR bezeichnete sich als sozialistischen Staat, in dem es allen Menschen gut gehen und möglichst große Gleichheit zwischen ihnen herrschen sollte. Auch der Frieden mit anderen Völkern galt, zumindest theoretisch, als ein Ziel. Sicher treffliche Vorsätze, von denen auch Franz Fühmann bis zu seinem Tod 1984 überzeugt war. Mehr und mehr aber musste er feststellen, dass die guten Ideen nicht verwirklicht wurden, dass ein bedrückend großer Unterschied zwischen der Theorie und der Praxis herrschte. Anders als viele, die Angst hatten, die Missstände anzusprechen, weil dies streng bestraft werden konnte, benannte Franz Fühmann in den letzten zwei Jahrzehnten seines Lebens die Mängel sehr offen. Und wer die »dampfenden Hälse« genau liest, wird noch heute seine Skepsis gegenüber der damaligen politischen Realität spüren. Auch wenn dies natürlich nicht das eigentliche Thema seines Buches war.

1989, fünf Jahre nach Franz Fühmanns Tod, brach das politische System der DDR zusammen, 1990 wurden die beiden deutschen Staaten vereinigt. Mit dem Ende der DDR verschwanden gleichzeitig viele Begriffe – manchmal auch zusammen mit dem, was sie bezeichnet hatten – aus dem Sprachgebrauch; Begriffe, die, als »Die dampfenden Hälse der Pferde im Turm von Babel« erstmals erschien, noch allgemein bekannt waren. Die meisten wussten in jenem Jahr 1978 zum Beispiel noch, was Kollektiv bedeutet, oder volkseigen, oder Jungpionier. Aus diesen »meisten« dürften mittlerweile jedoch sehr viel weniger geworden sein.

Um zu verhindern, dass ihr, anstatt zu lesen und Sprache zu spielen, immer wieder im Lexikon nachschlagen müsst, haben wir beschlossen, ein paar Bezeichnungen kurz zu erläutern. In alphabetischer Reihenfolge, versteht sich:

Dialektik
: (von griechisch: dialégesthai = sich unterhalten; Rede und Gegenrede führen) Lehre von der Logik des Widerspruches

Einstufungskommission
: Die staatlichen Kommissionen waren für die Einstufung von Kulturgruppen und Künstlern (Laien) zuständig.

EOS
: EOS ist die Abkürzung für Erweiterte Oberschule. An einer EOS war es möglich, das Abitur abzulegen. Anfangs umfasste sie die Schulklassen 9 bis 12, später nur die Schulklassen 11 und 12.

Eskimo, Eskimonesisch, Eskimosprache
: Das Wort Eskimo kommt aus dem Indianischen und bedeutet »Rohfleischesser«. Die Bezeichnung Eskimos für das in arktischen Regionen lebende Polarvolk wird deshalb nicht nur von diesem als diskrimierend empfunden. Mittlerweile spricht man aus diesem Grund vom Volk der Inuit (= Menschen).

FDGB
: Der Freie Deutsche Gewerkschaftsbund, Dachverband der Gewerkschaften in der DDR, unterlag vollständig der staatlichen Kontrolle. Er war unter anderem Betreiber zahlreicher Ferieneinrichtungen. Deshalb findet sich auf Egbert Herfurths Terrine für die Buchstabensuppe (Seite 314) auch das Logo der Organisation.

Genossen

In der DDR titulierte man die Mitglieder der SED (siehe dort) als Genossen.

Hausvertrauensmann

Bewohner eines Mehrfamilienhauses, der für Ordnung und Sicherheit zuständig war und Kontrollfunktionen ausübte (zum Beispiel das Führen des Meldebuches; siehe dort)

Internationalist

Als Internationalisten wurden jene bezeichnet, die sich die Freundschaft mit anderen Völkern zum Ziel gesetzt hatten.

Jungpioniere (siehe Pioniere)

Kapitalismus

Unter dem Schlagwort Kapitalismus fasst man eine sich ab der Mitte des 19. Jahrhunderts entwickelnde Wirtschafts- und Sozialordnung zusammen, in der die Produktionsmittel (Maschinen, Fabriken usw.) nicht in staatlicher Hand sind. Ziel kapitalistischen Wirtschaftens ist das Streben nach möglichst hohem finanziellen Gewinn. Aufgrund der bedenklichen sozialen Folgen des frühen Kapitalismus (zum Beispiel Niedriglöhne für Arbeiter) entstand als Gegenbewegung der Sozialismus.

Kartoffelferien

Ferien zur Zeit der Kartoffelernte, also im Oktober (heute die Herbstferien)

Kinderbuchverlag

Der Kinderbuchverlag war der größte Verlag für Kinder- und Jugendliteratur in der DDR. Hier erschienen auch viele Bücher von Franz Fühmann, darunter »Die dampfenden Hälse ...«.

Kollektiv

In der DDR häufig Bezeichnung für eine Arbeitsgemeinschaft, ein Team

Konsum

Konsum war die staatliche Verbraucher- und Handelsorganisation, die unter anderem Warenhäuser und Lebensmittelläden betrieb.

Kulturbund, Kulturbundschulung

Der Kulturbund unterstützte die Kulturpolitik der SED (siehe dort). Seine Ziele waren vor allem die »Herausbildung einer sozialistischen Nationalkultur« und die »Pflege der Beziehungen zwischen Intelligenz und Arbeiterklasse«. Er war im Parlament der DDR, der Volkskammer, mit einer eigenen Fraktion vertreten.

Kulturbundklub

Gebäude oder ein Raum, in dem Veranstaltungen des Kulturbundes durchgeführt wurden

Linie im Nationalen

Das Gedicht von Johannes R. Becher, das Frau Habermilch in den Sammelband aufnehmen will (Seite 320), ist der Text der Nationalhymne der DDR. Da in diesem von »Deutschland, einig Vaterland« die Rede ist, wurde er seit Anfang der 70er Jahre nicht mehr gesungen. Seit etwa 1967 verfolgte die DDR-Führung nämlich eine Politik, die auf die Anerkennung als eigenständiger politischer Staat zielte und sich somit von dem ursprünglichen Ziel einer Vereinigung beider Deutschlands löste.

LPG

LPG ist die Abkürzung für Landwirtschaftliche Produktionsgenossenschaft. In der DDR wurden in kollektiven Großbetrieben ab 1952 zuvor selbstständige Bauern, Landarbeiter und weitere dem Berufsfeld Zugehörige teilweise unter Zwang zusammengeschlossen.

Nationalen (siehe unter »Linie im Nationalen«)

Neger
Neger leitet sich vom lateinischen niger (= schwarz) ab. Ganz abgesehen davon, dass nicht alle »Neger« schwarz sind, sondern farbig / dunkelhäutig, wurde diese Bezeichnung oft auch sehr abwertend, respektlos gebraucht. Deshalb wird heute von Afrikanern und Afro-Amerikanern gesprochen.

Meldebuch
In dem vom Hausvertrauensmann (siehe dort) geführten Buch wurden alle Bewohner eines Hauses und Besucher, die in diesem übernachteten, registriert.

Oktoberklub
Der Oktoberklub war der bekannteste Singeklub der Freien Deutschen Jugend (der Jugendorganisation der SED).

Partei (siehe SED)

Pioniere, Junge Pioniere, Pionierehrenwort, Pionierwinterlager, Pionierleiter
Mit Eintritt in die staatliche Kinderorganisation der DDR verpflichteten sich die Kinder, für den Sozialismus zu kämpfen (Pioniergelöbnis). Seit 1957 wurde zwischen Jungpionieren (von der 1. bis zur 3. Schulklasse) und Thälmannpionieren (von der 4. bis zur 7. Schulklasse) unterschieden. Wer nicht in die Pionierorganisation eintrat, hatte mit starken Behinderungen in der Schule und im weiteren Berufsleben zu rechnen.

SED
Die Sozialistische Einheitspartei Deutschlands entstand 1946 in der sowjetisch besetzten Zone (der späteren DDR) aus dem zwangsweisen Zusammenschluss der KPD (der Kommunistischen Partei Deutschlands) und der SPD (der

Sozialdemokratischen Partei Deutschlands). Die SED war die führende Partei in der DDR, die, obwohl es offziell noch andere Parteien gab, im Grunde eine Art Einparteienherrschaft ausübte. Deshalb ist auch klar, wenn Franz Fühmann auf Seite 253 von »in der Partei« spricht, was er damit meinte. Wer Mitglied in der Partei war, wurde oft, zum Beispiel beim beruflichen Fortkommen, bevorteilt.

Sozialismus, sozialistisch

Der Sozialismus, entstanden im 19. Jahrhundert angesichts der oft unhaltbaren Lebensbedingungen armer Volksschichten, hatte zum Ziel, das allgemeine Wohl der Gesellschaft stärker zur Geltung zu bringen, die Allgemeinheit über das Individuum zu stellen, Wohlstand für alle und nicht nur für einige zu erreichen. Dies führte aber in der DDR mit ihrem als sozialistisch bezeichneten System dazu, dass über alle Gesellschaftsbereiche eine starke staatliche Kontrolle ausgeübt wurde. Franz Fühmann hat dies unter anderem in seinem Buch »Vor Feuerschlünden« beschrieben.

Sowjetunion

Die Union der Sozialistischen Sowjetrepubliken (Sowjet = Rat) war ein aus der Oktoberrevolution 1917 hervorgegangener, 1922 gegründeter Staat mit verschiedenen Sowjetrepubliken, wobei die russische die führende Rolle spielte. Die UdSSR stellte über Jahrzehnte eine Weltmacht dar, nahm unter anderem großen Einfluss auf die Politik der DDR. 1991 löste sich die Sowjetunion auf.

Sputnik

Sputnik (russisch = Begleiter, Satellit) hießen die ersten Satelliten, die von der Sowjetunion (ab 1957) in den Weltraum geschossen wurden.

Staatsbürgerkunde

Unterrichtsfach, das es seit 1919 an deutschen Schulen gab (Gemeinschaftskunde). In der DDR war das Ziel des

Faches Staatsbürgerkunde eine starke ideologische Schulung im Sinne des herrschenden Systems.

Volkseigen

Volkseigen nannte man in der DDR die Unternehmen der Industrie, des Handels und der Landwirtschaft, die in Volkseigentum überführt wurden, also unter staatlicher Kontrolle standen und nicht privat geleitet waren. Insbesondere in der Industrie gab es ab 1972 fast nur noch volkseigene Betriebe.

Wandzeitung

Monatlich wurde von jeder Pioniergruppe eine Wandzeitung angefertigt, oft zu aktuellen Themen.

Weltjugendfestspiele 1973

Zwischen dem 28. Juli und dem 5. August 1973 fanden im Ostteil Berlins die 10. Weltjugendfestspiele statt. Acht Millionen Besucher aus allen Kontinenten nahmen an der Veranstaltung teil, die unter starkem ideologischen Druck seitens der DDR-Führung durchgeführt wurde.

Westberlin

Bezeichnung für den Teil Berlins, der nach der Teilung der Stadt infolge des Zweitens Weltkrieges unter der Kontrolle der USA, Großbritanniens und Frankreichs stand

Franz Fühmann, 1922 in Rochlitz an der Iser (Rokytnice nad Jizerou) geboren, schrieb Erzählungen, Essays, Gedichte, Kinderbücher und zahlreiche Nachdichtungen. Zu den vielfachen Auszeichnungen seines Schaffens zählen der Heinrich-Mann-Preis, der Geschwister-Scholl-Preis sowie in letzter Zeit mehrfach »Die besten 7« (u.a. für die Neuausgaben der »Märchen auf Bestellung«) und der Luchs (für »Anna, genannt Humpelhexe« und »Ein Sommernachtstraum«; beide zusammen mit Jacky Gleich). Franz Fühmann starb 1984 in Berlin. Sein Werk erscheint im Hinstorff Verlag Rostock.

Egbert Herfurth, geboren 1944 in Wiese (Schlesien), studierte an der Hochschule für Grafik und Buchkunst Leipzig bei Wolfgang Mattheuer und war Meisterschüler bei Albert Kapr. Seit 1972 arbeitet er als freischaffender Grafiker mit den Schwerpunkten freie Graphik, Plakat und Buchillustration. So stattete er mehrfach Kinderbücher Franz Fühmanns mit seinen Bildern aus. Egbert Herfurth erhielt zahlreiche Preise und Auszeichnungen, unter anderem 25 »Schönste Bücher des Jahres«, die Aufnahme in die Hans-Christian-Andersen-Ehrenliste, den Kunstpreis der Stadt Leipzig, den Hans-Baltzer-Preis und den Hans-Meid-Preis.

Ein weiteres Buch von
Franz Fühmann und Egbert Herfurth
ist im Hinstorff Verlag lieferbar:
ISBN 978-3-356-01167-8